国家社科基金
GUOJIA SHEKE JIJIN HOUQI ZIZHU XIANGMU
后期资助项目

商业模式创新与技术创新
双轮驱动后发追赶问题研究

Research on Latecomers' Catch-up Driven by Business Model Innovation and Technology Innovation

姚明明　著

ZHEJIANG UNIVERSITY PRESS
浙江大学出版社
·杭州·

图书在版编目(CIP)数据

商业模式创新与技术创新双轮驱动后发追赶问题研究/
姚明明著. — 杭州：浙江大学出版社，2024.6
ISBN 978-7-308-22879-4

Ⅰ. ①商… Ⅱ. ①姚… Ⅲ. ①商业模式—研究—中国
②技术革新—研究—中国 Ⅳ. ①F72②F124.3

中国国家版本馆 CIP 数据核字(2024)第 003219 号

商业模式创新与技术创新双轮驱动后发追赶问题研究
姚明明　　著

策划编辑	吴伟伟	
责任编辑	陈思佳(chensijia_ruc@163.com)	
责任校对	黄梦瑶	
封面设计	周　灵	
出版发行	浙江大学出版社	
	(杭州市天目山路 148 号　邮政编码 310007)	
	(网址:http://www.zjupress.com)	
排　　版	杭州晨特广告有限公司	
印　　刷	杭州钱江彩色印务有限公司	
开　　本	710mm×1000mm　1/16	
印　　张	15	
字　　数	280 千	
版 印 次	2024 年 6 月第 1 版　2024 年 6 月第 1 次印刷	
书　　号	ISBN 978-7-308-22879-4	
定　　价	78.00 元	

国家社科基金后期资助项目
出版说明

后期资助项目是国家社科基金设立的一类重要项目,旨在鼓励广大社科研究者潜心治学,支持基础研究多出优秀成果。它是经过严格评审,从接近完成的科研成果中遴选立项的。为扩大后期资助项目的影响,更好地推动学术发展,促进成果转化,全国哲学社会科学工作办公室按照"统一设计、统一标识、统一版式、形成系列"的总体要求,组织出版国家社科基金后期资助项目成果。

全国哲学社会科学工作办公室

目　录

第一章 绪 论

一、创新驱动中国后发企业快速追赶

全球经济发展的不均衡使追赶成为一个长期被关注的话题,一部分原本较为落后的国家抓住发展机会,通过自身努力成功实现了追赶(例如20世纪70年代的韩国、日本)。而中国在历经40多年的改革开放后,经济总量稳居世界第二,实现了经济的快速增长和初步追赶。特别是近年来,在创新驱动发展下的以阿里巴巴、腾讯、网易等为代表的一大批中国后发企业不仅进入快速追赶阶段,而且正在成为行业的领先者。这些企业通过商业模式创新和技术创新,克服后发劣势并发挥后发优势。在从封闭的环境到以互联网技术为支撑的全球化价值网络中,商业模式设计能够更好地在技术商业化的过程中创造价值并捕获价值,从而实现对国际领先企业的追赶。在实现后发追赶的诸多维度中,后发技术追赶是追赶的核心和关键,因此本书的后发追赶特指后发技术追赶。

(一)创新驱动发展成效显著

党的十八大以来,以习近平同志为核心的党中央高度重视创新驱动发展,实行以科技创新为主、全面创新共同发展的战略,近年来取得了显著成绩。在世界知识产权组织(WIPO)发布的《2023年全球创新指数报告》中,中国排名第12位,也是全球创新指数前30名中唯一的中等收入经济体。[①]从专利数据上看:在国家总量上,2023年,中国国际专利申请量为69610件,是PCT申请量最大的国家,美国以55678件位居第二位[②];在人均拥有量上,截至2023年底,我国每万人口高价值发明专利拥有量达到11.8件,较"十三五"末提高5.5件,有望提前实现"十四五"规划的预期目标[③]。

在创新驱动下,中国后发企业正在实现快速追赶。2023年《财富》世

---

① https://news.un.org/zh/story/2023/09/1122327.

② https://www.wipo.int/export/sites/www/pct/zh/docs/newslett/2024/3-2024.pdf#).

③ https://www.cnipa.gov.cn/art/2024/1/17/art_55_189781.html.

界 500 强排行榜中,中国共 142 家企业上榜,大公司数量继续位居各国之首。① 世界知识产权组织公布的 2023 年全球国际专利申请量排名中,中国共有 14 家企业(机构)进入前 50 名,华为技术有限公司以 6494 件国际专利申请量位居全球榜首。② 这在一定程度上体现了我国创新能力的提升,同时也是创新驱动后发企业快速追赶的真实写照。

(二)以现代服务业为代表的中国后发企业正在迅速崛起

21 世纪是服务经济的时代,服务业不仅在大多数发达国家国民经济中占比超过三分之二(杨圣明,2009),而且众多依靠制造业起家的国际领先企业都完成了制造业服务化的过程(例如 IBM、GE 等)。而基于信息网络技术发展起来的现代服务业日益成为推动经济增长的主导力量,并在发展中国家经济增长和技术追赶过程中发挥着重要作用(李燕,2011)。《浙江高质量发展建设共同富裕示范区实施方案(2021—2025 年)》也提到,要建设一批现代服务业创新发展区,推动现代服务业同先进制造业、现代农业深度融合,创建一批试点区域和企业。

中国后发企业克服了资源紧缺、技术落后、市场隔离、环境压力等问题,在短短 40 多年里实现了技术和市场的有效追赶,被美国专利商标局(USPTO)授权的专利数量年均增长远远超过全球同期水平,成为世界第一大出口大国。这离不开低消耗、低污染、低占地、高人力资本含量、高技术含量、高附加值的现代服务业的发展。2022 年,《财富》世界 500 强企业中共有 6 家互联网公司,其中一半来自中国。

依托信息技术和现代管理理念发展起来的现代服务业在创新驱动下,保持着高增长的态势,对于近年来中国经济发展和对发达国家的追赶做出重要贡献:以阿里巴巴、腾讯等为代表的依托信息网络技术高速发展的企业通过本地市场的规模效应,站在了世界网商的前沿;以海康威视、西子奥的斯等为代表的传统行业改造升级的企业通过对技术前沿的准确定位,实现了大规模的海外扩张。

(三)商业模式创新和技术创新的融合是信息化时代后发企业实现追赶的重要途径

习近平指出,移动互联网、智能终端、大数据、云计算、高端芯片等新一代信息技术发展将带动众多产业变革和创新,是科技发展的趋势之一(中

---

① https://www.fortunechina.com/fortune500/c/2023-08/02/content_436877.htm.
② https://zscqj.beijing.gov.cn/zscqj/zwgk/mtfb/436400861/index.html.

共中央文献研究室,2016)。在现代服务业行业内,通过技术创新实现追赶是目前被广泛认可并在后发企业内坚持执行的战略。

后发企业在成长初期,由于技术和市场的隔离(Hobday,1995),技术水平和技术能力远远落后于先发企业,主要通过技术学习和技术创新来实现技术的追赶,而技术创新主要通过技术引进和引进基础上的二次创新来实现。近年来,随着全球化、信息化速度的加快和企业技术能力的积累,特别是在创新驱动下,更多后发企业通过自主的技术创新掌握技术,实现了更快速的追赶。

与此同时,处于同样的资源条件下,同样进行技术创新的企业,追赶的成效却有很大差异。这与后发企业技术追赶过程中的另一重要因素,商业模式,有着密切联系。无论是否了解到商业模式在追赶过程中的重要性,众多的后发企业在经营活动中通过对各种资源的利用和配置形成了自己所特有的商业模式。不同的商业模式将直接影响后发企业优势的发挥和劣势的克服,进而影响后发企业在追赶过程中的竞争优势。特别是在现代服务业中,以信息网络技术为支撑的特点使商业模式类型更加丰富、竞争程度更高,这类商业模式属于市场竞争下的产物。无论在发达国家还是发展中国家,任何现代服务业企业都不能忽视商业模式的存在及其核心主题——价值创造。商业模式设计不仅使企业运作方式发生根本性的改变,而且有助于后发企业在追赶的过程中发挥后发优势并克服后发劣势,实现比国际领先企业更快的技术发展。因此,商业模式创新也是信息化时代后发企业实现追赶的重要途径。

2016年颁布的《国家创新驱动发展战略纲要》强调,"科技创新要与制度创新、管理创新、商业模式创新、业态创新和文化创新相结合","要发展支撑商业模式创新的现代服务技术","促进技术创新和商业模式创新融合"。因此,在创新驱动下,我们在关注后发企业技术追赶现象时,不仅需要关注技术创新,还要从商业模式的视角出发,关注两种创新对后发追赶的共同作用。现有关后发企业技术追赶的研究所面临的理论背景主要呈现以下四个方面。

1. 后发企业技术追赶研究的新趋势

最早关于后发企业技术追赶的研究发生在欧洲。著名历史学家亚历山大·格申克龙对19世纪后发工业化国家(例如德国、澳大利亚等)展开了研究,发现它们能够利用最先进的技术、通过更大规模的活动进入产业并获得优势,同时还能避免制度带来的创新制约(Gerschenkron,1962)。目前主流的后发企业研究是以亚洲企业为研究对象的。随着20世纪亚洲的崛起,从最开始的日本,紧接着延伸到战后的韩国、新加坡等,这些国家的崛起更进一步验证了亚历山大·格申克龙的理论。而随着中国改革开放的推进,关于后发企业的研究纷纷将目光投向后发大国——中国。中国企业在较短时间里实现了技术和市场的有效追赶,但其追赶的过程和轨迹却没有完全符合亚历山大·格申克龙提出的相对后进假说(Gerschenkron,1962)。由于中国在追赶的过程中,其承受能力与先进国家的技术水平和资本必要量之间差距过于巨大,只有部分时候能直接利用这种有利条件,而大多数时候是通过其他途径来间接地利用这种有利条件(郭斌,1996)。目前已有的资源观等理论也很难很好地解释这一现象。因此,学术界相关研究对这一追赶的实现机制给予了充分的关注,在未来的研究中需要对这个问题进行深入的探讨。

2. 商业模式及其与技术创新相关研究的兴起

商业模式(business model)这个概念最早出现在 Bellman et al. (1957)中,但它的真正兴起是在 20 世纪 90 年代,作为一个分析单元受到了学者和相关实践领域从业者的广泛关注。而近年来,对商业模式概念的关注度迅速增长,刚好与因特网进入商界的时间相吻合。商业模式的真正兴起主要得益于互联网的发明与发展、高新技术应用和虚拟市场运作(Magretta,2002)、新兴经济体的发展(Ricart et al. ,2004)以及后工业时代的企业发展需求(Amit and Zott,2001)。企业信息技术和现代管理理念是商业模式发展的重要因素。

传统对商业模式的研究基于信息网络或互联网络,关注个体的决策机制和行为等(Timmers,1998),主要聚焦于概念模型研究、类型式样研究、行业模式研究和典型案例研究。商业模式研究的兴起为剖析如何增强企业竞争优势提供了一个新的视角。近年来,有越来越多的研究证实商业模式是影响企业竞争优势的重要因素,并将商业模式创新和技术创新作为企业的两类主要创新来讨论二者之间的关系,指出商业模式创新和技术创新会相互促进从而促进企业发展。

3. 基于商业模式创新和技术创新的技术追赶研究新视角

以往关于后发者的研究主要强调后发者的战略定位,强调后发者以劣势克服和优势开发为战略重点(Hobday,1995;Mathews and Cho,1999),并聚焦在制造业的工业技术上,从技术学习和技术创新的角度来阐述技术追赶的过程(Lee and Lim,2001;Perez and Soete,1988)。在过去的研究中,技术创新被广泛提及,被认为是企业成长的主要动力(Brinckmann et al. ,2011;Clarysse et al. ,2011),但是在不具备技术优势的产业和国家,商业模式是企业成长的新动力（Laurie et al.，2006；龚丽敏和江诗松，2012）。技术创新将科学技术转化为生产力，从而创造出更有竞争力的产品，推动企业发展；商业模式继互联网出现之后被广泛提及，在为客户和利益相关者创造并传递价值的同时为自身获取价值，推动企业实现变革性的发展。

商业模式通过将技术商业化，从而创造经济价值（Chesbrough and Rosenbloom，2002）。商业模式创新不仅为中国后发企业追赶的实现提供了一个新的视角，而且与技术创新同为后发企业技术追赶的关键影响因素，在企业发展过程中，二者的协同作用会对企业产生何种影响成为创新领域正在探索的重点问题之一。

4. 中国企业战略管理研究的情境化

不同于早期西方发达国家后进企业和新兴工业化国家的后发企业，中国后发企业的技术追赶是在特殊的中国情境下开展的。中国的后发企业技术追赶面临着复杂的环境：一方面，中国情境中的多样化技术体制、多层次市场空间和特殊的转型经济，使中国后发企业的技术追赶突显出中国特色；另一方面，借助于互联网技术和商业模式，中国后发企业嵌入全球化价值网络，获得了与先发企业重新站在同一起跑线上竞争的潜在机会。

综上所述，探索中国情境下的追赶具有重要的理论和实践意义。我们需要基于全新的商业模式视角对这种追赶现象进行剖析，并讨论其与技术创新的协同作用。本书不仅探讨并验证商业模式设计对后发企业追赶绩效的影响，而且从权变、动态的视角探讨这种影响机制。本书的这种研究思路对商业模式理论、技术创新理论以及技术追赶理论都有一定的补充和扩展，并为本书的研究赋予了较强的理论意义。

二、中国后发追赶急需新的理论解释

在以互联网技术为支撑的全球化价值网络中，中国后发企业在国家创新驱动发展战略下的快速追赶现象引起了学者们的广泛关注和讨论。商业模式创新和技术创新是创新驱动下后发企业实现技术追赶的有效手段，但两种创新及其融合究竟如何对后发企业的技术追赶产生影响，成为中国企业管理实践中急需解决的问题。

在全球化的过程中，中国后发企业迫切需要相应的理论和方法体系的指导，才能更好地抓住战略契机，实现对领先企业的追赶。已有的理论不能很好地解释中国后发企业的技术追赶现象，即如何在只拥有极少资源的情况下应对拥有丰富资源的先发企业的优势，已有的研究也没有针对中国后发企业没有完全符合格申克龙提出的相对后进假说而展开。后发企业如何获取和发挥后发者的优势并克服后发者的劣势从而实现技术追赶是后发企业研究中一个十分重要的战略问题（Ma et al.，2006）。

针对上述问题，在借鉴前人研究成果的基础上，本书将围绕"在创新驱动下，商业模式创新和技术创新如何共同作用于后发企业的追赶"这一基本问题展开研究，力图打开影响机制的黑箱，深入剖析双轮创新对技术追赶的重要影响，从而为中国后发企业新一轮的追赶提供理论依据和管理工具，并为它们在新一轮的世界经济格局形成中占有一席之地提供管理建议和决策支持。

具体而言，本书将试图逐层深入地探究以下 5 个科学问题。

第一，从追赶视角看，创新驱动发展战略具有怎样的结构体系？

创新是新时代后发追赶的重要背景和主要动力，创新驱动下的后发追赶与以往的追赶有许多不同之处。本书在已有创新驱动发展战略和后发追赶相关研究的基础上，从追赶的视角系统分析创新驱动发展战略的理论体系，得出创新驱动发展战略的理论体系和创新驱动后发追赶的主要构成，并进行双轮创新驱动的理论解析。

第二，从架构视角看，商业模式设计（主要指效率型商业模式设计和新颖型商业模式设计）如何影响后发企业技术追赶绩效？

在以往的研究中，学者们在商业模式对企业的竞争优势有着重要影响的认识上基本达成共识，且有部分学者通过实证展开了商业模式设计对企业绩效影响的研究。但面对竞争优势的多样性，没有学者对其他方面展开研究，即使是与商业模式最为相关的技术创新绩效。此外，过去的研究只是笼统地将商业模式置于某一行业，而没有考虑到后发情境与资源丰富的发达国家情境的不同。因此，本书将在前人研究的基础上，构建商业模式设计对后发企业技术追赶绩效的影响机制模型，并结合规范的实证研究进行分析验证。

第三，从匹配视角看，商业模式设计与技术创新战略的匹配对后发企业技术追赶绩效的影响机制如何？

以往大量研究指出，技术创新是后发企业技术追赶绩效的重要影响因素。在辨析商业模式与战略不同的基础上，二者的匹配成为战略研究新的关注点。然而，目前除了 Zott and Amit（2007）外，很少有关于商业模式与战略的匹配研究，更没有涉及技术追赶过程中商业模式设计与技术创新战略的研究。因此，本书将在前人研究的基础上，构建商业模式设计与技术创新战略的匹配对技术追赶绩效的影响机制模型，并结合规范的实证研究进行分析验证。

第四,从权变视角看,不同的技术体制对此影响机制有何影响?

技术环境是后发企业生存和追赶的重要情境,在后发企业的技术追赶过程中有着不可忽视的影响。在不同的技术体制下,商业模式设计与技术创新战略匹配的影响机制可能会有所差异。调节变量的引入会影响这种影响机制的强度和方向,使基于商业模式的后发企业技术追赶过程研究更加贴近企业现实,也更具解释力和预测力。

第五,从共演视角看,企业如何根据环境的变化动态配置商业模式设计和技术创新战略来持续地实现技术追赶?

从共演视角看,中国的后发企业技术追赶面临着复杂的环境。在多样化技术体制下,企业该如何动态配置商业模式设计和技术创新战略来持续实现技术追赶?本书将通过纵向案例研究,进一步揭示商业模式设计、技术创新战略与技术环境的共同演化规律及对技术追赶的影响,为我国后发企业快速实现追赶提供更有实践性的指导。

三、双轮创新对后发追赶作用的研究探析

(一)研究对象

在创新驱动发展战略下,中国的后发追赶呈现多阶段发展的特征。目前,中国式后发追赶正处于由初步追赶向快速追赶和部分赶超阶段的过渡时期,追赶既具有贯穿追赶全过程的规律,也具有各阶段的阶段性特征。本书关注的是追赶初期企业层面的研究,目的是揭示创新驱动下,商业模式创新与技术创新对后发企业技术追赶的影响和作用机制,从而为我国后发企业实现快速追赶提供建议和依据。

后发企业不是后进企业(late entrant),也不是新创企业(start-up)(Mathews and Cho,1999)。后发企业是以追赶为主要目标的企业,通过快速学习克服技术和市场双重劣势(Hobday,1995),并发挥后发优势,以达成这一目标。中国作为发展中大国,经济的市场化较晚,企业运作经验不足,且资源相对匮乏,但它们通过快速的学习克服了技术和市场的劣势,并发挥低成本、广阔本土市场等后发优势,实现了追赶,满足 Mathews and Cho(1999)所提出的后发企业的产业进入、资源、战略意图和竞争态势4个条件。从 21 世纪初开始重视创新强国,到 2006 年全国科技大会提出科技发展要紧紧围绕经济社会发展这个中心任务,再到党的十八大将创新上升到国家战略层面,从国家层面到各行各业层面的改革创新在一步步推进,中国后发企业的追赶正在成为经济全球化和信息网络技术高速发展背景下的新典型。中国式后发追赶的初期是商业模式创新新兴的阶段,是双轮

创新驱动并发挥作用的最具有代表性的阶段,也是追赶获得初步成果和真正步入追赶正轨的阶段。因此,追赶初期的中国企业作为后发企业研究的样本,具有代表性和典型性。

现代服务业是一个新兴的行业,以信息技术为支撑是现代服务业的主要特点。现代服务业是指在工业化比较发达的阶段产生的、主要依托信息技术和现代管理理念发展起来的、信息和知识相对密集的行业(吴朝晖等,2013)。现代服务业企业不仅价值创造源泉与电子商务类企业十分相似,而且它们更可能运用和发挥先进信息技术的优势,并将这些优势用于商业模式设计。现代服务业不是常规语义中所理解的服务业,它不仅包括由传统服务业通过技术改造升级和经营模式更新而形成的服务业以及随着信息网络技术的高速发展而产生的新兴服务业,也包括转型中和转型后的制造业企业以及进行制造业服务化的企业等。

中国的现代服务业不仅具备后发者的特点,在技术追赶过程中表现突出,而且注重科技创新,商业模式类型丰富、竞争程度较高,属于市场竞争下的产物,适合用于技术创新与商业模式主题相关的研究。因此,本书选取具有不同行业特点、不同规模、不同年龄的中国的现代服务业企业作为后发企业的样本。

技术追赶是本书的核心概念。关于追赶的研究最早发生在工业变革的国家,但随着中国在国际社会中的影响力不断提升,关于追赶的研究开始关注像中国这样的大型新兴经济体(陈晓玲,2013)。特别是近年来,中国式追赶呈现井喷态势,这也进一步说明了本书选取中国后发企业作为后发企业的样本的有效性。

我们在讨论追赶问题的时候往往包括了技术追赶(technological catching-up)和市场追赶(market catching-up)两种类型,这两种追赶是完全不同的,但是又相互关联。虽然后发企业可以不提高技术能力,而仅仅通过依赖当地廉价劳动力实现市场追赶,但是这种不和技术能力增长相联系的市场增长是不持续的(Lee and Lim,2001)。技术能力的追赶是最终实现产业追赶的根本因素,因此,本书主要关注技术追赶。技术追赶是指后发国家以比发达国家更快的速度进行技术创新(Park and Lee,2006)。技术追赶企业有好的创新绩效并不代表其与国际领先企业的差距必然缩小,而是技术追赶企业要以比国际领先企业更快的速度实现技术水平的提升(陈晓玲,2013)。若国际领先企业的技术水平以更快的速度提高,那么后发企业与之的差距可能会越来越大,还有可能挤压国内企业的市场空间,从而削弱国内企业技术升级的支撑(陈爱贞等,2008)。此外,技术追赶中的技术不是指狭义上的技术,即工业技术,而是指个人和组织通过学习与知识的实际操作来推动人类的发展,是知识、产品、流程、工具,以及用以生产货品或提供服务的系统(Bruton and White,2011)。

(二)技术路线

本书以创新驱动下的后发企业为研究对象,以提升后发企业技术追赶绩效为导向,从商业模式创新与技术创新融合的视角,逐层深入剖析商业模式设计、技术创新战略与技术追赶绩效间的关系,由六个子研究组成。

子研究一对创新驱动发展战略相关研究、论述、文件进行系统梳理,得出创新驱动发展战略的理论体系,包括理论基础、实践导向、内涵与表征。创新驱动发展战略是在吸收马克思主义科技创新理论的基础上形成和发展起来的,其实践导向在中国发展实践中主要体现在内在驱力和外来动力两方面。创新驱动发展战略主要内容包括价值定位、战略目标、战略资源、创新体系、战术部署、实现路径、制度保障。

子研究二对双轮创新驱动后发追赶进行理论分析,包括创新驱动后发追赶主要构成、商业模式创新与技术创新的理论解析。后发企业是创新驱动发展的市场主体,在特殊的后发情境下实现对先发企业的技术追赶。创新驱动下后发企业技术追赶有其独有的特征和实践逻辑,通过商业模式创新和技术创新双轮驱动实现后发追赶有其必要性与可能性。

子研究三在对前人研究成果梳理分析的基础上,初步提出了商业模式设计及其与技术创新战略的匹配对技术追赶绩效影响的理论构想,并通过对6家现代服务业企业的探索性案例研究进行分析归纳,探寻商业模式设计及其与技术创新战略的匹配对技术追赶绩效的影响机制,为后续研究提供源于实践的理论构想。

子研究四结合子研究三的初步结论,做进一步的文献展开,提出商业模式设计及其与技术创新战略的匹配对技术追赶绩效影响机制的概念模型,并运用探索性因子分析、验证性因子分析、多元回归分析对326家中国现代服务业企业的问卷调研结果进行实证分析,从而调整修正商业模式设计及其和技术创新战略的匹配对技术追赶绩效影响机制的概念模型。

子研究五在子研究四的基础上,引入技术创新独占性和技术创新累积性两类调节变量,考察了不同的技术体制下商业模式设计与技术创新战略的匹配对技术追赶绩效的影响机制,并运用探索性因子分析、验证性因子分析、多元回归分析对326家中国现代服务业企业的问卷调研结果进行实证分析,识别不同技术创新独占性与技术创新累积性分别对商业模式设计和技术创新战略的匹配与技术追赶绩效关系的调节效应。

鉴于后发企业的技术追赶是一个不断发展演变的过程,子研究六在前述机制模型的基础上,进一步利用纵向案例研究方法展现了后发企业技术追赶过程中商业模式设计、技术创新战略与技术环境的共演过程。

由此,本书完成了创新驱动发展下,商业模式创新与技术创新的融合对后发企业技术追赶的影响机制及共演规律的理论体系构建。在此基础上,本书为我国后发企业通过商业模式创新来发挥后发优势和克服后发劣势、通过与技术创新的融合更好地实现技术追赶提供了相应的对策建议,并提出双轮创新驱动后发追赶的融合路径,值得在将来的研究中进一步深入和展开。

(三)研究方法

本书将采用理论分析与实证研究相结合、文献梳理与调研访谈相结合、定性研究与定量研究相结合的方式对商业模式设计、技术创新战略、技术追赶绩效的关系进行研究,所采用的研究方法具体如下。

1. 文献研究

本书基于所确立的问题,依托所在大学图书馆数据库资源平台,同时结合搜索引擎进行文献的检索和广泛查阅,并进行整理、分析。该研究方法主要运用在本书第二章和第三章的内容梳理、第四章和第五章的理论综述、第六章的理论预设、第七章的模型构建和假设提出、第八章和第九章的变量测度与实证结果分析上。

2. 案例研究

在文献研究的基础上,本书首先选择探索性案例研究方法,经过理论预设、有针对性的案例选择、多种方式数据收集及案例内与案例间的数据分析,构建商业模式设计及其与技术创新战略的匹配对技术追赶绩效影响的初始概念模型。接着,在实证研究得到结论和理论模型完善的基础上,选择一家典型企业做纵向单案例研究,在验证整体框架的同时从共演的视角讨论商业模式设计、技术创新战略和技术追赶。

3. 定量实证研究

本书通过对现代服务业企业进行访谈、问卷调查等形式,获取实证研究所需要的足够样本数据,把 SPSS 和 AMOS 作为主要的数据分析软件,通过小样本预测、信度和效度检验、相关性分析、多元回归分析等管理统计分析方法对数据进行分析,从而验证概念模型和假设是否成立,并对模型进行调整。

第二章　创新驱动发展战略:理论基础与实践导向

创新驱动发展战略既是大势所趋,也是形势所迫。改革开放以来,我国经济依靠劳动力、资源、资本等要素拉动取得快速发展。这种粗放式经济发展方式给环境造成了污染,对生态造成了严重破坏。随着我国人口红利逐渐消失,能源消耗加剧,资源破坏严重,单纯依靠要素驱动发展模式将难以持续,急需创新驱动发展的新模式。

一、创新驱动发展战略的理论基础

(一)西方管理学的创新理论

"创新"一词最早是在约瑟夫·熊彼特《经济发展理论》中被提出来的,包括新产品或产品的新特征、新的生产方式、新的市场、新的供应、新的组织方式(熊彼特,2006)。熊彼特对于创新的理解更偏向于经济学层面,强调的是与生产相关,而这也是创新驱动发展最重要的应用领域。而迈克尔·波特的创新理论则更注重创新的驱动作用,认为经济发展由要素驱动、投资驱动、创新驱动和财富驱动四个部分组成,而每一阶段所对应的动力也不一样。同时,他还给出一个判断实现创新驱动的标准,即完整的钻石体系和内部各关键要素的交互(波特,2002)。波特的创新驱动理论从驱动视角很好地对创新进行了描述。这两个理论是西方管理学领域与创新相关的重要理论,对理解中国创新驱动发展战略有重要参考意义,但更需要的是结合中国特色进行理论基础的解析。

(二)马克思主义科技创新理论

国家创新驱动发展战略是马克思主义科技创新理论中国化的理论成果。马克思、恩格斯在经历第二次工业革命带来的巨大社会变革后,深刻体会到科学技术对社会发展产生的巨大作用,并提出了关于科技创新的相关理论。首先,马克思、恩格斯认为科技是生产力。马克思、恩格斯在深入剖析资本主义生产过程之中，深刻体会到科技是重要生产力，这样的论断首次将科学技术与生产力相联系。其中，生产力包括3个要素：劳动者、劳动对象和劳动资料。科学技术被劳动者掌握，便成为劳动的生产力；科学技术物化为劳动工具和劳动对象，就成为物质的生产力。科学技术由此转化为现实的生产力。马克思认为，将来社会的生产力"取决于一般的科学水平和技术进步，或者说取决于科学在生产上的应用"（中共中央马克思恩格斯列宁斯大林著作编译局，1979）。

其次，马克思、恩格斯强调科学技术对社会的推动作用。科学技术不只表现为高水平科技形态，更重要的是科学技术对于社会发展的推动作用：科学技术通过改善人民的生活状态，推动社会向前发展。恩格斯认为，在马克思看来，科学是一种在历史上起推动作用的、革命的力量（中共中央马克思恩格斯列宁斯大林著作编译局，1963）。科学技术发展从而推动生产力变革，推动生产力向前发展，从而推动生产关系发生变化，改变社会形态。马克思、恩格斯提出，科学技术是生产力，其作用是广泛而深刻的，又是根本性的。马克思看到大工业生产消灭了手工业者，因此人类的劳动的性质、方式和内容发生改变，以脑力劳动为主、体力劳动和脑力劳动相结合的方式代替了以体力劳动为主的劳动方式，劳动的异化情况有所改善，劳动成为促进人发展的方式，从而实现人的全面发展。生产方式和生产关系也会在科技进步的基础上发生变革。马克思、恩格斯不仅从历史唯物主义的角度上考察科技推动生产力的发展，还说明了科技对于整个社会历史形态变革的重要作用，"机器的发展则是使生产方式和生产关系革命化的因素之一"（中共中央马克思恩格斯列宁斯大林著作编译局，1979）。社会的基本矛盾是由生产力和生产关系的基本矛盾构成的，生产力发展到一定程度会导致生产方式的变化，进而导致生产关系的变革，生产力是生产方式进而是社会发展进步的决定力量。马克思认为，蒸汽机和手推磨产生的是不同性质的社会。

最后，马克思、恩格斯重视科技对自然、社会和人类的影响。虽然科技进步确实给人们带来了很多的便利和巨大利益，辩证地看，科技同时也转化了一种异化的、外在的敌对的力量。恩格斯提出："我们不要过分陶醉于我们人类对自然界的胜利。对于每一次这样的胜利，自然界都对我们进行报复。"（中共中央马克思恩格斯列宁斯大林著作编译局，1971）。科技破坏了原有的生态平衡，造成了环境污染、人口膨胀、生态失衡、能量短缺等严重的环境问题。同时，在社会生产活动中，资本家压迫剥削工人，使得工人处在水深火热的处境中，导致人的主体地位的缺失。

二、创新驱动发展战略的实践导向

新一轮的科技革命和产业革命正在兴起,创新驱动成为许多国家谋求竞争优势的核心战略,科学技术的突破发展将加速产业变革,为世界竞争格局带来重大影响。这一时期与我国加快转变经济发展方式的历史交汇期是推动科技创新发展、实施创新驱动发展战略的重大机遇期。我国面临着历史跨越的机遇和差距拉大的挑战,机遇与挑战并存。我国科技从改革开放开始进入迅速发展阶段,到了 21 世纪初,科技水平逐步进入发展中国家的前列,但是与发达国家相比还是存在差距,有很多的问题,比如科技创新基础较差,科技创新能力不足,科技成果转化率低等。因此,在中国经济发展进入新的阶段时,依靠创新驱动打造发展新引擎成为中国发展的主导力量。

(一)内在驱力:伟大中国梦的实现

1.中国经济发展迈入新阶段

改革开放 40 多年来,中国经济实现了快速的发展,但在不同阶段,经济增长的方式是不同的。在改革开放初期,经济的快速发展主要依靠投资、资本和能源等要素拉动,是一种粗放型的经济增长方式,是高投入、高消耗、高污染、低效益的"三高一低"模式。这种经济发展模式不仅导致产业结构不合理,发展不平衡、不协调的问题更突出,而且生态环境遭到了严重破坏。进入 21 世纪后,随着人口红利和制度优势的消失,经济发展遇到瓶颈,上一阶段依靠要素和投资拉动的经济增长方式已不再适用,急需新的发展方式的出现。从"需求拉动"到"供给推动",这是一场顺应中国经济发展的巨大变革。创新驱动发展引领我国的经济发展进入一个新的发展状态——"新常态"(中共中央文献研究室,2016)。在这一阶段,经济增长速度从高速转向中高速,发展方式从规模速度型转向质量效率型,经济结构调整从以增量扩能为主转向调整存量、做优增量并举,而这些转变都需要来自创新的强大驱动力。

2."两个一百年"奋斗目标逐渐推进

"两个一百年"是中共十五大首次提出的奋斗目标。党的十九大报告在对决胜全面建成小康社会做出部署的同时,又清晰地描绘出全面建成社会主义现代化强国的时间表、路线图,即"从 2020 年到 2035 年,在全面建成小康社会的基础上,再奋斗十五年,基本实现社会主义现代化";"从 2035 年到本世纪中叶,在基本实现现代化的基础上,再奋斗十五年,把我国建成富强民主文明和谐美丽的社会主义现代化强国"(习近平,2017)。这一目标描绘了我国建成富强民主文明和谐美丽的社会主义现代化强国的宏伟蓝图。社会主义建设的方方面面不仅需要科技发展的支撑,更需要全面创新。实现"两个一百年"奋斗目标,科技发展是支撑,是提高科技生产率和改善生产管理的关键。纵观世界各国,走在前列的美国、英国等创新型国家在知识和科技上占据了优势就能够在发展上取得先机。它们用最小的代价,获取了最大的发展。但目前,我国在科技创新等方面依旧存在着许多问题,比如科技创新能力不足、研发投入结构不合理、科技成果转化不顺、高层次科技人才短缺等。面对当前的科技水平和科技事业发展现状,需要坚持以科技创新为主导的全面创新,发挥科技创新的引领作用,提高生产力发展水平,实现高质量发展,进而促进全社会的进步与发展,满足人民群众对美好生活的需要,进而向"两个一百年"奋斗目标逐渐推进。

3. 全面深化改革纵深推进

中国面对国内外的新发展趋势,决心破除阻碍发展的体制机制障碍,跟上历史发展潮流,纵深推进全面深化改革。全面深化改革是一项复杂而系统的工作,前提是坚持社会主义制度,并在此基础上协调各方,实现协同发展。首先要在国家层面进行创新,不断推进国家治理体系和治理能力现代化;其次要在思想和文化层面进行创新,坚决破除一切不合时宜的思想观念和体制机制弊端,突破利益固化的藩篱,吸收人类文明有益成果;最后要在制度和体系上进行创新,构建系统完备、科学规范、运行有效的制度体系,充分发挥我国社会主义制度优越性。

(二)外在动力:中国发展的时代使命

1. 国际科技竞争日趋激烈

创新是赢得国际竞争优势的集中体现。当前,新一轮科技革命和产业革命正在兴起,世界各国都在努力通过创新变革从而在新一轮革命中占有一席之地。新一轮革命对我国来说既是机遇也是挑战。西方发达国家依靠其在科技创新能力上的优势,积极建立符合本国利益的国际规则。对于科技创新能力相对落后的发展中国家来说,要赢得新一轮的国际竞争愈发困难。但新一轮革命的技术路径不是在以往技术的轨道上,而是在一个全新的技术路径上,这就存在更多跨越式发展的可能。同时,新科技革命和新产业革命也是我国实现"两个一百年"奋斗目标和中华民族伟大复兴中国梦的历史机遇,我们更要在复杂的国际关系中,奋力发展,实施创新驱动发展战略,提升自主创新能力,掌握核心技术,改变我国在关键核心技术上受制于人的局面，提高我国在国际上的地位。在新一轮产业革命到来之时，我们需要以创新驱动去迎接国际科技竞争的机遇和挑战，从而获得国际竞争新优势。

2. 国家安全面临更多挑战

国家安全是安邦定国的重要基石，维护国家安全就是维护全国各族人民根本利益。当前中国的改革开放和社会主义现代化建设取得了历史性成就，越是接近世界舞台的中央，我们越要清醒地认识到国家安全面临的压力和风险不会减少，也必然会遇到更多新情况。除了需要关注传统安全，目前金融安全、能源安全、环境安全和严重传染性疾病等非传统安全也在深刻地威胁着我国国家安全。与此同时，信息技术的发展不仅使信息犯罪越来越多，网络虚拟空间也需要得到有效的治理和管控。在新一轮科技革命和产业变革大势中，科技创新作为提高社会生产力、提升国际竞争力、增强综合国力、保障国家安全的战略支撑，必须摆在国家发展全局的核心位置(中共中央文献研究室，2016)。因此，我们要在与国家安全相关的各个领域加强科技创新，减少国家安全面临的威胁：军事能力上，要提高军事创新能力、发展新式武器，从而提升军事作战能力；网络空间里，要推动信息技术创新保障国家各领域信息安全；生态环境上，要加快环保技术创新来改善生态环境；公共卫生上，要提高医疗技术创新水平以应对严重传染性疾病的威胁。我们要在创新驱动发展中把关键核心技术掌握在自己手中，提高国际竞争力，争取国际话语权，从而应对当前越来越复杂的国家安全问题。

3. 人类命运共同体使命在肩

当今的世界是各国共同组成的命运共同体，国际经济、政治、文化、信息互相交织融合，你中有我，我中有你。任何国家都不可能在这样复杂的国际局势中独善其身。世界各国应实现和平发展、合作共赢，共同面对世界安全问题，营造良好的国际发展氛围。实施创新驱动发展战略，不仅要在科技创新方面加强同各国科技界、产业界合作，使得科技及其产品更好造福世界人民，更要让科技创新带动全面创新，用绿色科技改善人们的生活环境、共同应对世界安全问题、为促进世界经济增长做贡献等。中国的高铁技术"走出去"就是一个很好的典范，为世界提供中国高铁方案，加强合作。

第三章　创新驱动发展战略:内涵与表征

从改革开放启动到 21 世纪初,中国经济持续高速增长,但进入 21 世纪后,中国经济发展增速放缓,经济发展方式也由粗放型向以创新驱动发展转变。近年来,从国家层面到各行各业层面的改革创新在一步步推进:2006 年,提出科技发展要紧紧围绕经济社会发展;2012 年,十八大提出科技创新是提高社会生产力和综合国力的战略支撑;2016 年,印发《国家创新驱动发展战略纲要》,提出要以科技创新为核心的全面创新;在党的二十大报告中,创新被提到 55 次,要坚持创新在我国现代化建设全局中的核心地位。

在创新驱动发展下,中国近年来的发展所取得的成就引起了全世界的广泛关注,以往已有一些针对创新驱动发展本身展开的研究。例如:王海燕和郑秀梅(2017)应用文献分析软件在对以往研究特征展开讨论的基础上探索了创新发展的理论基础和内涵;胡海鹏等(2019)在对创新驱动发展能力内涵进行界定的基础上对以往的评价体系进行了述评;李黎明等(2019)通过回顾分析世界主要创新型强国的发展历程和成功经验,给出了创新驱动发展评价的判断标准和评价指标体系;魏江等(2015)在分析创新驱动发展总体格局和深层次矛盾的基础上提出了相关政策建议;王玉民等(2016)从驱动对象、驱动方式和驱动力源泉三要素出发,以科技创新和管理创新链条为坐标轴,构建了"四相模型"的创新驱动发展战略的实施策略。本书主要通过对以往文件相关内容进行全面的梳理,对创新驱动发展战略的内涵和表征进行全方位的梳理,从而为进一步开展双轮创新驱动后发追赶的探讨提供内容依据,主要包括价值定位、主体目标、创新来源、创新模式、战术部署、实现路径、制度保障等。

一、价值定位:创新是引领发展的第一动力

在创新驱动发展中,要始终坚持"创新是引领发展的第一动力"。纵观人类历史,可以看到创新在人类社会历史进步中发挥的重要作用。中国作为一个古老的创新大国,在近代因闭关锁国、不重视创新而错失了发展的

机遇并落后挨打。如今，我国经济虽然处于快速发展阶段，经济总量位居世界前列，但是发展中依旧存在不少挑战和问题，例如不平衡、不充分、不持续的问题，生态环境恶化，劳动力人口数量下降等。在许多领域，我们与发达国家相比还有很大的差距。因此，我们必须坚持创新驱动发展。首先，深化科技体制机制改革。让市场更为灵活，让市场在资源配置中充分发挥决定性作用，为科技创新提供更好的市场环境，从而落实创新驱动发展战略，使创新成为引领经济发展的新动力新引擎。其次，提高科技成果转化效率。创新不是发表论文、申请专利，而是将创新成果转化为产业，将科技创新和科技成果应用在各个领域。最后，优化经济产业结构。把科技创新作为促进经济增长的第一动力，改变原先靠要素和投资拉动增长的经济发展模式，关注科技创新在经济发展中的推动作用。

"在激烈的国际竞争中，惟创新者进，惟创新者强，惟创新者胜。"（中共中央文献研究室，2016）目前，我国创新驱动发展呈现国家创新能力提升与经济发展总量增长同步的状况，但总体创新能力还没有充分释放为经济价值，企业的创新动力也亟须激发（魏江等，2015）。面对激烈的科技革命和产业革命，我们必须加强科技创新，转变经济发展方式，把科技创新作为发展的第一动力，将科技创新作为推动经济增长的新动力，从而提高我国的综合国力。

二、主体目标：建设创新型国家和世界科技强国

两次工业革命给人类社会带来了科技中心的转移和世界强国的交替。近代中国闭关锁国时，西方国家通过创新进行了第一次和第二次工业革命，站在了世界舞台的中央。社会生产力的发展和生产率的提高决定着国家命运，而只有创新才能从本质上发展生产力和提高生产率。创新驱动发展是建设创新型国家和成为世界科技强国的必要条件。科技强国不仅是指在科技创新领域的世界强国，还体现在通过科技创新实现国家强盛的目标。为了全面建设创新型国家和世界科技强国，习近平指出，建设科技强国不是口号，是实质内容，要抓住这次科技创新的发展方向，为经济发展注入新的突破点（中共中央文献研究室，2016）。创新驱动发展的主体目标分3个阶段：首先，通过构建创新型经济格局和大幅提升自主创新能力，营造具有中国特色的创新体系和良好的创新环境，实现进入创新型国家行列的目标。其次，通过更完备的国家创新体系和更浓厚的创新文化氛围，主要产业进入全球价值链中高端，并在总体上扭转以跟随为主的局面，实现科技上的初步赶超，跻身创新型国家前列。最后，拥有一流科研机构和人才，

不断优化创新环境,依靠科技进步和全面创新来提高劳动生产率和发展社会生产力,实现建成世界科技强国的目标。

三、创新来源:人才是第一资源

人才是科技创新的第一资源,当前激烈的国际竞争归根到底就是人才的竞争。习近平非常重视人才对于科技创新的作用:"人才是关键。没有强大人才队伍作后盾,自主创新就是无源之水、无本之木。"(中共中央文献研究室,2016)我国的人才发展在科技人才结构、人才培养机制等方面存在一系列的问题,有必要优化人才培养机制,提升教育水平。

习近平高度重视并大力倡导和推动我国人才事业的发展,主要体现在以下三个方面:首先,社会要创造良好的环境。"各级党委和政府要积极探索集聚人才、发挥人才作用的体制机制,完善相关政策,进一步创造人尽其才的政策环境,充分发挥优秀人才的主观能动性。"(中共中央文献研究室,2016)要在全社会形成尊重人才、尊重知识的氛围,激发创新人才的活力,允许科学家自由创新,宽容犯错。要加快分配政策改革,为各类人才解决后顾之忧,使其更加专心于自身的研究领域。其次,完善科学人才培养机制。这不是说要拔苗助长,培养高分人才,而是要结合成长规律来培养科学人才,建立合理的人才培养管理机制,让科技创新人才能够得到长远的发展。最后,建立优良人才队伍。要建立一支符合我国科技发展要求的人才队伍,一方面,要加强高素质人才、青年科技人才等方面的人才队伍建设,最大限度地支持科技人才创新创业。另一方面,要积极引进海外优秀人才,综合利用国内外人才资源。当前,中国比历史上任何时候都更需要广纳英才,要通过制定合理的国际人才引进计划,吸引更多优秀的国外人才为我国现代化建设做贡献。不仅要关注科学家科研人员,更要关注企业家,要激发企业家的创新活力,保护企业家的合法权益,从而使其在创新道路上无后顾之忧,全身心投入到创新工作中。

四、创新模式:以科技创新为核心的全面创新

中国共产党历来高度重视科技创新的作用,党的十八大以来,以习近平同志为核心的党中央站在国家发展全局的高度做出创新驱动发展战略决策,坚持以科技创新为核心带动全面创新。要通过科技创新实现生产力的进步,进而带动文化和整个社会不断向前发展。创新驱动发展战略要最大限度地发挥动力作用,关键就在于坚持科技创新的核心地位。习近平强调,"创新是多方面的,包括理论创新、体制创新、制度创新、人才创新等,但

科技创新地位和作用十分显要"（中共中央文献研究室，2016）。"我们要着力构建以企业为主体、市场为导向、产学研相结合的技术创新体系，注重发挥企业家才能，加快科技创新，加强产品创新、品牌创新、产业组织创新、商业模式创新，提升有效供给，创造有效需求"（中共中央文献研究室，2016）。产品创新、品牌创新、商业模式创新都不能离开科技创新这个核心。

坚持科技创新，要加快科技成果转化，坚持产业转化方向，搞活市场和坚持社会主义制度。企业是创新的主体，科技创新不能仅停留在实验成果和论文发表，要加快科技成果转化，建立产学研一体化的合作机制，积极推进产业化进程，一方面积极改造传统产业，另一方面加速战略性新兴产业、高新技术产业发展。

坚持以科技创新为核心的全面创新，一方面要加强多方交流合作，坚持自主创新和开放交流。"我们将全方位加强国际科技创新合作，积极参与全球创新网络，同世界各国人民携手应对人类面临的共同挑战，实现各国共同发展"（中共中央文献研究室，2016）。另一方面要实现多种创新的融合互促。全面创新不是单个创新的并排进行，更不是创新资源的抢夺，而是在不同创新之间互促融合，共同实现创新驱动发展。

五、战术部署：采取"非对称"赶超战略

"非对称"赶超战略是针对国内外时代背景、历史经验和我国发展现状提出的，内涵丰富，意义重大。"非对称"赶超战略是指根据世界科技创新的环境和态势，在知己知彼的情况下，发挥自己的独特优势，利用非常规策略战术、方式方法、途径手段，实现超越竞争者目标的一种指导思想，其核心的要点就是要做到"人无我有、人有我强、人强我优，人优我变"（高山，2017）。"非对称"赶超战略对当前中国科技发展具有非常重要的指导意义。我们要从学习模仿转向自主创新，要成为科技创新中的"领跑者"；同时，我们还要出奇制胜，制造出更多的颠覆式创新。

历史经验表明，采用"非对称"赶超战略是很多发达国家成为世界科技创新强国的重要原因。例如18世纪，英国实现了以蒸汽机为代表的重大技术创新，成功赶超西班牙和葡萄牙，成为世界上第一个工业化国家。目前，我国与西方在一些科技领域的差距越来越小，全球科技竞争形势越来越严峻。我国采取"非对称"赶超战略需从以下三方面着力：首先，总结和分析我国科技创新方面的成功与失败经验，找到当前的独特优势并充分利用；其次，强化重点领域的自主创新能力，真正掌握核心技术；最后，把握新一轮科技革命和产业革命的历史潮流，抓好科技创新的顶层设计。

六、实现路径:走中国特色自主创新道路

改革开放初期,我国的科技进步主要来自引进国外技术,通过市场换技术的方式获取技术。但随着中国不断进行后发追赶,先发国家不仅不再开放技术,还通过经济制裁、贸易战等方式制约中国技术的发展。在新的国际竞争形势下,只有把核心技术牢牢掌握在自己手中,才能把握竞争的主动权。走自主创新道路是我们实现创新强国的唯一路径。

中国坚持创新发展驱动战略,最重要的是增强自主创新能力,走中国特色自主创新道路。首先,发挥社会主义制度的优越性。近年来的许多重大创新进一步证明了集中力量办大事的有效性,这也是社会主义制度的显著特征之一。我们要继续发挥这一优势,协同社会各方面力量进行集中创新。其次,增强创新自信。经过长时间的奋斗,我们在一些领域中已经由"跟跑者"向"并行者""领跑者"转变。在这些技术积累的基础上,我们有能力在新的领域实现新技术的探索和新的发明创造。再次,加快自主创新成果的转化。要通过实行激励政策,加快全社会优先使用我国自主创新成果,实现自主创新的良性循环。最后,在开放中提高自主创新能力。自主创新不是闭关锁国、故步自封。在经济全球化的背景下,我们要加强与世界各国交流合作,在引进国外创新成果的同时,更要善于运用国外创新资源。

七、制度保障:深化体制机制改革

实施创新驱动发展战略,必须深化改革,破除体制机制障碍,从物质和精神两方面为创新提供动力。全面深化改革的重要环节在于科技体制机制改革,科技体制机制改革工作的落实有利于真正推动和落实创新型国家建设。深化科技体制机制改革是一项系统性工作。一方面,要完善转化机制。要加强理论与实践的联系,加强实验室技术与实践应用的联系,加强科技与经济的联系。科技创新不仅是高水平论文和实验室成果,更应该实现科研成果向产业化的转化,解决科技、经济"两张皮"的问题,打通科技创新与经济社会发展联系的通道。另一方面,要调节市场与政府职能,突出企业主体地位。在科技创新过程中,要处理好政府与市场的关系,既要发挥"看得见的手"的作用,也要把"看不见的手"的力量用起来。调节好政府和市场的职能,政府要管好该管的,通过发挥牵头、保障作用,协同企业、高校、科研院所等充分发挥各自优势,形成科技创新协同发展机制;市场作为配置创新资源的力量,要通过对资源进行有效合理的配置,激发企业创新活力,让企业在科技创新成果转化过程中发挥主体作用,主动创新、专注创新。

第四章　创新驱动后发追赶：从国家战略到企业创新

一、创新驱动发展与后发追赶的关系

（一）创新驱动发展与后发企业

以往研究主要从国家、区域、政策层面关注创新驱动发展的影响，但随着创新驱动发展的推进和有效成果的取得，需要更多关注以创新驱动发展为背景的研究，以及聚焦创新驱动发展的主体——企业，讨论创新驱动发展内容和影响。例如：王艳（2016）基于并购带来的开放式创新向自主创新能力演化路径、创新能力与企业发展的关系及混合所有制对创新驱动发展的作用机制提出理论分析框架；张伟和于良春（2019）关注创新驱动发展战略下的国有企业改革路径选择；马卫华等（2021）以高新技术企业为样本，对创新驱动发展战略的实施效果进行了评估；陈广仁和蒋小龙（2017）对中小企业商业模式创新驱动发展战略展开了研究。

2006 年的全国科学技术大会以及党的十七大都明确提出，科技发展要紧紧围绕经济社会发展这个中心任务，要解决制约经济社会发展的关键问题，尤其是明确提出要建立以企业为主体、以市场为导向、产学研结合的创新体系，让企业成为创新主体。发挥企业技术创新主体作用，就是加快推动创新资源向企业集聚，引导企业加大创新投入，突破关键技术，不断提高核心竞争力。在国家创新驱动发展战略的实施下，近年来，各行各业都取得了丰硕的成果，而这些成果的取得离不开后发企业的参与和贡献。后发企业是创新驱动发展战略与后发追赶的连接者和驱动者，是创新驱动后发追赶的主要参与者，是市场主体。同时，科技创新驱动经济发展也离不开企业家创新。

但大多数后发企业并未认识到创新的重要性和必然性，仍旧满足于传统的发展路径。仅有少部分现代服务业创新企业得到了快速发展，其他许多领域的企业仍缺乏具有自主知识产权的核心技术，仍然处于价值链的最低端(魏江,2015)。中国企业尚未真正成为创新决策、研发投入、科研组织和成果应用的主体(中共中央和国务院,2012)。要依靠创新驱动实现引领型发展需要强化企业在科技创新中的主导地位,发挥企业在技术创新中的优势,形成以企业为主体的包括技术创新和商业模式在内的协同创新(赵卢雷,2021)。根据新熊彼特增长理论,企业是创新驱动发展的主体,要通过营造有利于企业公平竞争的市场环境、重视和保护企业家创新积极性、重视创新中的市场需求导向、注重构建更为完整的创新生态系统来使企业成为创新驱动发展的主体(柳卸林等,2017)。

(二)创新驱动发展与技术追赶

创新驱动发展是技术追赶的有力支撑。创新驱动发展是我国加快转变经济发展方式、破解经济发展深层次矛盾和问题、打造中国经济升级版的必由之路(赵志耘,2014)。作为后发追赶的大国,中国可以借鉴以往一些经济体成功的追赶经验,但中国的国情和所处的后发情境与历史相比有很大的不同。中国通过发挥后发优势,在较短的时间内实现了弯道超车。但随着后发优势效应呈连续递减态势,新一轮的发展需要把基点放在创新驱动上(赵卢雷,2021)。中国后发追赶的成功离不开创新驱动发展战略的实施,创新驱动发展战略激发各领域创新活力,一方面以科技创新为核心带动全面创新,在原有赛道上加快发展的速度,使后发追赶成为可能,并且可以实现更快的后发追赶,另一方面通过"非对称"赶超战略等,实现弯道超车,从而实现追赶和赶超。

技术追赶是创新驱动发展的重要体现。创新驱动发展在社会层面营造了十分浓厚的"大众创业、万众创新"的氛围。进入 21 世纪后,中国改革开放初期的"以市场换技术"的模式已不再适用,在创新驱动发展下,中国式的后发追赶在经历了一段时间的跟随式追赶之后,又呈现新的态势:不仅突破了追赶的瓶颈,而且进入了下一阶段的快速追赶甚至是赶超。目前,我国已经从技术追赶阶段逐渐进入了前沿科技的"无人区"(柳卸林等,2017)。波特认为,一国进入创新驱动发展阶段具备的第一个特征就是企业摆脱了对国外的技术和生产方式的绝对依赖(王海燕和郑秀梅,2017)。中国是一个处于技术追赶位置的国家,在创新的驱动下已实现了从技术引进到二次创新再到原始创新的过程。通过提高企业和产业的技术能力,实现了技术的追赶,缩小了与国际领先经济体的差距。同时在追赶过程中,也逐步提高了自主创新能力(柳卸林等,2017)。

二、创新驱动发展的市场主体:后发企业

创新驱动发展需要培育世界一流创新型企业。在后发大国中,后发企业是能够成为一流创新型企业的主体力量,是创新驱动的市场主体。经济全球化和信息网络技术的发展给后发企业技术追赶带来巨大机会的同时也使其面临着前所未有的挑战:在新的时代情境和特殊的后发情境下,后发企业同以往一样,面临着技术落后和人力资源缺乏等诸多挑战,先发企业设置层层技术转移关卡限制后发企业技术引进过程中的技术转移和技术学习,而技术生命周期的缩短给后发企业自主创新带来了更高的壁垒。但同时,后发企业面临着新的时代背景,可能拥有新的后发优势,以及将后发劣势转变为优势的可能性。它们不仅能够充分利用外部先进技术、资金和管理经验,将内外资源进行整合,增强综合竞争力,而且有助于后发国家产业结构升级并参与到新一轮世界分工的过程中。

(一)后发企业内涵

关于后发企业,相关领域学者的定义基本一致。Hobday(1995)将后发企业定义为面临技术和市场两种劣势的发展中国家国内企业。Mathews and Cho(1999)则认为判定一个企业是否为后发企业应看其是否满足以下3个条件:①战略目标,即后发企业是一个以追赶为目标的快速跟随者;②后发企业是利用不同形式资源杠杆的模仿者,而不是创新者;③组织学习,即后发企业是一个快速学习者,从最基础的竞争态势向更重要的活动层面转移,并通过制度支持加速能力提升。在此基础上,Mathews(2002)对后发企业所应满足的条件进行了完善和补充,认为后发企业应该满足以下4个条件:①产业进入,即后发企业是一个产业的新进入者,这并不是选择的结果而是由历史条件决定的;②资源,即后发企业资源匮乏,面临缺少技术和市场进入渠道的问题;③战略意图,即后发企业以追赶为主要目标;④竞争态势,即后发企业还具有一些原始竞争优势,例如低成本等。Mathews and Cho(1999)和 Mathews(2022)都强调了战略目标的重要性,认为后发企业以追赶为目标。前者强调后发企业的组织学习,利用各种合作机制和国家支持机构加快技术获取和学习;后者强调后发企业的竞争优势,并把它看作后发企业的一种追赶战略。

基于此,本书将后发企业定义为通过快速的学习克服技术和市场双重劣势,并发挥后发优势,以追赶为主要目的的发展中国家国内企业。后发企业既不是后进企业(late entrant)也不是新创企业(start-up)(Mathews and Cho,1999)。后期进入产业或市场是后进企业的一种战略,而后发企业并不是以此为一种战略,这是由历史原因决定的。相关的研究在进入次序(Miller et al. ,1989)和模仿管理(Schnaars,2002)等方面着力很多。从资源可获得的角度来看,后进企业能获得较多的资源,而后发企业可获得的资源很少。一般情况下,后进企业已确立了较高声望,禀赋也很高,它们一般选择在技术和市场趋势明朗后进入,并以更强大的力量占据市场(Mathews and Cho,1999)。而后发企业一开始并不居于最有利的位置,而是从一个资源贫乏的孤立企业开始,去寻求技术并与主流商业结合。后发企业可以利用其独特的立足点,通过战略创新寻求其优势以及其在前期积累的经验,并将这些结合起来(Mathews,2002)。同样,新创企业虽然也是从零开始构建竞争地位,但通常是现有企业的衍生企业,并具备相当能力。大量关于产业变革和动态演化的文献都提到了新创企业如何通过新创优势克服在位者优势(Anderson and Tushman,1990)。虽然新创企业和后发企业都需要考虑初始资源与约束,但新创企业并没有受到隔离,也不缺乏能力(Mathews and Cho,1999)。

(二)后发企业的优势与劣势

1. 优势

亚历山大·格申克龙于1962年提出了"后发之益"学说,即后发国家在推动工业化发展时是在相对落后的经济水平上追赶的。一方面,后发国家可以直接借鉴成熟的技术体系,有较高的起点,容易在很多领域实现技术赶超,避免了发达国家在进行技术推广和技术转移时存在的成本较高等问题。另一方面,后发国家能够利用自身的后发优势,用更低成本进行技术的推广和技术转移,把握机会实现赶超。因此后发企业在技术创新时拥有较低成本,可在基础设施上"搭便车",能够减少因技术和市场不稳定带来的坏处。

2. 劣势

Hobday(1995)基于对东亚四国的研究,对后发企业的劣势进行了分析,认为后发企业面临技术和市场两种劣势。在技术方面,先进工业国家向发展中国家进行技术转移时,出于各方面的考虑,只转移相对过时的技术,这种技术的转化会导致后发国家与发达工业国家产生技术差距。后发企业的技术能力和技术发展是一个积累的过程,技术环境的快速变化会导致后发企业的技术和能力积累遭到破坏。同时,真正的技术追赶过程是获得参与技术生产和技术追赶的能力,而不是简单地使用技术。在市场方面,先发者可以依赖其在市场上获得的资源以及资源的发展分布情况,优先选定资源并通过市场定位、扩展产品线的深度和广度、拥有学习曲线和经验曲线来降低成本和改进产品,从而建立后发者的进入壁垒(Lieberman and Montgomery,1998)。由于电子、信息等技术的发展,国际竞争的加剧对后发企业会产生更大冲击。Robinson et al.(1992)认为资源与能力的不同会影响市场的进入时机,研究与开发能力强的企业先进入市场,而营销与制造能力强的企业后进入市场。

Cho et al.(1998)基于现有的理论,从技术追赶的视角,较系统地对后发企业优势和劣势进行了阐述。其将后发企业的优势和劣势按照来源分为 3 个层面,即市场/客户、竞争者和企业,如表 4.1 所示。

表 4.1　先发企业优势和后发企业优势

来源	先发企业优势 (后发企业劣势)	后发企业优势 (先发企业劣势)
市场/客户	转换成本、客户忠诚、不确定性、交易成本、正式契约	客户口味的改变、技术的变化、"搭便车"、客户认知、信息溢出、跳过试验和错误阶段
竞争者	抢先占有、投入要素、生产能力、市场规模	在位者惰性、对资产和资源的锁定、组织惰性
企业	边做边学、技术领先、学习曲线效应、克服市场复杂性	更多的信息、丰富的资源、共享经验和资产

来源:Cho et al.(1998)。

3. 后发优势与劣势的转换

从以上分析可以看出,后发企业既有后发优势也有后发劣势,但并非后发企业就必然具有这些优势和劣势,而这些优势和劣势也不是一成不变的,在"技术—经济"追赶中的后发优势与后发劣势能够实现转换(郭斌,1996)。一方面,当后发企业的技术水平和资本必要量与领先企业之间的差距太大时,后发企业很难利用其相对后进的有利条件(Gerschenkron,1962);另一方面,后发优势并非自发性的,而是具有发展的途径依赖性和"锁定发展"的可能性,需要一定的条件和机制才能够实现这些优势(郭斌,1996)。郭斌(1996)认为,要走出后发企业面临的后发劣势向后发优势转换的困境,需要具备一些必要条件:①适时的"技术—经济"范式转换以较早地切入新的"技术—经济"发展轨道;②技术引进方面必要的制度性保护措施;③制度性支撑;④自主创新能力、学习能力的培养和提高。

在信息技术快速发展的今天,大数据的应用、人工智能的发展、"数字＋"

方式的普及,不仅能够使后发优势得到更好的发挥,而且能更有效地将后发劣势转换为优势。在后发优势更好发挥的情况下,大数据的发展和应用不仅可以更快捕捉到客户口味的改变和技术改变,甚至可能根据数据预测并创造出新的需求,跳过试验和错误阶段;信息更易被获取和共享经济的开启使信息溢出、"搭便车"、获取更多信息和资源并进行共享变得更容易。在后发劣势转换为优势的情况下,新技术的发展和应用带来的社会生活节奏的加快降低了客户忠诚度、转换成本与交易成本,也使得抢先占有的优势变得不那么重要;大数据的发展从某种程度上大大削弱了先发者的优势,不仅使后发者也具备了边做边学的能力,对于市场复杂性的认识变得容易,而且原有的学习曲线也产生了变化。同时,新技术发展和应用使"技术—经济"范式转换很快地切入新的"技术—经济"发展轨道,甚至是直接切入新的轨道,而在国家层面实施的创新驱动发展战略不仅提供了可靠的制度性支撑,而且"大众创业、万众创新"的社会氛围让自主创新能力、学习能力的培养和提高变得更快更好。

三、创新驱动的成效体现:技术追赶

(一)技术追赶的内涵及相关研究

关于追赶的研究最早发生在工业变革的国家,例如德国、美国和日本,但更多的研究关注亚洲和拉丁美洲的新兴工业化国家(Juma and Clark,2002)。近年来,随着中国、印度等金砖五国在国际社会中的影响力不断提升,关于追赶的研究开始关注像中国这样的大型新兴经济体(陈晓玲,2013)。

我们在讨论追赶问题的时候往往包括技术追赶(technological catching-up)和市场追赶(market catching-up)两种类型。其中,技术追赶是指对技术能力、技术水平和动态创新能力的追赶(Awate et al.,2012;Lee and Lim,2001);市场追赶是指对市场份额或产出的追赶(Lee and Lim,2001)。这两种追赶是完全不同的,但又相互关联。虽然后发企业可以不提高技术能力,而仅仅通过依赖当地廉价劳动力实现市场追赶,但是这种不和技术能力增强相联系的市场追赶是不可持续的(Lee and Lim,2001)。技术追赶是最终实现产业追赶的根本因素。因此,本书主要关注技术追赶。

有关技术追赶的研究一般和技术模仿以及追逐相同发展路径联系在一起,在以往相关研究中,不同学者从不同角度对技术追赶进行了定义和分析。Juma and Clark(2002)认为技术追赶通过技术能力的快速积累,使技术相对落后的国家成为技术领先者或技术先进国家的竞争者。Lee and Lim(2001)从技术能力的角度对技术追赶进行了分析,认为技术追赶是在自主研发和所能利用的知识库的基础上实现的。首先,需要根据技术体制的技术轨迹变动率、创新频率和外部知识基的获取确定产品技术;其次,确定企业的竞争优势,例如成本优势、差异化优势或先发优势,并确立产品市场方向;最后,平衡企业战略和政府政策,结合产品技术发展和市场发展,实现研发产品和创造新知识,最终实现追赶。Park and Lee(2006)通过总体的专利在该技术领域的专利中所占的比重来测量国家技术能力,认为技术追赶是技术能力的增强速度相较于其他人或团队更快。研究发现技术追赶更易发生在技术生命周期短、拥有更多初期知识存量的行业,且技术追赶的速度取决于独占性和知识的可获得性。追赶国家更易通过较短的周期、更易的知识获取方式和更高的独占性达到技术的更高水平。通常后发工业国家在并不好的创新环境中,希望通过技术创新来达到经济上的发展。但是它们中的大多数并没有太多的进步,只有少数实现了快速的技术追赶。发展中国家想要缩小与发达国家的技术差距,必须通过比发达国家更快的技术创新来实现。

纵观以往的技术追赶研究,相关研究可以分为 3 个层面:国家或区域层、产业层和企业层。国家或区域层的技术追赶与政府行为和国家制度紧密联系(Juma and Clark,2002),产业层的技术追赶很大程度上取决于该产业的技术体制(Park and Lee,2006),企业层的技术追赶则与企业的吸收能力(Cohen and Levinthal,1989)和创新范式有很大的关系(Wu et al.,2010)。发展中国家中国是一个后发大国,尽管近年来中国实现了飞速的发展,但是与发达国家的技术差距还很大。中国经济的发展需要各个产业的共同进步,由于全球化和信息技术发展等因素,在现代服务业等一些新兴产业里,追赶更容易实现。中国经济的发展依赖于中国企业的成长,需要通过广大国内企业的共同追赶才能实现对发达国家的追赶。

企业有好的创新绩效并不代表就实现了追赶,也不能说明其与国际领先企业的差距就缩小了,而是要以比国际领先企业更快的速度实现技术水平的提升(陈晓玲,2013)。若国际领先企业的技术水平以更快的速度提高,那么不仅后发企业与之差距可能越来越大,而且还有可能挤压国内企业的市场空间,从而削弱国内企业技术升级的支撑(陈爱贞等,2008)。因此,根据 Park and Lee(2006)关于技术追赶的研究和本书聚焦于企业层追赶的特性,我们将技术追赶定义为后发企业以比行业内领先企业更快的速度进行技术创新,从而成为技术领先企业的竞争者。

(二)后发企业技术追赶绩效

研究后发企业的技术追赶时,需要紧紧围绕后发企业与技术追赶概念之间的联系,抓住共性。首先,后发企业是技术追赶的主体之一,是所有发生技术追赶现象主体中最小的构成单元。而技术追赶是后发企业的战略目标,后发企业是以追赶为目标的快速追随者(Mathews and Cho,1999)。其次,后发企业具有明显的技术和市场劣势,但其后发优势也很突出。如何获取和发挥后发者的优势并克服后发者的劣势是后发企业研究中一个十分重要的战略问题(Ma et al.,2006)。而技术追赶过程就是这一战略问题的解决过程,技术追赶结果就是这一战略问题的解决结果。最后,二者的研究都以演化经济学为理论基础(Bell and Pavitt,1993),从技术学习和创新的角度研究后发企业与技术追赶的问题。

技术追赶是指后发国家以比发达国家更快的速度进行技术创新(Park and Lee,2006)。因此,技术追赶并不是企业相对于自身的提升,而是相对于追赶对象的提升,包括以更快的速度实现技术水平提升和技术跨越。发展中国家为了减小与发达国家之间的技术差距,需要以比发达国家更快的速度进行技术创新(Park and Lee,2006)。

以往关于追赶主题的研究中,无论是定量还是定性研究,都极少对追赶绩效和创新绩效加以区分[除了 Jung and Lee(2010)、Park and Lee(2006)]。后发企业技术追赶绩效的提升不仅需要自身实现好的创新绩效,而且要以比国际领先企业更快的速度提升技术创新绩效,通过挤压领先企业的市场空间,缩小与国际领先企业之间的差距(陈爱贞等,2008)。企业有好的创新绩效并不代表其与国际领先企业的差距必然缩小。国际领先企业的技术水平若以更快的速度提高,那么不仅后发企业与之差距可能越来越大,而且还有可能挤压后发企业的国内市场空间,从而削弱后发企业技术升级的支撑(陈晓玲,2013)。在 Lee and Lim(2001)看来,电子消费、个人电脑和机械工具等行业通过以更快的速度提升技术水平,实现了技术追赶,而全球移动通信系统、移动电话、存储器和汽车行业则是通过技术跨越实现了技术追赶。

(三)技术追赶过程中后发优势的发挥与劣势的克服

以往有很多领域的技术追赶研究都是针对后发者优势和劣势展开讨论的,其中最有代表性的有工业经济领域、战略管理领域(Lieberman and Montgomery,1988;Lieberman and Montgomery,1998)和市场营销领域研究(Kerin et al.,1992)。后发企业不仅不需要面对最初新市场中存在的一些不确定性、成本和困难，在发展初期可以通过投资现代化的设备和工厂进行追赶(Gerschenkron,1962)，而且还能够从较低的模仿成本、"搭便车"、规模经济、学习领先企业的错误经验以及影响和塑造客户偏好的能力中获得成本和多元化优势(Kerin et al.,1992)。

从战略的高度进行后发优势的发挥和劣势的克服是后发企业实现追赶的关键。Cho et al.(1998)的理论关注点是一个企业如何将由于进入顺序的不一样而产生的机会转化为绩效。在将后发企业的优势和劣势来源分为3个领域后，Cho et al.(1998)以3个日本和3个韩国半导体企业的深度案例分析识别出了两类后发企业战略：劣势克服战略和优势利用战略。低利润、承担亏损和以量取胜组成了劣势克服战略，零星时间、压缩时间、技术人员转移、标杆管理、技术跨越和资源杠杆组成了优势利用战略。后发企业通过这两类战略成功实现了追赶。

但遗憾的是，以往的研究主要关注的是后发的优势和劣势本身，很少去探究后发企业通过哪些方法方式来发挥这些后发优势并克服后发劣势，即具体的影响机制。资源观理论将企业看成资源和能力的集合，这些资源和能力只有同时具有价值性、稀缺性、难以模仿性和难以替代性这4个特征时才能为企业带来持续的竞争优势(Barney,1991)。以往大多数关于创新的研究都是基于资源丰富的企业，但已有的资源观理论无法很好地解释为何资源匮乏的发展中国家后发企业能够成功实现追赶，并挑战那些具有丰富资源的发达国家先发企业(Li and Kozhikode,2008)。现有的理论也很难解释后发企业如何在起步阶段创造竞争优势，或是后发企业如何在只拥有极少资源的情况下克服拥有丰富资源的先发企业的优势(Mathews,2006)。为何一个后发企业能够追赶上先发企业，甚至占据领先者的位置，以及如何获取和发挥后发者的优势并克服后发者的劣势是后发企业研究中一个十分重要的战略问题(Ma et al.,2006)。为了更好地展示这种影响机制，我们通过后发企业的优势和劣势将商业模式设计、技术创新战略和技术追赶绩效连接起来，这不仅是本书研究的主要内容，同时也为将来的研究奠定了基础。

四、创新驱动的特殊情境：后发情境

中国是一个后发大国，创新驱动发展所面临的特殊而重要的情境之一就是后发情境。以往对后发企业技术追赶情境的研究很多，但是由于侧重点和理论基础不同，各个研究结果的差异很大。而随着经济全球化和信息网络技术向其他行业的迅速渗透,在创新驱动下的中国后发追赶面临着更加复杂的情境,情境的变化也给追赶过程带来了巨大的变化。

(一)时代情境

纵观改革开放40多年的历史,中国经历了从中国制造到中国创造的过程。一开始,我们通过引进技术、引进人才、引进管理建立了自己的工业体系。这个过程是学习的过程。在这个过程中,我们的技术远远落后于先发者,我们不断通过努力缩小了差距,实现了一定的技术追赶。但当技术差距缩小到一定程度时,先发者感受到了后发者追赶的危机,进一步提高技术壁垒,减少后发者通过技术引进学习的可能性。在传统的后发情境中,追赶会变得更难,后发者和先发者之间的差距可能会因此而变得更大。但随着信息技术和互联网技术的高速发展,通过与其他创新的协同和融合,在面对新一代技术的时候,后发者可能通过"非对称"赶超等方式实现弯道超车,使更快的技术创新和技术追赶成为可能。

特别是在数字经济和创新型企业快速发展的今天,中国的后发追赶与以往的情况有很大的不同。数字经济能通过知识流动的中介作用助力城市创新发展,是新情境下中国有效实施创新驱动发展战略的重要政策依据(韩兆安等,2022)。在创新驱动下的后发者可能只是在最开始的阶段落后,并不意味着长时间的技术和商业模式的落后,甚至后发者可能成为新后发优势的拥有者,在某些新的领域实现快速赶超。特别是近年来,随着大数据、共享经济、人工智能、数字经济等技术的发展,中国在相关领域迅速发展,实现了追赶和赶超。例如:中国在高速铁路领域中后来者居上,成为世界范围内的"高铁第一大国",在全球的高铁市场当中处于行业第一的位置;以北斗、银河麒麟、C919等为代表的前沿科技举全国之力进行自主的原始创新,突破了先发国家的封锁;在5G技术、新能源汽车技术、移动支付等方面,凭借市场优势达到了世界领先的水平。

而我们所要研究的创新驱动后发追赶的过程涵盖了传统后发追赶和新时代背景下的后发追赶2个阶段,因此不仅要考虑到传统后发追赶的情境,也要考虑到在新时代背景下特殊的后发情境和特征,并在此基础上对后发情境可能遇到的技术情境、市场情境、制度情境和组织情境进行理论层面的讨论,寻找到从国家层面的创新驱动发展战略到企业层面的创新追赶的逻辑和影响因素。

(二)技术情境

后发企业的创新行为和追赶模式受产业技术体制的影响,企业所处的技术情境可以通过技术体制来描绘(Marsili,2002)。技术体制最早由Nelson and Winter(1982)引入学术界,Breschi et al.(2000)进一步界定了技术体制的4个基本要素:技术机会、创新独占性、技术进展的累积性以及知识基属性。此后,许多学者在此基础上对技术体制的变量进行了延伸和拓展(Lee and Lim,2001;Park and Lee,2006)。Park and Lee(2006)通过实证发现,追赶更容易发生在技术生命周期短、拥有更多初期知识存量的行业,这些行业的追赶速度受独占性和知识可得性的影响。知识扩散与市场分割对技术追赶也有影响(Mu and Lee,2005)。

技术体制通过影响企业的研发行为、可利用的外部资源和技术能力的积累,影响企业的技术追赶模式(Lee and Lim,2001)。后发企业的组织和战略与技术环境存在着匹配关系。例如,韩国企业与中国台湾企业对技术体制的适应程度和企业的特点相一致:韩国企业缺乏柔性,但更多元化,追求更加独立的研发和学习战略,因此更适合于低独占性和高累积性的技术体制;中国台湾企业则恰恰相反,不仅更具柔性、更以网络为基础、更专业化,且追求更多的合作研发和学习战略,因此,更适合于高独占性和低累积性的技术体制(Park and Lee,2006)。

(三)市场情境

后发企业所面对的市场情境与发达国家有着明显的不同,不仅被发达国家的主流市场隔离,需要克服极大的市场劣势,而且处于一个相对动态的市场环境中。

首先,早期成功实现追赶的日本、韩国、新加坡等由于国内市场规模有限,主要是以出口的方式,在发达国家的市场上进行追赶(Kim and Kogut,1996;Kim et al.,2004)。而以中国为代表的新兴后发大国具有很大规模的本土市场,本土市场的需求成为这些国家后发企业积蓄能量的重要场所(陈晓玲,2013)。它们以本地市场的特点和需求为导向,在本地市场上率先实现追赶(Wu et al.,2010)。市场是后发企业技术追赶的主要阵地。后发企业一方面要积极主动地创造各种机会进入海外市场,学习先发企业的先进经验和技术(Mathews,2002),另一方面要充分利用本土优势,先在本土市场上发展、积聚力量,在经过一段时间的努力通过本土市场的缓冲获得初步成功后,再进军国际市场,并将产品销往海外(Mu and Lee,2005)。新兴后发国的市场被称为金字塔底层市场,与主流市场不同,将低收入人群视为真正的消费者和生产者,并通过提供平等参与市场的机会来创造出多元价值(邢小强等,2011)。

其次,随着信息网络技术的发展,信息的传播方式更加多元化、速度更快,市场不仅竞争激烈、不稳定性高,而且发展迅速,在不断地成长和扩大。技术市场开放度会影响企业的技术引进、消化吸收的效果(吴玉满和吴玉柱,2008)。后发企业在追赶的过程中会面对相对封闭和相对开放的两种环境,随着全球化的推进,早先相对封闭环境下的后发企业追赶过程研究逐渐向开放环境下演进(江诗松等,2011)。在相对封闭的环境下,后发企业会选择先引进发达国家的生产工艺,经过一系列的技术努力之后,才形成产品创新能力(谢伟,1999)。后发企业的技术努力分为技术获取阶段、消化阶段和提高阶段(Kim,1980),其中,模仿等非正式渠道是技术获取的重要方式(Lee et al.,1988)。在相对开放的环境下,后发企业的网络能力在其技术追赶过程中扮演着重要角色(Cho and Lee,2003)。建立起全球的生产网络,有助于培育后发企业技术能力(Ernst and Kim,2002)。企业需要在动态的市场环境中,获取技术创新与研发所必需的知识和信息,并选择技术创新的方向和可能性(Freeman and Soete,1997)。这对后发企业提出了更高的挑战。后发企业可以通过 OEM-ODM-OBM 的学习路径(Hobday,1995),反复应用联结、杠杆和学习来克服竞争劣势(Mathews,2002),最终实现技术追赶。

(四)制度情境

一个国家所制定的制度政策会对后发企业的追赶过程产生影响,这体现在外商直接投资(FDI)政策、进出口关税等国际贸易政策方面,而且一个国家对研究与开发和创新活动的投入水平构成了国家创新系统的基本面,对该国企业的创新过程非常重要(Lundvall,1993)。Juma and Clark(2002)对后发企业技术追赶的影响因素进行了梳理,主要有政策环境和制度设定、人力资源的投入、国家创新系统和知识网络。政策环境和制度设定是指国家对于技术的政策、制度的设定以及如何实施。促进技术进步的一个重要方面是这个过程中良好的制度的建立和制度化的安排。人力资源的发展在经济发展的过程中越来越受到关注。教育已经被普遍认为是经济转型过程和技术能力积累过程中的核心环节(Dahlman et al.,1987)。对于教育的需求因国家发展程度的不同而异:那些完成工业化的国家正在改变它们的教育系统以提供更好的技术学科训练,而那些相对贫穷的国家则关注初级教育,特别是妇女的教育(Griffin and Knight,1990)。要使技术有效地实现发展,发展中国家需要更多地在高等技术教育方面进行投入。新兴的企业和产业进一步支撑了国家创新系统的制度组成。在这些系统里，知识被创造、转移并内化到产品和流程中。一个国家创新系统的坚实和多元性是一个国家利用所积累技术的能力的指标（Juma and Clark，2002）。江诗松等（2011）在中国转型经济的背景下，采用共演模型描述了后发企业能力追赶的过程，指出中国企业是在一个极其复杂且相互冲突的制度环境下进行追赶的，转型经济的制度特征阻碍了企业竞争能力的发展，但同时也提供了多种潜在机会。

目前，学术界关于政府对后发企业技术追赶的影响主要有两种不同的观点：

一方面，部分研究认为政府在后发企业技术追赶的过程中起到积极的推动作用。政府通过对发展中国家的要素市场进行合适的纠正性干预（Lall，1992），例如政府在早期日本和欧洲企业的技术追赶过程中发挥了重要作用（宋加艳，2011）。印度 IT 产业的兴起离不开政府出台的各种促进 IT 业发展的措施和政策（陈利君和陈雪松，2010）。同样，在中国，企业的政治战略会改变其所处的制度环境从而影响竞争战略并最终作用于追赶（江诗松等，2011）。在中国的转型经济体制下，大量的稀缺资源掌握在政府手中，政府以审批机制等方式参与到企业的决策和运营中，集中力量发展了一大批有竞争力的国有企业，部分实现了追赶（Tian et al.，2009）。

另一方面，部分研究认为政府在后发企业技术追赶的过程中有负面影响。例如，韩国政府与大财阀之间的紧密联系使这些企业失去了紧急应对市场的能力，在金融危机来临时显得不堪一击（Ernst，1999）。同样，日本的软件行业不仅受到产业政策、金融体系、财阀式产业集团的负面影响，而且法律执行体系的缺乏和知识产权保护体系的薄弱也影响了技术追赶（Anchordoguy，2000）。而在对中国国有企业的了解中同样发现，政府在企业技术能力积累过程中并没有发挥积极作用（Cai and Tylecote，2008）。

政府对后发企业技术追赶的影响并不能一概而论，而要审时度势地发挥优势，回避劣势。对于后发企业来说，可以通过努力去改变其所面临的制度情境，抓住政府影响中那些有利的因素；对于政府来说，应该从历史经验中认清过度干预的负面影响，从而制定合理适度的纠正性措施和支持政策。

（五）组织情境

综合以往的研究我们发现，在讨论后发企业技术追赶的影响因素时，都离不开讨论组织情境的重要性。

引进消化吸收再创新是后发国家提升技术能力、追赶发达国家的基本技术途径(Ernst and Kim,2002)。人才是后发企业技术追赶过程中的主体力量。韩国半导体产业、印度软件产业的发展都离不开人才的支持(陈德智等,2004),兼具技术管理才能、商业管理才能、动机的企业家才能在高科技企业中发挥作用(Oakey,2003)。同样,以培养有纪律的忠诚员工为目标的教育和雇佣体系等使得日本在钢铁、机床、半导体与计算机硬件上获得巨大成功(Anchordoguy,2000)。

Malerba and Nelson(2011)用产业创新系统框架对印度、巴西、中国、爱尔兰、以色列、韩国等多个追赶中国家的制药、汽车、软件、通信设备、半导体和农业6个行业进行了分析,总结了影响追赶的共同因素,例如国内企业的学习和能力构建、获得外部知识、教育和人力资源等。吴玉满和吴玉柱(2008)认为技术引进战略、技术学习能力、高水平人才等会影响企业的技术引进、消化吸收的效果,从而影响技术追赶的效果。Kim and Lee(2002)以韩国电子配件产业的115家中小企业为研究对象,找到了后发企业的3条变革路径,发现在技术学习过程中成功的企业都具有以下共同特点:进行企业管理的CEO都具有突出技术专长和强烈战略愿景,支持创新的方式一般是努力构建管理实践,积极追求外部联系——多元化的并且有助于优化产品和流程技术的。另外的研究还提到了企业网络与组织学习的作用(彭新敏等,2011)、当地企业与跨国公司之间互动学习的影响(宋泓等,2004)以及企业的努力等(路风和慕玲,2003)。

尽管已有研究已经从技术能力(Malerba and Nelson,2011)、技术创新(Ernst,1999;吴晓波和许庆瑞,1995)、技术引进(吴玉满和吴玉柱,2008)、二次创新(Wu et al.,2010;吴晓波等,2009)等视角展开了对技术追赶的研究,但是,并没有将其上升到战略层面,也没有将近年来理论和实践领域广泛关注的企业竞争优势另一大来源——商业模式——引入技术追赶的研究中。但事实上,对于资源匮乏的后发企业(特别是在一些特定领域)来说,商业模式很有可能是组织情境中促使后发企业成功实现追赶的关键(Wu et al.,2010)。

五、创新驱动下后发企业技术追赶的主要特征

创新驱动下的后发企业技术追赶呈现出多阶段并存、多领域并行、多种类创新以及跨越式发展的特点。

(一)多阶段并存

从20世纪末、21世纪初开始,中国后发企业开始进行追赶。中国后

发企业的技术追赶可以分为 3 个阶段:从早期的初步追赶到中期的快速追赶,再到后追赶时代的全面追赶和赶超的阶段。目前,中国式后发追赶正处于由初步追赶向快速追赶过渡阶段,追赶既具有贯穿追赶全过程的规律,也具有各阶段的阶段性特征。与处在早期的后发企业不同,实现初步追赶的后发企业已经具有一定的知识和创新能力。随着数字经济和人工智能的介入,中国后发企业的追赶已形成较为成熟的模式,在新的环境下,后发企业能够抓住机遇,实现快速的追赶。同时,在一些快速追赶态势较好的领域,中国的后发企业甚至进入了全面追赶和赶超的阶段。例如,"蛟龙""神威""潜龙""慧眼"等一系列重大创新成果的问世使中国部分领域进入国际科技发展的前列,进入跟跑、并跑、领跑"三跑并列"的阶段。

(二)多领域并行

后发企业在各个领域努力实现技术追赶。例如在汽车行业、通信信息、电视机等领域引进成熟技术,将成熟技术转化为自身的知识,不断增强自身的学习能力,少部分企业如华为正在趋近国际技术前列(彭新敏等,2011)。每个领域之间并非独立,各个领域之间的技术互相促进,共同发展。中国在很多领域已经成为创新的先锋,从清洁空气到公共交通,从新能源到数字经济,移动通信、集成电路、数控机床、核电等重点领域率先实现了跨越式发展。"复兴号"成功商业化运行,5G 新型网络架构等技术纳入国际标准,人工智能、大数据、云计算等引领数字经济、平台经济、共享经济快速发展,有力地带动了经济转型升级和新动能成长。

(三)多种类创新

后发企业技术追赶方式呈现多种类创新的特点。后发企业最初由于自身的知识和技术基础薄弱,主要依靠引进国外先进技术。随着发展中国家后发企业渐渐走进前沿领域,发达国家因担心自身的优势地位,不再愿意与发展中国家分享技术。后发企业为了实现更深层次的追赶,就要成为创新者而非模仿者(Chang et al.,2006),实际上,在后发企业技术追赶过程中,越来越多的企业开始从依赖引进技术和设备转向使用本土研发进行创新(Guan et al.,2009)。依靠体制机制创新,中国企业开始增强对引进技术的本地化和二次创新。随着国家自主创新战略的提出,中国企业在初期技术积累的基础上开始进行自主研发和世界前沿技术的研发,对关键核心技术的突破经验进行总结和升华,以进一步向前发展(吴晓波和吴东,2018)。以我国高铁技术追赶历程为例,最初高铁技术主要是以技术引进为重点,形成技术集成能力。在有了一定的技术基础之后,初步构建自身自主创新能力,解决技术在运营中的适用性问题,但依旧存在技术过分依赖国外、自主创新能力不足的问题。随着中国创新驱动发展战略的提出,中国高铁进行有针对性的技术研发,已掌握部分零部件的核心技术,在部分领域处于领跑地位。

(四)跨越式发展

后发企业的技术追赶不同于以往技术发展路径,呈现出跳过一代或者多代技术,实现跨越式发展的特点。中国企业具有后发优势,在引进技术的基础上进行二次创新,创新能力得到不断积累和进化(吴晓波和吴东,2018)。随着经济全球化的纵深发展,国家进一步推进"引进来""走出去",通过互联网技术、大数据、云计算等现代科学技术拉近与世界各国的距离,创新进入了全球化和超越追赶的新时代(吴晓波和吴东,2018)。在新一代技术来临的时候,中国的后发企业能够借助体制机制优势,通过发挥独特的后发优势,直接进入下一阶段的技术轨道,参与下一个技术范式的技术竞争。越来越多的后发企业正在或已经接近技术创新的前沿,利用国际化的"跳板作用"实现创新追赶(吴先明等,2018)。

六、创新驱动下后发企业创新的实践逻辑

(一)从模仿到创新

中国用短短几十年的时间走完了发达国家几百年的工业化路程,实现了从远远落后于发达国家到不断缩短距离,再到初步实现追赶,以及今天在部分领域实现赶超,其中的创新历程复杂且艰辛。从完全模仿到自主创新是一个漫长的过程。新中国成立之初,工业化完全为零,技术的发展只能单纯靠技术引进。在引进技术的基础上,中国后发企业通过模仿掌握了落后于发达国家二到三代甚至更多的技术;在有了一定的技术基础后,通过市场换技术,后发企业进行了技术学习,逐渐掌握了一定的技术能力;进入21世纪,在创新驱动发展下,后发企业的技术发展从原先的模仿或是以模仿为主转为创新驱动,实现了跨越式发展,通过更快的技术学习和技术能力积累,实现了在部分领域的自主创新甚至是技术赶超。

(二)从被动创新到主动创新

后发企业在追赶初期由于技术和市场的落后,只能通过基本的技术生

产实现企业生存。在追赶初期,后发企业的创新以被动创新为主,分为两种,一种是由于国外的技术封锁而不得不进行的创新,另一种是由于市场的需求出现而不得不出现的创新。后发企业在技术落后的情形下很难进行有效的创新,同时对于创新的认知不准确,认为创新需要大规模的投入,存在着风险和不确定性、短期收益小等问题,从而缺乏创新的动力。随着后发企业技术能力的不断积累,企业创新能力也不断加强,在创新驱动发展下,全社会形成创新的意识和氛围,后发企业也认识到创新的重要性,有越来越多的后发企业参与到主动创新中,主动开辟科技创新的新领域,并通过主动创新开拓市场需求。

(三)从二次创新到原始创新

二次创新是在引进消化吸收的基础上进行的再创新,是中国后发企业追赶初期的重要推力。在追赶初期,后发企业技术能力较弱,技术创新主要依靠技术引进,当有了一定的积累之后,后发企业能够在对引进的技术进行消化吸收的基础上进行创新,形成新的技术,从而实现追赶。但随着中国经济的发展和后发企业的技术发展,先发国家对中国后发企业的技术开放程度越来越小,有一些领域甚至进行了全面封锁,后发企业通过技术学习运用二次创新模式的机会逐渐变少。同时,在创新驱动的背景下,随着中国在多领域的快速发展,部分领域的技术已经进入"无人区",再无可参考和借鉴的经验和技术。中国后发企业已逐渐实现从以二次创新为主向以原始创新为主转变。

(四)从单一创新到协同创新

创新驱动发展战略强调企业是创新的主体,要加快构建以企业为主体、以市场为导向、产学研相结合的技术创新体系,坚持创新驱动发展战略,坚持以科技创新为核心的全面创新。

在现有的后发企业技术追赶中,企业是创新的主体,企业主要通过技术引进、合作以及并购等方式实现技术创新及追赶。因而在企业创新的基础上,也需要政府、高校及科研机构等其他力量的创新,使得企业技术创新实现从单一向协同的发展。对于政府来说,需要贯彻创新驱动发展战略,坚持以科技创新为核心的全面创新,为企业的创新提供更多便利的政策,营造创新的良好社会氛围。对于高校及科研机构来说,需要深入基础研究,补齐我国在基础研究领域的短板。

(五)商业模式创新与技术创新共同作用的重要性

《国家创新驱动发展战略纲要》指出,科技创新要与制度创新、管理创新、商业模式创新、业态创新和文化创新相结合,推动发展方式转变和促进经济的阶段演进。而企业是国家创新驱动发展和后发追赶的市场主体,许多推动社会进步和改变人们生活的创新都来自企业。国家层面的科技创新在企业层面具体体现为技术创新。技术创新是企业核心竞争力的重要来源。近年来,我们从美国对华为和中兴的制裁、芯片人才的短缺对行业造成的影响中可以看到,是否掌握核心技术、能否进行自主的技术创新不仅决定了企业的发展和存活,甚至可能对一个国家的发展造成影响。

商业模式创新是信息技术发展带来的企业层面的另一种重要创新,常见于现代服务业中,而且许多制造业的转型升级也离不开商业模式的创新。商业模式创新能够使后发企业克服后发劣势,并有可能将劣势转变为优势。技术创新的成本和投入都比较大,需要较长时间的坚持,而商业模式创新则更容易抓住某一时机而取得巨大成功。

两种创新是后发企业追赶中不可缺少的重要推动力:商业模式创新能够将技术创新的成效放大,使技术创新的成果得到更好的传播和使用,而技术创新则为商业模式创新提供技术支撑和壁垒,以更好地保持创新优势。在后发企业中,将商业模式创新和技术创新很好地匹配起来,能够充分发挥每一种创新的力量,实现"1+1>2"。

第五章 双轮创新驱动后发追赶:理论解析

落实创新驱动发展战略是系统工作。要坚持企业在创新中的主体地位,发挥市场的作用,提高科技创新对经济增长的贡献率,形成新的增长动力,推进经济持续健康高质量发展。经过 40 多年的发展和追赶,后发企业已经在许多领域缩小与先发企业的差距,但一些关键核心技术仍然受制于人,发达国家在科学前沿和高科技领域仍然占据明显领先优势。在创新驱动发展下,我们需要继续追赶,过去"以市场换技术""曲线救国"等获取技术的方式已不太可行,急需更有效更快速的追赶策略。

以创新为驱动有助于后发企业实现技术追赶,特别是以科技创新为主进行全面创新为快速追赶和赶超提供了更多的可能。后发企业通过技术创新获得技术上的进步,能够实现从技术跟随到技术领先的转变,而跨产业价值网络下的商业模式创新实现了新契机、优质信息的获取的增加和交易效率的提高,进而推动企业实现自身的发展和对国际领先企业的追赶。在更加开放和更加互动的环境下,一批批优秀的后发企业开展了基于商业模式的技术追赶,并通过与技术创新的协同来实现快速的追赶。

一、商业模式创新的内涵与驱动作用

Zott et al. (2011)在 Ghaziani and Ventresca(2005)的基础上,对正式发表的与商业模式主题相关的文章进行了整理和综述,为已有的商业模式文献提供了一个广泛而多元的视角,并尝试去探索这个构念的本源,以及通过多学科及主题内容视角进行商业模式概念检验。原磊(2007)也从商业模式的概念本质、体系构成、评估手段和变革过程等方面对国外商业模式理论研究进行了评价。本书将在这些研究的基础上结合本书研究问题进行更聚焦的综述,主要集中在商业模式的理论基础与内涵、商业模式设计与主题、商业模式与竞争优势以及商业模式创新对技术追赶的驱动作用上。

(一)商业模式的理论基础与内涵

1. 商业模式构念的理论基础

技术进步给企业、合作者、客户间的组织安排创造(即商业模式)带来了新的机会。商业模式是一种焦点企业与客户、合作者和供应商进行交易的结构性的模板,即如何与要素或产品市场进行联系(Zott and Amit,2007)。龚丽敏等(2011)从可证伪性和有用性对商业模式的构念进行了考察,证明了商业模式这一构念是有效的。商业模式构念还具有普适性,它不仅适用于电子商务领域的研究,还适用于其他传统领域。

架构的本质是一个相互依赖的复杂系统(Miller,1996),架构理论不仅对于理解、设计与管理产品、组织和产业等复杂的系统具有十分重要的意义(刘洋和应瑛,2012),而且为发展商业模式设计的测量提供了一个有用的起始点,它考虑到了整体的架构和设计元素(Miles et al.,1978)。架构理论是经常发生的设计元素的汇聚,因为它们的独立性能够让其成为模式(Meyer et al.,1993)。架构可以被定义为一个组织的元素在多大程度上被一个单一的主题编排和连接起来(Miller,1996),商业模式可以通过它的设计主题进行描绘,设计主题不仅能够捕获焦点企业与外界利益相关者的交易行为,而且能够描绘企业商业模式的整体形态,使商业模式更易被概念化地表达和测量(Zott and Amit,2008)。我们将架构看成一个变量,而不是一种理想类型的变型(Miller,1996)。商业模式的设计元素是交易的内容、结构和治理(Zott and Amit,2007),而将商业模式各要素编排与连接起来的主题就是创新和效率(Miller,1996)。企业家能够创造出新的设计或者重新生产或复制已有的设计(Aldrich,1999)。在商业创造中,以模仿为基础的路径经常是与强调低成本联系在一起的,例如效率型(Zott,2003)。

2. 商业模式的内涵

尽管由于研究对象与视角的差异,目前关于商业模式的内涵仍然缺乏统一的认识(Chesbrough,2010),但在一些问题的认识上有许多共同之处,例如,将商业模式视为一个新型的分析单元,认为商业模式概念强调的是用系统和整体的方式去解释企业如何经营,以及商业模式不仅能够解释价值获取,而且能够解释如何创造价值等(Zott et al.,2011)。

纵观理论界商业模式的研究,各门派学者对商业模式的定义主要从 3 个不同的视角进行阐述(如表 5.1 所示):一是价值体现视角,强调经营什么业务,以及如何通过这些业务赚钱;二是整合方式视角,强调活动的设计安排,目的在于获得收入;三是竞争优势视角,强调企业为实现利益而开展的一系列活动。不管从哪一个视角开展商业模式研究,都离不开强调它的价值体现(Morris et al.,2005),并通过定义商业行为来实现价值。每一个商业模式都描述了存在于实际流程后面的一个商业系统创造价值的逻辑(Petrovic et al.,2001)。

表 5.1 不同视角的商业模式概念

视角	代表研究	定义
价值体现视角	Stewart and Zhao(2000)	商业模式陈述了一个企业如何赚钱并维持它的利润流
	Rappa(2000)	商业模式的根本在于企业进行自我维持并清楚地说明企业如何在价值链上定位并获利
	Hawkins(2002)	商业模式是企业与其产品/服务间的商务关系,一种构造各种成本和收入流的方式,通过收入来维持企业
	Chesbrough and Rosenbloom(2002)	商业模式说明了一个企业如何赚钱,并如何确定自己在价值链上的位置
整合方式视角	Mayo and Brown(1999)	商业模式是企业内部独立系统的设计创造,负责维持其竞争力
	Hammer(2004)	商业模式创新可称为"运营创新"(operational innovation),是企业组织的深层变革(deep change)
	Amit and Zott(2001)	商业模式是一种利用商业机会创造价值的交易内容、结构和治理架构,他们描述了由公司、供应商、辅助者和客户组成的网络运作方式
竞争优势视角	Morris et al.(2005)	商业模式指在一个市场中,具有内部相关性的风险策略和结构通过一系列设置以获得可持续的并且富有竞争力的优势
	Shafer et al.(2005)	商业模式代表了一个企业在价值网络中创造和获取价值的核心逻辑以及策略选择的方式
	Osterwalder et al.(2011)	商业模式可以被视为商业策略在概念和结构上的实施以及商业过程的基础
	Casadesus-Masanell and Ricart(2010)	商业模式是策略的选择项,即策略是指通过对商业模式的选择在市场上进行竞争

价值体现视角。商业模式为描述价值主张、价值创造和价值获取等活动连接的架构(魏江等,2012),它是产品、服务和信息流的体系,也是不同参与者和他们的角色以及这些参与者潜在利益、最后收益的来源

(Timmers,1998)。每一个商业模式都不是对复杂社会系统以及所有参与者关系和流程的描述,相反,而是描述了存在于实际流程后面的一个商业系统创造价值的逻辑(Petrovic et al.,2001)。公司通过价值链定位来赚钱(Rappa,2002),将4个一连串的要素(顾客、价值主张、利润公式、关键资源和程序)整合从而创造并提供价值(Johnson et al.,2008)。这种价值是关于一个公司提供给一个或几个细分顾客和公司架构体系及合作伙伴网络的价值,公司创造、营销、传递这些价值和关系资本是为了产生营利性的可持续的收益流(Osterwalder et al.,2011)。

整合方式视角。商业模式说明了企业如何运作(Magretta,2002),描述了复杂商业能促使研究其结构和结构要素之间的关系以及如何对真实世界做出反应(Applegate and Collura,2000),并利用商业机会的交易成分设计的体系构造,将公司、供应商、辅助者、伙伴以及雇员整合起来(Amit and Zott,2001)。为了产生盈利和获得稳定的收入来源,企业将与其合作商的关系网架构在一个或多个细分市场,创建、营销、提供价值和关系资本(Dubosson-Torbay et al.,2002),以便企业的消费者、联盟、供应商识别产品流、信息流、货币流和主要利益参与者的角色和关系。

竞争优势视角。商业理念是一个根本性的创新,可以带来新的客户价值,改变行业规则。商业理念与商业模式直接相关,商业模式就是商业理念在实际中的应用(Hamel,2001)。它表述了包括企业战略、企业架构等一系列内在的相关决策变量如何决定创造持续的竞争优势以适应市场(Morris et al.,2005),是对核心逻辑和战略决策的强调表述,并用来创造和捕捉价值网络中的价值(Shafer et al.,2005)。同时,它还能将技术特征作为潜在的投入,通过客户和市场将其转换为经济产出(Chesbrough and Rosenbloom,2002)。

通过对比我们可以发现,由于界定和研究侧重点的差异,学者们对商业模式的定义各有不同,但无论是从哪一个视角,都强调企业是如何通过商业模式进行价值创造并获得盈利的。企业实现收益和获取价值的唯一方式是与客户进行交易(陈琦,2010),因此本书对商业模式的界定与 Amit and Zott(2001)一致,认为商业模式是指企业捕捉商业机会从而以创造价值为目的而设计的交易内容、交易结构和交易治理。

3.商业模式的组成要素

不同研究对商业模式的定义差异较大,造成了商业模式的组成要素及其结构也表现出多样性。确定商业模式的组成要素有助于精确描述商业模式,帮助管理者理解和表述企业的商业逻辑。在商业模式的定义中,有的已经表明商业模式的组成,有的则将组成要素单独列出。将商业模式的组成要素单独列出有助于人们更深入地分析商业模式,为今后的商业模式研究打下基础。Morris et al.(2005)对以往研究中商业模式组成要素做了回顾,本书在其基础上做进一步整理和补充,如表5.2所示。

表 5.2　商业模式组成要素

文献来源	要素	实证	数据来源
Horowitz and Lai(1996)	价格、产品、配送、组织特征、技术	否	——
Pasternak and Viscio(1998)	全球化核心、治理、业务单元、服务、联系	否	——
Timmers(1998)	产品/服务/信息流建构、业务行动者及角色、行动者收益、收入来源和市场战略	是	详细案例分析
Markides(1999)	产品创新、顾客关系、基础设施管理、财务	否	——
Donath(1999)	客户理解、市场策略、公司治理、企业内部网络和外部网络能力	否	——
Chesbrough and Rosenbloom(2002)	价值主张、目标市场、内部价值链结构、成本结构和利润模型、价值网络、竞争战略	是	35 个案例
Gordijn et al.(2001)	行动者、市场细分、价值提供、价值行为、利益相关者网络、价值界面、价值传递、价值交换	否	——
Linder and Cantrell(2001)	定价模型、收入模型、渠道模型、商业过程模型、基于互联网的商业关系、组织形态、价值主张	是	70 个 CEO 的访谈
Hamel(2001)	核心战略、战略资源、价值网络、客户界面	否	咨询客户
Petrovic et al.(2001)	价值模型、资源模型、生产模型、客户关系模型、收益模型、资本模型、市场模型	否	——
Dubosson-Torbay et al.(2002)	产品、客户关系、合作者基础设施和网络、财务	是	详细案例分析
Afuah and Tucci(2001)	客户价值、范围、价格、收益、联结活动、实施、能力、可持续性	否	——
Weill and Vitale(2002)	战略目标、价值命题、收益来源、成功因素、渠道、核心能力、客户细化、IT 基础设施	是	调查研究
Applegate and Collura(2000)	概念、能力、价值	否	——

续表

文献来源	要素	实证	数据来源
Amit and Zott (2001)	交易内容、交易结构、交易治理	是	59 个案例
Alt and Zimmermann(2001)	使命、结构、过程、收益、合法性、技术	否	文献综述
Rayport and Jaworski(2002)	价值簇、市场空间提供物、资源系统、财务模型	是	100 个案例
Betz(2002)	资源、销售、利润、资本	否	—
Ojala and Tyrväinen(2006)	产品战略、收益逻辑、渠道模型、服务和执行模型	是	8 个案例
Calia et al. (2007)	价值创造、客户、内部资源、市场定位	是	详细案例分析
Wu et al. (2010)	价值主张、价值网络、收益模型	是	详细案例分析
Teece(2010)	产品/服务技术、客户获益、市场细分、收益来源、价值捕获机制	否	—
Wu et al. (2012a)	价值主张、价值创造、价值传递、价值获取	否	—
Wu et al. (2013)	价值创造、价值传递、价值捕获	是	详细案例分析

不同时期的不同学者对商业模式的组成要素认知都不同,但是在价值、竞争力、利润等方面却有统一的认识。在以往研究中,企业价值提供、经济模型、客户界面、合作者网络、内部基础设施和目标市场等要素被提到最多。

(二)商业模式设计与主题

Amit and Zott(2001)在回顾价值链、熊彼特创新、资源观、战略网络和交易成本理论的基础上,通过对欧美 59 家电子商务企业展开案例研究,提出了 4 种电子商务企业价值创造来源:效率(efficiency)、互补(complementarity)、锁定(lock-in)和新颖(novelty)。这 4 种价值创造来源的界定不仅为后来关于商业模式的研究奠定了基础,同时也是商业模式设计这个概念的雏形。基于对这些价值创造来源的分析以及战略和创业领域的相关理论,Amit and Zott(2001)提出商业模式可以作为一个分析的单元,即商业模式是描绘企业交易结构、内容、治理的设计,通过探索商业机会来创造价值。商业模式能够获取电子商务企业的这 4 种价值创造来源并将其应用于虚拟市场(如表 5.3 所示)。其中,交易结构是指参与交易过程的成员以及这些成员的连接方式;交易内容是指被交易的产品和信息,以及使这些交易能够发生所需要的资源和能力;交易治理是指相关成员对信息、资源和产品流动控制的方式。这个研究的另一大贡献是指出了商业模式概念的有效性,因为它能够解释并预测其他现有分析框架所不能解释的实践情况,例如电子商务中的价值创造。

表 5.3　价值创造来源与商业模式概念

项目	效率	互补	锁定	新颖
交易结构	交易机制;交易速度;议价能力;市场、销售、交易过程、交易流程花费;获得大量的产品、服务和信息;合作企业的存货成本;交易便利;需求总和;供应总和;交易的可扩展	跨界销售;参与者的活动;线上和线下交易的整合	交易可靠性;联盟计划;直接网络的外部性;间接网络的外部性;交易安全机制;参与者的学习投资	新的参与者;大量的参与者和产品;参与者之间新的联结;大量的联结(质量和深度);商业方法上的专利申请;基于交易秘密和版权的商业模式结构;商业模式的首创
交易内容	获取有利于决策的信息,减少信息不对称;交易的透明	线上、线下资源和能力的整合;获取互补性的产品服务和信息;纵向整合产品/服务;横向整合产品/服务;参与者的技术	通过第三方来增强信任;参与者配置专用资产;本地设计;客户定制和个性化产品	新的产品、服务和信息的联结
交易治理	—	开发联合专用资源的动机;参与者的结盟能力	忠诚项目;信息流动安全和流程控制;对客户个人信息使用的控制;团队观念的重要性	新的激励机制

来源:Amit and Zott(2001)。

基于电子商务的价值创造源泉分析框架,Zott and Amit(2007)聚焦于跨组织边界的商业活动,构建了商业模式设计(business model design)概念并开发了商业模式设计测量量表。商业模式设计的测量以架构理论为基础,架构理论能够考虑整体的结构、形态和设计元素(Miles et al.,1978)。创新和效率影响创业企业在不确定环境下的价值创造,因此,

Miller(1996)将创新和效率作为将商业模式各要素编排与连接起来的主题。尽管商业模式设计可以通过其他价值创造主题进行描绘,例如锁定型设计(尝试保持住利益相关者)和互补型设计(强调产品、活动、资源和技术的绑定),但 Zott and Amit(2007)也遵循了 Miller(1996),选择聚焦于效率型和新颖型的商业模式设计来进行理论的建立与检验,通过对 190 家欧洲和美国的初创企业展开实证研究,分析了商业模式设计对企业绩效的影响,发现新颖型的商业模式设计对初创企业的绩效有显著影响,而效率型的商业模式设计并没有显著影响,且同时实现新颖型和效率型的商业模式设计往往是非经济型的商业模式,并不会实现企业所预期的理想绩效。

在提出商业模式设计的概念和测度后,Zott and Amit(2008)又进一步通过实证研究分析了商业模式设计与企业产品市场战略之间的匹配对企业绩效的影响,发现差异化产品战略、低成本战略以及市场进入领先战略对新颖型商业模式设计与企业绩效之间的关系都有着正向的调节效应。

本书在具体研究中以商业模式设计的构念来表达商业模式创新,借鉴 Zott and Amit(2007)对商业模式构成要素的划分,包含交易内容、交易结构和交易管理 3 个子要素,并选择商业模式设计的效率和新颖 2 个主题来表达这 3 个子要素。商业模式设计的这 2 个主题不仅符合现代服务业的特点,是企业在不确定性环境下创造价值的基本选择(Miller,1996),而且与技术创新战略的自主研发战略和技术引进战略较相符。为了表述的方便,本书中以效率为中心的商业模式设计将通过"效率型商业模式设计"来表达,以新颖为中心的商业模式设计将通过"新颖型商业模式设计"来表达。效率型商业模式设计是指企业通过商业模式获取交易的有效性,其核心是减少企业与所有交易参与者的交易成本。新颖型商业模式设计是指发现并运用能够被实现的新的经济交易方式,例如与新的合作伙伴产生之前没有的联系,或者通过新的方式或交易机制与原有的交易伙伴发生联系。效率型商业模式设计和新颖型商业模式设计并不存在正交关系(新颖型的设计也可能带来更低的交易成本),也不是互相排斥的,它们可能同时出现在任何一个商业模式中。选择设计主题是因为其能够捕获焦点企业与外界利益相关者的交易行为,并描绘商业模式的整体形态,使商业模式能够更容易地被概念化地表达和测量(Zott and Amit,2008)。

(三)商业模式与竞争优势

商业模式是企业竞争优势的重要来源(Teece,2010),不仅对发达国家企业如此,对后发企业也是一样(Wu et al.,2012b)。但关于其在发达国家企业和后发企业中的作用,现存研究普遍认为商业模式是企业赚钱(Magretta,2002),以及创造和获取价值的逻辑(Chesbrough and Rosenbloom,2002)。随着全球化进程的加快和信息技术的发展,企业想要在激烈的市场竞争中长期保持一定的竞争优势愈加困难,通过商业模式支撑企业的持续创新成为一种新趋势(Boons and Lüdeke-Freund,2012)。

国内外学者通过不同的方法对商业模式与竞争优势之间的关系进行了研究。Afuah and Tucci(2001)分析战略和技术管理领域的文献后提出,商业模式可以作为一个整体的构念来解释竞争优势和企业绩效。Rapp et al.(2008)通过实证验证了企业结构变量与商业模式实施效果以及价值创造产出效果之间的关系。企业内结构变量包括技术架构、企业文化、外部驱动因素和政府政策,价值创造产出效果是基于 Amit and Zott(2001)所提出的商业模式价值创造源泉的四维分析框架。研究结果发现,企业的技术架构和外部驱动因素能够通过商业模式的实施来提升企业绩效,而商业模式是来自效率、互补、锁定和新颖的四类价值创造来源。Afuah(2004)将商业模式概念化为一系列针对企业盈利能力影响因素的集合。这些因素包括能力、产业因素、活动与定位,并通过多因素视角设计商业模式来影响企业盈利能力,建立了商业模式与企业绩效的因果关系。来自埃森哲战略变革研究所的 Linder and Cantrell(2001)在对 40 名企业主管访谈后得出了成功企业获得竞争优势的 3 种方式:选择一个有效的商业模式并很好地执行;随着竞争威胁加剧进行商业模式的变革;掌握一定的能力并改变商业模式。

商业模式和企业绩效之间的关系与企业内外环境也存在着紧密联系(Teece,2010)。Zott and Amit(2007)以 190 家欧洲和美国创业型的上市企业为样本,分析了商业模式设计对企业绩效的影响。商业模式设计分为以效率为中心和以新颖为中心 2 种,新颖型商业模式设计能够影响企业绩效且不受环境的影响,效率型商业模式设计只有处于资源紧缺的环境中才会对企业绩效产生正向影响,而在资源充足的环境中与企业绩效的关系没有得到支持。在此研究基础上,Zott and Amit(2008)进一步引入产品战略作为调节变量,通过实证研究发现差异化产品战略、低成本战略以及市场进入领先战略对新颖型商业模式设计和企业绩效之间的关系有正向调节效应。陈琦(2010)借鉴 Zott and Amit(2008)开发的量表展开了电子商务商业模式对企业绩效的影响研究,发现效率型和新颖型的商业模式设计都对企业绩效有显著的正向影响,而环境动态性和关系嵌入性对不同设计类型的商业模式与企业绩效间的关系存在不同的调节效应。环境动态性在效率型商业模式设计与企业绩效的关系中起正向调节效应,而关系嵌入性在新颖型商业模式设计与企业绩效的关系中起正向调节效应。龚丽敏和江诗松(2012)通过2个案例的对比分析发现在不同的行业发展阶段,不同类型的商业模式对企业成长绩效的影响是不同的,与行业发展阶段特点不匹配的商业模式会造成企业成长的停滞。

尽管以往研究已经关注商业模式对企业竞争优势的影响,但大多数研究是对企业绩效的讨论,很少有研究聚焦于技术创新绩效,更不用说关注后发企业的技术追赶绩效了。而通过回顾以往的研究和观察现实中的企业,我们发现,商业模式作为技术商业化的必要手段,不仅对技术创新有显著影响(吴晓波等,2013),而且在后发企业的技术追赶过程中了发挥了重要作用(Wu et al.,2010)。

(四)商业模式创新对技术追赶的驱动作用

商业模式是企业竞争优势的来源(Teece,2010),不仅对发达国家企业如此,对后发企业也是一样。后发企业以追赶为战略目标,通过外部资源整合与内部化,以追赶方式进入新行业(Mathews and Cho,1999)。技术追赶是后发企业成长过程中技术创新的成效体现,同时也是绩效产出的一项重要衡量指标。尽管如此,但以往的研究很少关注商业模式与技术追赶之间的关系。近年来,随着后发大国中国的不断发展,商业模式在中国后发企业成长过程中扮演的重要角色逐渐引起了人们的重视。例如,Wu et al.(2010)基于二次创新的视角,从企业层面对后发企业如何通过破坏式的商业模式创新实现快速追赶进行了探索。王振和史占中(2005)从产业层面,通过分析我国台湾地区的IC产业发展,对产业的商业模式创新与技术追赶进行了研究,发现技术发展与追赶同其商业模式密切相关。

发展中国家为了缩小与发达国家的技术差距,必须进行比发达国家更快的技术创新(Park and Lee,2006)。后发企业技术追赶的过程也是技术能力提升的过程(Lee and Lim,2001)。后发企业有明显的技术和市场劣势(Hobday,1995),要实现对领先企业的技术追赶,仅靠技术创新变得越来越困难。不断上升的研发成本以及不断缩短的产品生命周期使技术在商业化的过程中不能仅仅关注经济产出,还要不断追赶以缩小与领先企业间的技术差距。后发企业自身技术水平的提升并不一定意味着与领先企业技术差距的缩小。相反,如果领先企业的技术水平以更快的速度提升,可能会进一步挤压后发企业的国内市场空间,从而削弱后发企业技术升级的支撑(陈爱贞等,2008)。因此,后发企业技术追赶过程中,一个好的商业模式甚至比一项好的技术更加有效(Chesbrough,2007)。

　　商业模式不仅仅能够促进技术的开发并使之转化为经济价值(Chesbrough and Rosenbloom,2002),更重要的是后发企业能够通过商业模式设计来发挥后发优势并克服后发劣势(Wu et al. 2010),从而使自身的技术创新绩效比领先企业更快地增长,从而实现技术追赶。

二、技术创新的内涵与驱动作用

　　在创新驱动下,技术创新是实现追赶的最主要推动力。技术创新一直是管理理论研究和实践领域的重点关注对象,不仅备受企业管理者的推崇,而且是学术研究最热门的主题之一,出现了大量的学术文献。当企业面对着越来越激烈的全球化竞争时,创新已经成为企业长期战略的主要关注点(Veugelers and Cassiman,1999)。本部分在充分阅读已有文献的基础上,首先,在梳理技术创新理论的发展、追溯技术创新战略理论源兴的基础上对技术创新战略的内涵和外延加以界定;其次,着重分析基于创新来源的技术创新战略分类;最后,就技术创新战略对技术追赶的驱动作用展开讨论。

(一)战略导向的技术创新的内涵与外延

1. 技术创新战略的内涵

　　技术创新战略是技术创新理论与战略理论的结合,在经过一段时间的融合发展后,技术创新逐渐成为企业战略决策的基石(Adler and Shenbar,1990)。Porter(1985)搭建了连接创新战略与竞争战略的桥梁,主张针对每一种不同的竞争战略类型,与其连接的技术创新都要有所差别。战略管理研究者也逐渐认识到技术创新是业务确定和竞争战略中的重要元素,把技术创新作为企业战略执行中的问题(Hamel and Prahalad,1992)。本书认为技术创新战略是指企业以技术发展为中心,通过不同的创新方式为企业创造更多价值、提升竞争优势的决策。技术创新战略可以用来解释企业的创新行为和体现企业的主导竞争逻辑,企业需要通过技术创新建立竞争优势并提高其在产业中的竞争地位(Porter,1985)。

　　首先,技术创新战略解释了企业的创新行为。尽管生存和利润获取是企业面临的最重要问题,但是当企业面临不确定的创新项目时,要想使企业总是实现利润最大化是不太可能的。新古典短期理论能够用来有效地描述企业行为,却不能完全用来解释其创新行为(Nelson and Winter,1977,1982)。这就需要通过技术创新战略理论进行解释,即当企业在面对不同的技术变革时,需要不同的战略(Freeman and Soete,1997)。

其次,技术创新战略是企业进行技术创新的一个定位过程,体现了企业的主导竞争逻辑。在这个过程中,企业通过决定技术创新的程度和方法来落实企业战略并改善绩效(Gilbert,1994)。企业要依据管理者对不同战略类型的把握和企业本身的实际需求进行技术创新战略的选择。近年来,除了内部创新外,又出现了许多其他获取新技术的途径,例如研发联盟、产学合作、外包等外部创新等(Veugelers,1997)。这些方式成为企业取得新技术的重要途径,不仅可以帮助企业专注于培养核心竞争力,而且可以降低技术的不确定性与成本。

最后,技术创新战略中的技术创新分为狭义和广义两种。以往大多数研究中的技术创新是狭义上的技术创新,特指工业技术的创新。这与技术创新最早被提出的时间有关,当时正是第三次工业革命期间,各国经济也是以第一产业和第二产业为主,还没有形成第三产业。学术界关于产业(industry)发展的研究主要聚焦于工业发展方面,因此技术创新也主要是指工业技术方面的创新。但随着信息技术和互联网技术的发展,技术创新在现代服务业发展过程中发挥着越来越重要的作用,更多关于技术创新的研究不再局限于狭义上的工业技术,而是扩展到广义的技术层面。广义的技术是指个人和组织通过学习与知识的实际操作来发展人类的能力,是知识、产品、流程、工具,以及用以生产货品或提供服务的系统(Bruton and White,2011)。因此,广义上的技术创新是知识、产品、流程、工具以及用以生产货品或提供服务的系统的创新。本书也将采用广义上的技术创新概念。

2. 技术创新战略的类型

目前,已有大量学者开展了技术创新战略类型研究。本书在对已往研究总结的基础上进行了梳理,选择最适合中国后发背景和现代服务业情况的分类方法进行详细阐述。

技术创新战略的分类是基于技术创新战略的维度选择,分类维度不同,其分类的标准也就不同。目前已有研究进行技术创新战略分类时,主要采用的维度有:创新来源、创新程度、创新内容、创新性质、创新努力程度(如表 5.4 所示)。

表5.4　技术创新战略的分类

维度	分类	文献来源
创新来源	自主创新/技术引进	Danila(1989);Friar and Horwitch(1985);Granstrand et al.(1992);Lee and Om(1994);Veugelers and Cassiman(1999)
创新程度	突破式/渐进式	Gilbert(1994);Morgan and Berthon(2008);Richard et al.(2009)
创新内容	产品创新/工艺创新	Bonanno and Haworth(1998);Porter(1980)
创新性质	探索式/利用式	Fauchart and Keilbach(2009);Greve(2007);March(1991)
创新努力程度	市场领先/市场模仿	Freeman and Soete(1997);Miles et al.(1978);Zahra and Schulte(1994);Ansoff and Stewart(1967);Narayanan(2001)

创新来源。组织创新是来自外部还是内部,始终是一个复杂的问题。根据交易成本理论和产权理论,广大学者们讨论了技术外部来源和内部研发的相互替代性,即是自制还是购买的问题(Arrow,1962;Coase,1937)。Veugelers and Cassiman(1999)基于创新来源的不同,通过对比利时企业的调研,分析了创新战略与产业、企业以及创新特征之间的关系,将技术创新战略分为自主创新(make)和外购引进(buy),认为企业的创新可以分为企业内部和企业外部两大来源,并指出技术取得方式主要有自制、外购、自制和外购以及外购后自制。

创新程度。创造性破坏式的创新被认为是带动经济进步的主要动力,它通过与以往不同的技术和经营模式,以创新的产品、生产方式以及竞争形态,对市场和产业进行大幅度改造(Schumpeter,1934)。Gilbert(1994)基于创新程度的不同,将技术创新战略分为突破式创新与渐进式创新。本书强调企业应在产品生命周期的不同阶段采取不同的创新管理战略,并将创新分为大创新、渐进创新、系统创新和下一代技术创新4类来进行科技革新与科技战略管理的研究。

创新内容。基于创新内容的不同,Porter(1980)将创新分为产品创新和工艺创新2种。Bonanno and Haworth(1998)认为不同的企业在进行技术创新时,以产品为主和以工艺为主是不同的,并受到外界环境的影响。

当外界竞争非常激烈时,高质量的企业适于选择产品创新,而低质量的企业则适于选择工艺创新;当外界竞争并不十分激烈时,情况相反。Weiss(2003)也发现了创新与外界环境的关系,当市场竞争激烈时,企业更倾向于进行产品创新,当市场竞争程度较低时则相反。Mantovani(2006)提出了产品创新与工艺创新的互补性,认为在有限的企业创新资源下,2种创新结合的收益要高于单独的投入。

创新性质。企业追求技术的新旧程度的不同会导致企业创新性质的不同。基于创新性质的不同,Fauchart and Keilbach(2009)将技术创新战略分为探索式和利用式。探索式是不断获取新知识和新技术的实验过程,而利用式是对现有竞争能力、技术和范式等的不断改进与升级(March,1991)。在一家企业里,探索式和利用式的技术创新战略并不能同时存在,二者是互斥的。企业的成功源于持续创新,或利用一个很好的点子(Baldwin and Johnson,1999)。一家成功的企业,只有当其技术能力成长并定位于能够被利用的渠道时,创新才能够显现出来(Almeida and Kogut,1997)。

创新努力程度。不同企业在技术形态上会有所差异,从技术的整个生命周期来看,其进入时间也是不同的。基于创新努力程度的不同,Narayanan(2001)通过技术范围和技术形态2个维度,将技术创新战略分为技术领先战略、细分技术战略、跟随技术战略和技术合理化战略。Freeman and Soete(1997)联系了企业的技术变革与战略,认为主要存在领先技术创新战略、跟随技术创新战略和实施模仿技术创新战略。Ansoff and Stewart(1967)结合技术发展与市场竞争的观点,将技术创新战略分为领先进入市场战略、紧追领导者战略、应用工程战略和跟随模仿战略。

(二)基于创新来源的技术创新战略分类

中国后发企业起步晚,技术落后,具有明显的技术劣势和市场劣势。当企业面对快速变化且复杂的技术环境时,要想发展并实现追赶,首先需要引进国外的先进技术进行模仿、消化吸收,并在此基础上进行自主的再创新(吴晓波,1995b;吴晓波等,2009)。如果一开始就完全依靠自身的努力进行内部技术创新,不仅风险大、周期长,而且会受到国外企业的市场挤压。但是,中国企业在改革开放后数十年间实现了快速的成长,以华为、阿里巴巴、吉利等为代表的中国企业已经成长为行业内领先企业,成功实现了追赶甚至赶超。这些企业实施二次创新战略,经历了引进、消化吸收和改进创新的阶段,技术引进的基础与消化吸收的导向很大程度上决定了后发企业技术能力的提升程度，而技术能力水平的高低又会反过来影响企业的技术引进决策与消化吸收策略。在这个相互影响和促进的过程中，企业积累了一定的技术能力，开始更多地尝试原始的自主创新，并取得了成功（吴晓波等，2009）。因此，本书将采用创新来源的角度进行技术创新战略的划分，分为自主研发战略和技术引进战略，其中，自主研发战略包括引进、消化吸收基础上的自主创新和原始的自主创新。

将技术创新战略按照创新来源进行划分，最早来源于自制（make）和外购（buy）的区分。采用创新来源的角度进行技术创新战略的划分可以通过以下 3 个步骤进行：首先，需要确定一家企业是否有创新行为。创新是企业成长的生命力，但一家成功的企业要保持持续的创新是很不容易的。其次，确定企业创新战略的信息来源（如表 5.5 所示）。信息来源以企业边界为线分为外部信息来源和内部信息来源（Veugelers and Cassiman，1999）。在同一类型的企业里，技术和市场特征是用来确定企业的创新决策的，即技术是自制还是外购（Veugelers and Cassiman，1999）。最后，再根据已有的信息来源进行技术创新战略的区分。自主研发战略是企业进行内部的自主研发并进行自有技术的开发；技术引进战略是企业从外部获取技术，包括雇用其他企业的员工或者购买设备。同时，新技术还能通过研发合同或咨询代理以技术许可的方式获得。而合作研发是指通过与其他企业或机构进行合作，共同开发并获得新技术，也是企业自有技术研发的一种，属于自主研发的一种。

表 5.5　创新的信息来源

信息来源	信息
内部信息来源	企业内部信息、团队内部信息
外部信息来源	**从其他企业获得**：从原料供应商获得信息、从设备供应商获得信息、从客户获得信息、从竞争者获得信息
	从研究机构：从大学获得信息、从公共研究机构获得信息
	可获取的免费信息：从技术部门获得信息，专利信息，专业会议、公共出版物、交易会、讲座

来源：Veugelers and Cassiman(1999)。

尽管已有研究从交易成本理论和产权理论的视角证明了自主研发与技术引进的相互替代性，即是自制还是购买（Arrow，1962；Coase，1937），但关于自主研发和技术引进的互补性仍然存在争论（Allen，1986；Cohen and Levinthal，1989）。

第一，自主研发和技术引进具有相互替代性。自主研发并非企业唯一可以选择的方式，由于自主研发成本日趋庞大，并非所有企业都有能力独自承担，外部的创新来源已成为企业取得新技术的重要途径（Hagedoorn，1990；Lambeand Spekman，1997；Veugelers，1997）。当企业决定从外部获取技术时，会更倾向于在充足的技术供应市场中进行寻找，并通过研发合同和许可等方式进行技术的获取。当企业面临技术创新独占性高的环境时，会更倾向于自主研发，并将成果卖给其他企业以获得创新的收益（Teece，1986）。

第二，自主研发和技术引进既具有互补性又具有互斥性。这种矛盾性是由研究对象的层面不同和关注的时间节点不同造成的。一是二者的互补性主要体现在时间的先后顺序上。技术引进强调对专业知识的获取，能够获得时间和成本的优势从而使研发的范围经济优势能够更有效地被利用，使得企业不仅可以专注于培养自己的核心竞争力，而且能够降低技术的不确定性（Veugelers and Cassiman，1999）。企业在技术引进的基础上积累了一定的技术基础和技术能力，从而能够在下一阶段进行更好的自主研发。同时，企业不太可能会通过外购来扩展那些可以通过自主研发实现的范围优势，而那些能够较好实施自主研发的企业，在积累了一定吸收能力的基础上能够从外部资源中获得更多收益（Arora and Gambardella，1990；Cockburn and Henderson，1998；Gambardella，1992）。二是二者的互斥性主要体现在不能对两种战略同时并重。已有研究在是否能够同时兼顾内部创新和外部获取方面已达成一致，认为企业在同一时间很难既实行自主研发战略又实行技术引进战略（Radnor，1991）。在现实情况中，企业所拥有的资源和能力都是有限的，在同一时间面对同一种战略的不同类别时，如果选择以自主研发为主导进行了大量的研发投入，就不可能对技术引进进行同样的投入。否则不仅会造成企业发展没有重点，而且可能会使两种战略都得不到良好的执行。三是 Veugelers and Cassiman（1999）认为企业主要面临三种创新战略选择：第一种是企业通过自身的努力进行新技术的开发，即自主研发战略；第二种是通过外部资源获得技术，即技术引进战略；第三种是将以上两种战略整合起来，在同一家企业里将不同的战略整合起来进行创新的管理。小型的企业更倾向于在 2 种战略中选择 1 种，而大型企业则倾向于将 2 种战略整合起来。以往研究主要关注的是项目层面，而 Veugelers and Cassiman（1999）的研究对象是企业层面。对于大型企业来说，在同一家企业里可能会有多家子公司（或项目）并持有各自的品牌，不同的子公司（或项目）和品牌会实行不同的战略。而小型企业由于产品线和服务内容较单一，一般只采用1种战略。

本书认为企业技术创新战略是一个类别变量，而不是一个连续变量，自主研发战略和技术引进战略能够相互替代与互补，企业在制定技术创新战略时，对自主研发战略和技术引进战略的权衡非常重要。本书以中国后发企业为研究对象，基于引进技术的再创新是后发企业提高自主创新能力的基本途径，而自主研发是在中国企业过度依赖引进技术的背景下提出的，并非对技术引进的否定（吴晓波等，2009）。

（三）技术创新对技术追赶的驱动作用

早期的后发企业追赶主要发生在韩国、新加坡等新工业化的国家，因此研究情境主要以这些国家为背景，技术追赶的内容也以制造业的工业技术追赶为主（Hobday，1995；Mathews，2002）。实际上，技术是指个人与组织通过学习和知识的实际操作来为人类发展而努力，是知识、产品、流程、工具，以及用以生产货品或提供服务的系统（Bruton and White，2011）。关于技术追赶的研究不应只局限于这些情境，更不能只关注工业技术。

关于发展中国家及其后发企业技术追赶的研究都离不开讨论企业技术创新的作用，并将后发企业技术追赶的过程看成技术能力的提升过程（Lee and Lim，2001）。发达国家与发展中国家的技术创新研究体系有本质上的不同，发达国家主要是以原始创新为主体展开研究，而发展中国家更加关注技术追赶中的技术创新。发展中国家为了缩小与发达国家的技术差距，必须实现比发达国家更快的技术创新（Park and Lee，2006）。它们中的大多数并没有太多的进步，只有少数实现了快速的技术追赶。早期，Kim（1980）通过分析韩国轿车、电子、半导体等行业的工业化进程，研究了技术追赶过程中的技术创新模式，并总结了从技术获取到消化吸收再到创新的阶段特征。Kim（1980）主要关注产业层面技术能力的积累过程，对于企业技术创新决策机制的研究不够深入。而吴晓波等（2009）关于杭氧近30年技术追赶过程的跟踪则从企业层面总结了从技术获取到消化吸收再到创新的阶段特征，认为开放动态引进消化吸收再创新仍是当时我国企业自主创新的主要方式之一，企业通过这种方式实现了技术追赶。

大部分时候，后发企业所处的创新环境并不好，但它们仍然希望通过技术创新来实现经济上的发展并实现追赶。基于技术追赶的技术创新不仅要加大在技术获取上的投入，还要加强自主研发。一方面，外商直接投资投入、技术购买费用和研发费用是后发企业技术追赶过程中的3种主要技术投入；另一方面，当后发企业进入技术前沿的竞争时，需要加强自主研发（Hobday et al.，2004）。Lee and Lim（2001）基于后发企业在技术上是内部研发投入还是获取外部资源提出路径跟随、路径创造和路径跨越 3 种技术追赶范式。

为了提高技术追赶的绩效，在技术追赶过程中，企业的技术创新战略必须与技术能力保持动态的平衡。当技术能力较强时，企业倾向于采用自主研发战略，进行新的技术路径的开辟，发展新兴和技术密集型技术与产品进行技术追赶；当技术能力较弱时，企业倾向于采用技术引进战略，通过技术许可等方式，在引进技术的基础上开始追赶（李正卫，2005）。技术创新与技术追赶的联系主要体现在以下 3 个层面。

1. 技术创新与技术水平

Kim（1997）认为后发企业的技术创新行为主要有 2 种：以技术学习为主要特征的模仿和创新，以及推动发达国家企业的技术转移。不管是哪一种技术创新的行为，都有助于后发企业技术的进步。后发企业在技术追赶的早期阶段，由于技术基础薄弱，技术追赶的过程始于引进成熟技术，这些技术通过社会生产得到了推广运用，创造了社会经济效益的同时实现了企业技术水平的提升。企业在从技术获取到消化吸收的过程中积累了一定的技术，提升了技术水平，并基于提升以后的技术水平进行创新，使自身的技术水平得到了更进一步的提升。由此，进入了快速追赶的阶段。通过对韩国轿车、电子、半导体等行业技术追赶过程中技术创新的研究，Kim（1997）还总结了从技术获取到消化吸收再到创新的阶段特征。企业在从技术获取到消化吸收的过程中积累了一定的技术，提升了技术水平，并基于提升以后的技术水平进行创新，技术水平得到了更进一步的提升。

2. 技术创新与技术进步

技术创新促进企业技术水平的提升并不代表必然实现技术追赶，就算后发企业的技术进步速度很快，但并不一定就缩小了与领先企业技术水平的差距。领先企业的技术水平若以更快的速度提高，那么不仅后发企业与之差距可能越来越大，而且还有可能挤压后发企业国内的市场空间，从而削弱后发企业技术升级的支撑（陈爱贞等，2008）。因此，企业技术创新对技术进步的促进要使其进步的速度大于外资领先企业的速度，这样才有可能实现技术追赶。

3. 技术创新与技术能力

技术追赶不仅包括技术水平的提高，还包括技术能力的提升。技术能力是后发企业技术学习和技术创新的关键（Cohen and Levinthal，1989；

Nelson,1991),后发企业容易陷入成熟技术引进的陷阱。部分中国企业在发展的过程中,采用以市场和资金换技术的方式,却忽略了对技术能力的培育,陷入了"落后—引进—再落后—再引进"的恶性循环中。虽然在每一次引进的初始阶段,企业技术水平都能达到较领先水平,但是由于技术能力没有得到相应的提高,企业始终处于技术落后的状态。因此,技术追赶的战略重点不是简单地引进成熟技术,而是获得参与技术创造和改进的机会并具备相应的能力基础(Perez and Soete,1988)。后发企业整合外部知识并将其内化为企业的能力(Mathews and Cho,1999),通过跟随式、技术跳跃和路径创造3种模式实现技术追赶。

企业技术创新与技术追赶的联系还受到许多其他因素的影响。首先,后发者的技术创新以渐进式的改进为主,而促进其从小创新向基础研究的突破式创新发展主要受到国内市场规模、技术人员的充足程度、本土研发的相关政策等的影响(Lall,1992)。其次,通过技术学习整合各种外部知识并将其内化为企业功能性能力的过程是后发企业技术追赶的过程(Mathews and Cho,1999)。外部资源的充足性与可获得性也是企业创新成功的关键条件。最后,企业技术创新和追赶的关键因素还包括所处的技术环境、市场环境、政策环境等。技术范式特征、市场特征、政府、企业战略以及能力基础和可利用的资源将会影响企业的研发投入(Lee and Lim,2001)。而关于中国后发企业的研究特别注重制度环境和政府在其中发挥的作用(Mu and Lee,2005;江诗松等,2011)。

三、商业模式创新与技术创新的逻辑关系

(一)商业模式与战略辨析

学者们对商业模式与战略之间的关系有不同的认识,有的将商业模式看成战略的具体反应(Seddon et al.,2004),有的认为战略是商业模式的组成部分(Afuah,2003;Morris et al.,2005),有的则认为商业模式与战略是互补关系(Chesbrough and Rosenbloom,2002;Magretta,2002;Yip,2004)。商业模式和战略都是企业发展的关键,但二者之间的关系却始终处于混沌状态,这不仅与研究的视角有关,而且与研究的层面也有很大关系。

1.理论基础

权变理论主要解释企业在什么情况下会获得竞争优势,通过分析企业内每一个独立的部分,对比变量与变量之间以及它们与绩效之间的关系来

了解企业的行为(Meyer et al.,1993)。其核心概念是匹配,包括选择、互动和系统方法 3 种形式(Drazin and Van de Ven,1985)。权变理论的一个突出贡献是提出了企业战略与结构之间的联系(Galbraith,1977;Miles et al.,1978;Mintzberg,1979),并验证了它们对企业绩效的影响。

Chandler(1990)研究了美国大型企业以及产品市场多元化的路径。研究发现,在改变管理行为后(这些管理行为逐渐成为组织模式的雏形),企业的生产量增长并实现了扩张以及横向和纵向的整合。该研究引起了学术界关于"战略受结构影响"的争辩(Bower,1970),并预示了调节结构和战略间的管理认知与技能的逻辑。在接下来的 20 世纪 70、80 年代,基于权变理论的战略和结构以及与企业绩效之间的争论一直持续。近年来,才有更多的研究聚焦于企业战略、结构和绩效之间的动态匹配和因果关系(Amburgey and Dacin,1994),并且扩展到不同类型的战略和结构之间的研究(Nadler and Tushman,1997;Yin and Zajac,2004)。

2. 商业模式与战略的不同点

从内涵层面看,商业模式和战略是构成要素非常相似的概念。Porter(1985)提出的企业战略六要素分别为正确的目标、价值主张、价值链、有所取舍、战略要素间的匹配以及战略方向的持续性。而 Chesbrough and Rosenbloom(2002)认为,商业模式的组成要素包括价值主张、目标市场、内部价值链结构、成本结构和利润模型、价值网络和竞争战略。二者都包含价值主张、价值链和目标市场(正确的目标),都会对企业发展有重要影响(Shafer et al.,2005)。当有多种商业模式可供选择时,战略要对商业模式进行选择和配置,而商业模式反映的是已付诸实践的战略(Casadesus-Masanell and Ricart,2010)。延伸出来就是,商业模式反映的是企业静态的战略定位,而战略则是动态的,是对商业模式的变革(Yip,2004)。由于商业模式和战略在概念上存在交叠,有人错误地将它们相互替代,而实际上商业模式和战略是完全不同的概念,并非一个词的两种语义(Yip,2004),二者的差异不能忽略。

首先,概念强调的核心不同(Zott et al.,2011)。商业模式强调价值创造,围绕价值进行模型的构建,并关注持续性的价值创造和价值获取与占有(Mäkinen and Seppänen,2007),是企业在特定的时间和范围内实现提升并成为竞争性挑战者的方式(Chesbrough and Rosenbloom,2002)。而战略则更加强调竞争优势,相比于价值创造,战略更加关注价值取向和竞争优势的形成。战略制定范畴的最核心内容是现有和潜在竞争者所带来的收益竞争威胁(Chesbrough and Rosenbloom,2002)。

其次,解决的主要问题不同。商业模式不仅要说明企业如何赢利,还要协调企业内外部环境并权衡各方关系,以保证这种盈利模式能够持续地运转(Rappa,2000)。而战略是企业如何运营的指导思想,决定企业长期运营的基本方向和目标,以及实现这些目标所需要采取的行动等。一般情况下,商业模式并不包含财务方面,重点在于如何创造价值,而不是为谁创造。而在企业里,要将商业运作过程中创造出来的价值转化为股东收益则需要有财务方面的结构(Chesbrough and Rosenbloom,2002)。

最后,对企业、顾客和第三方组织知识陈述的假设不同(Chesbrough and Rosenbloom,2002)。商业模式的前提假设是知识的认知是有限的,对于那些较早获得成功的企业的影响是不同的。而战略的前提假设是存在大量真实有用的信息,需要在仔细分析的基础上进行计算和选择。

3. 商业模式与战略的关系

尽管商业模式与战略是不同的,但它们是企业行为的 2 个组成变量,既相互影响又相互补充(Elliott,2007)。商业模式是企业的一种结构,关注通过具体活动形成系统使企业赢利,战略强调竞争并获取企业绩效;商业模式关注内部经营,战略重视外部竞争(吕鸿江和刘洪,2011)。

商业模式不仅是连接战略和战术的一个虚拟层次(Casadesus-Masanell and Ricart,2010),而且与战略之间存在着匹配关系(Zott and Amit,2008)。Miles et al.(1978)和 Miller(1988)通过开展相关研究验证了架构与绩效之间的关系,并证明了"战略—结构—环境"的特定结构对组织绩效的解释力,认为:①战略和环境之间存在强相关关系;②战略对结构具有决定性作用;③战略和结构都无法单独解释绩效;④结构和环境之间的非直接相关导致二者存在弱相关。Miles et al.(1978)和 Miller(1988)关注的主要是战略与通常意义上的内部组织架构,而 Zott and Amit(2008)在此基础上迈出了关键一步,关注了战略与包含外部结构的商业模式之间的关系,基于权变理论,通过实证验证了商业模式设计和产品市场战略的匹配与企业绩效之间的关系。研究发现,新颖型商业模式设计与低成本产品战略、差异化战略和市场先入战略的结合对企业绩效有正向调节效应,而效率型商业模式设计与这几类战略的匹配对企业绩效并没有显著影响。

企业难以复制的竞争优势和发展来自商业模式与战略的互补匹配(Magretta,2002)。而将商业模式和战略整合成一个框架,该框架的良好运作有助于企业合作和技术开发(Joo,2002)。在不同的环境下,商业模式和战略的匹配也是不同的,由环境变化所引起的激进战略变革要求企业的商业模式进行相应的创新和变化,以适应新的环境和战略(Yip,2004)。从某种程度上说,商业模式比企业战略更为普遍,但只有将战略和商业模式结合起来,才能从新的商业模式设计中获取持续的竞争优势(Teece,2010)。在一家企业里,商业模式与企业战略的匹配不仅会影响企业的绩效,而且二者之间也是相互影响的,商业模式的演化以及商业模式与战略的共同演化是当前研究新的关注点(Zott and Amit,2008)。

(二)商业模式与技术创新战略的澄清

商业模式与技术创新是企业不同的竞争优势来源(Christensen,2001)。实施相同或相似技术创新战略的企业可能会有完全不同的商业模式。当所有与技术创新有关的情况和条件都一样的时候,另一家拥有完全不同商业模式的企业可能会创造出更多价值,并为其利益相关者获取更多的价值(Zott and Amit,2008)。商业模式是一个架构构念,关注的是企业与其外部合作者进行经济交换的模式。表5.6对商业模式与技术创新战略进行了进一步的对比。

表 5.6 商业模式与技术创新战略对比

项目	商业模式	技术创新战略
定义	企业捕捉商业机会从而以创造价值为目的所设计的交易内容、交易结构和交易管理	企业以技术发展为中心,通过不同的创新方式为企业创造更多价值、提升竞争优势的决策
解决的主要问题	如何将技术进行商业化	相对于竞争对手,采取什么定位
	将哪些合作者联系在一起进行商业机会的探索,以及如何将他们与焦点企业连接起来进行交易	采取哪种技术创新战略(例如自主研发战略和/或技术引进战略)
	哪些信息和产品在合作者之间进行交易,以及使这些交易实现需要哪些资源和能力配置	如何进行技术创新
	如何控制合作者之间的交易,以及采用哪些措施来激励这些合作者	要进行哪类技术的创新,以及如何应用技术创新成果
分析单元	焦点企业及其交易伙伴	企业
关注点	外部导向:关注企业与其他人的交易过程	内部/外部导向:关注企业在竞争过程中的活动和行为

来源:根据 Amit and Zott(2001)整理。

(三)商业模式创新与技术创新双轮驱动的可能性

商业模式是将技术特征作为潜在投入,同时通过客户和市场将其转换为经济产出的框架(Chesbrough and Rosenbloom,2002)。技术创新是经济发展的巨大动力,是决定企业竞争力的关键因素(李志强和赵卫军,2012;石韵臻等,2012)。商业模式是价值创造的过程(Amit and Zott,2001),而价值创造也是技术创新的重要结果(Bruton and White,2011)。

企业技术架构能够通过商业模式来提升企业绩效(Rapp et al.,2008),主要体现在企业在利用商业模式进行交易的过程中,发现新的需求,并且进行技术上的改进和提升来满足需求(Hart and Christensen,2002)。新产品的商业化需要通过商业模式将它们推向市场并捕获价值(Teece,2010),企业通过商业模式将思想和技术进行商业化(Zott et al.,2011)。商业模式开发了嵌入在技术中的潜在价值并且将其转换到市场中,充当了连接产品开发与顾客需求的概念工具。

(四)商业模式创新与技术创新双轮驱动的必要性

商业模式创新代表着工业化的创新,技术创新代表着科技类的创新,二者都是企业发展和成长的重要力量,将二者结合是企业更好更快发展的必要命题。在企业中,创新的最终导向是企业绩效,是为了获取更多价值。技术创新是企业创新的生命力,企业通过技术创新获得核心竞争力。商业模式代表了创新的一个新维度,跨越了流程、产品与组织创新的传统模式,涉及合作与协作的新形式。

一方面,商业模式创新是将技术创新进行转化和转移的有效手段。商业模式创新将技术创新的成果进行商业化,一个适合的商业模式不仅能够帮助企业获得新技术的潜在经济价值(Björkdahl,2009),而且能够有利于企业获取前沿的技术信息,提高企业技术的核心竞争力,使企业保持持续竞争优势。不适合的商业模式不仅会影响企业新产品的商业化成果(Teece,2010),而且还会造成技术创新的浪费和失败(Chesbrough,2010)。Björkdahl(2009)列举了3个将信息和通信技术整合到机械工程产品中的案例,其中的两家企业有能力通过持续地改变并找到合适的商业模式从而创造经济价值,而另外一家企业因没有找到适合的商业模式而失败。

另一方面,技术创新为商业模式创新提供来源和支撑。在现有缺乏对商业模式创新保护的环境下,完全没有技术基础的商业模式创新很容易被模仿和抄袭,而融合了技术创新的商业模式创新不仅能够更有效地进行价值创造和价值获取,而且能够保持持续的商业模式创新优势。同时,技术创新也能为商业模式创新提供更多的思路和创新的可能性。随着技术的进步和发展,有越来越多商业模式创新出现,而以往许多停留在构想层面的商业模式就是由于技术限制而不能在实际中运行。

四、双轮创新驱动技术追赶的研究设置

通过对商业模式创新和技术创新双轮创新驱动的理论解析,本书逐步识别了一个后发企业技术追赶研究领域的研究空白,即商业模式创新及其与技术创新的协同对技术追赶的影响。本书在 Miles et al.(1978)和 Miller(1988)验证架构与绩效之间的关系、证明"战略—结构—环境"的特定结构对组织绩效的解释力,以及 Zott and Amit(2008)关注战略与包含外部结构的商业模式之间关系的基础上,进行了相应的研究设置(如图5.1所示),以便为后续环节的研究活动指明方向。

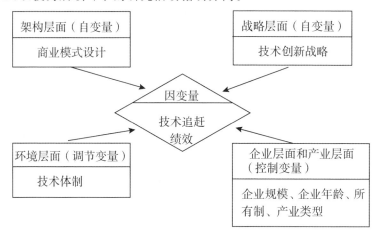

图 5.1 后发企业技术追赶的影响机制与研究设置

后发企业技术追赶的研究主要分布在战略、结构、创新、环境层面,主要的理论基础是资源观理论、交易成本理论、架构理论、权变理论、创新理论等。本书基于架构理论、权变理论和创新理论,将关注点从企业绩效转移到技术追赶绩效,以其为因变量,将企业通过外部交易进行价值捕获的结构构造,即商业模式设计作为核心自变量之一,将技术创新战略作为核心自变量之二,并聚焦于外部的技术环境,以技术体制为调节变量。本书认为商业模式设计和技术创新战略的匹配是中国后发企业技术追赶成功的主要线索,结合技术体制的具体情境,系统地解释了中国后发企业的技术追赶,丰富了对商业模式、技术创新、战略和技术追赶的认识。

Venkatraman(1989)在回顾以往研究的基础上,总结出 6 种匹配(fit)视角:调节、中介、交互、格式塔、外偏差及共演。本书所关注的商业模式设计和技术创新战略的匹配主要从交互视角和共演视角展开。

　　同时,本书基于以往的研究中对技术追赶达成基本共识的重要解释变量,选择企业规模、企业年龄、所有制、产业类型 4 个变量作为控制变量,代表影响后发企业技术追赶的重要企业层面和产业层面的因素。

第六章　双轮创新驱动后发追赶:探索案例

本章将针对商业模式创新与技术创新的共同作用对技术追赶的影响问题,对6家现代服务业企业进行探索性案例研究。经过理论预设、案例选择、数据收集和数据分析等步骤,得出初步研究结果,并构造商业模式设计、技术创新战略与技术追赶绩效研究的初始概念模型。

一、理论背景与理论预设

以往关于后发企业的研究主要强调后发企业的战略定位,强调后发企业以劣势克服和优势开发为战略重点(Chesbrough and Schwartz,2007;Hobday,1995);关于技术追赶的研究主要集中在制造业的工业技术上,从技术学习和技术创新的角度来阐述技术追赶的过程(Lee and Lim,2001;Perez and Soete,1988)。而随着信息技术和互联网技术的发展,技术创新在现代服务业发展过程中发挥着越来越重要的作用,更多关于技术创新的研究不再局限于狭义上的工业技术,而是扩展到广义的技术层面(Bruton and White,2011)。关于后发企业的战略定位则需要从新的视角来讨论劣势克服和优势开发。

商业模式是将技术特征作为潜在投入,同时通过客户和市场将其转换为经济产出的框架(Chesbrough and Rosenbloom,2002)。企业技术架构能够通过商业模式来提升企业绩效(Rapp et al.,2008),主要表现在企业在利用商业模式进行交易的过程中,发现新的需求,并进行技术上的改进和提升来满足新的需求(Hart and Christensen,2002)。不适合的商业模式不仅会影响企业新产品的商业化成果(Teece,2010),而且还会造成技术创新的浪费和失败(Chesbrough,2010)。

商业模式是企业竞争优势的来源(Teece,2010),不仅对发达国家企业如此,对后发企业也是一样。后发企业以追赶为战略目标,通过外部资源整合与内部化,以追赶方式进入新行业(Mathews and Cho,1999)。技术追赶是后发企业成长过程中绩效产出的一项重要衡量指标,商业模式对其产生的影响在以往的研究中很少被提及。技术追赶视角下的商业模式不仅促进技术的开发并将其转化为经济价值(Chesbrough and Rosenbloom，2002)，更重要的是后发企业能够通过商业模式来发挥后发优势并克服后发劣势(Wu et al.，2010)。

权变理论的突出贡献之一是提出了企业战略与架构之间的联系(Galbraith，1977;Miles et al.，1978;Mintzberg，1979)，并验证了它们对企业绩效的影响。近年来，更多的研究聚焦于企业战略、结构和绩效之间的动态匹配与因果关系(Amburgey and Dacin，1994)，并且扩展到不同类型的战略和结构之间(Nadler and Tushman，1997;Yin and Zajac，2004)。企业所处的内外部环境(如技术环境、企业战略等)不仅会影响商业模式的形成过程，而且与之形成的匹配关系将有利于企业的绩效结果(Chesbrough and Rosenbloom，2002;Klein，2008;Zott and Amit，2008)。从某种程度上说，商业模式比企业战略更为普遍，而将企业战略和商业模式结合起来，有助于企业从商业模式设计中获取更大的持续竞争优势(Teece，2010)。

综上所述，技术创新作为后发企业追赶过程中的重要作用因素，已受到广泛的研究和关注，而商业模式与技术创新战略的互动及其对技术追赶的影响也越来越受到关注。因此，本书主要关注商业模式在后发企业技术追赶过程中扮演的角色，基于权变理论研究商业模式设计与技术创新战略的匹配对技术追赶绩效的影响机制，并提出初步的理论预设:①商业模式设计是后发企业技术追赶的重要影响因素;②商业模式设计与技术创新战略的匹配会影响后发企业的技术追赶绩效(如图6.1所示)。

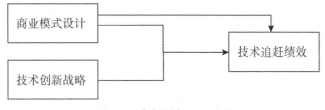

图 6.1　案例研究理论预设

二、研究设计与方法

(一)方法选择

案例研究作为一种经验性研究方法，适合于探究研究对象的背景，从而建立或拓展理论，并能够很好地解释"怎么样"和"为什么"的问题(Yin，2009)。本书意在探讨后发企业商业模式设计及其与技术创新战略的匹配对技术追赶绩效的影响。由于现有文献较少对这一现象进行分析和讨论，而现有的理论也不能准确解释这一影响机制,因此,本书试图通过对典型企业的探索研究来构建理论。

根据研究类型的不同,案例研究可以分为探索性案例研究、描述性案例研究、解释性案例研究和评价性案例研究(Eisenhardt,1989)。根据研究目的的不同,案例研究可以分为理论检验和理论构建(Yin,2009)。

不同学者提出的案例研究步骤虽不相同,但总体思路大体一致。根据相关研究(Eisenhardt,1989;Yin,2009;项保华和张建东,2005),本书的案例研究将按照以下步骤展开:首先,通过中国后发企业技术追赶的现实背景明确研究问题,即商业模式设计及其与技术创新战略匹配对技术追赶绩效的影响机制,从而能够在海量数据中更容易找到与本书相关的内容;其次,借鉴现有的一些研究基础,对商业模式设计、技术创新战略、技术追赶绩效等特定概念之间的联系提出理论预设和研究构念,以更好地指引研究过程;再次,根据可行性与代表性进行案例选择、数据收集和数据分析,从而得出初步结论,形成初始命题;最后,除了理论预设中的概念间的联系,我们并没有指定其他变量,也尽量避免现有变量间的具体关系,以保证研究发现的科学性。

(二)案例选择

研究的案例企业选定在现代服务业,主要原因为:①近年来,各国服务业获得迅猛发展,成为占国内生产总值比重相当高的产业形态(张汉林等,2002);②在信息技术和商业模式创新的共同推动下,中国的现代服务业呈现迅速发展和追赶态势;③吴晓波等(2014)在对中国创业板自成立至2011年的上市企业调研过程中发现,现代服务业是技术追赶发生最多、最快的行业。通过分析典型行业的技术追赶过程,能够更详细和准确地了解这一过程(Lee and Lim,2001)。

Eisenhardt(1989)指出,多案例研究中最合适的案例数量为4—8个,而 Yin(2009)指出合适的案例数量是 6—10 个。因此,根据研究问题和所涉及的理论领域,本书选择 6 家企业(如表 6.1 所示)进行多案例分析。在案例的选择过程中,我们遵循以下标准:

第一,为了保证行业一致性,本书案例研究选择的 6 家企业分别为来自现代服务业 6 个不同细分领域的典型企业,既降低了大行业背景的差异性,又不缺乏各领域样本企业的代表性。

表 6.1　案例企业简介

项目	A 监控企业	B 服装企业	C 化工企业	D 物流企业	E 电梯企业	F 通信企业
成立时间	2001 年	1996 年	2000 年	1997 年	1997 年	2007 年
员工总数	8500 人	320 人	150 人	200 人	3500 人	75 人
年销售额	72 亿元	10 亿元	60 亿元	35 亿元	60 亿元	1.5 亿元
主营业务	安防产品的生产制造和行业解决方案提供	休闲服饰	经营与虚拟制造金属原材料和专用化学品	物流平台经营	电扶梯制造及维保服务	远程协同视频通信软件和一体化终端
主要市场	国内外市场	国内市场	国内市场	国内市场	国内外市场	国内市场

　　第二,为了保证代表性,同时减少技术、制度、市场等外部环境的影响,本书选择浙江省企业作为案例研究对象。浙江省的民营经济走在全国前列。在国际竞争日益激烈的环境下,越来越多的浙江企业把技术追赶作为企业发展的战略核心。

　　第三,为了达到多重验证效果,本书在选择案例企业时考虑到商业模式设计、技术创新战略和技术追赶表现的多样化,兼顾了不同技术追赶绩效的企业。

　　第四,为了提高案例研究信息的可信度和充裕度,本书在选择案例企业时还考虑了信息的可获得性和企业代表性。

(三)变量测度

　　在变量的测度过程中,我们一方面对所收集的数据做初步分析,另一方面尽量应用现有文献中与数据最匹配的衡量方法,得到结构化、编码化的数据信息。为了更好地将现有文献中的变量测量方法与数据分析结果结合起来,从而为区分不同的商业模式设计、技术创新战略以及衡量技术追赶绩效提供可靠依据,本书以表格的形式进行了所测度变量的特征表达,如表 6.2 所示。

表 6.2　变量测度与特征表达

变量	测度	特征表达
商业模式设计	效率	交易机制,交易速度,议价能力,市场、销售、交易过程,交易流程花费,获得大量的产品、服务和信息,合作企业的存货成本,交易便利,需求总和,供应总和,交易的可扩展性,获取有利于决策的信息,减少信息不对称,交易的透明度
	新颖	新的参与者,空前的大量参与者和产品,参与者之间新的连接,空前的大量连接(质量和深度),商业方法上的专利申请,基于交易秘密和版权的商业模式结构,商业模式的首创,新的(连接)产品、服务和信息,新的激励机制
技术创新战略	自主研发	技术来源:企业内部信息,团队内部信息
	技术引进	技术来源:原料供应商,设备供应商,客户,竞争者,大学,公共研究机构,技术部门的专利信息,专业会议、公共出版物,交易会、讲座
技术追赶绩效	技术追赶绩效	以比国际领先企业更快的速度提升技术创新绩效,缩小与国际领先企业之间的差距

来源:Amit and Zott(2001);Veugelers and Cassiman(1999);陈爱贞等(2008)。

　　商业模式描述了企业捕捉商业机会从而以创造价值为目的所设计的交易内容、交易结构和交易管理(Amit and Zott,2001;Zott and Amit,2007,2008)。商业模式可以通过设计主题进行描绘。设计主题可以描绘企业商业模式的整体形态,并且使商业模式更易进行概念化的表达和测量。本书关注效率和新颖两类主题,效率型商业模式设计能够实现交易效率的提升(而不是产出效率的提高),减少企业与合作伙伴间的交易成本;新颖型商业模式设计是指采用新的方式和不同的合作伙伴进行交易,包括与新的合作者进行联系、与合作者采用新的交易方式或新的交易机制(Amit and Zott,2001;Zott and Amit,2007,2008)。虽然在任何一家企业里都可能同时存在几类设计主题的商业模式(Zott and Amit,2008),但是为了提高案例研究的可行性和代表性,本书选择的样本是以其中一种设计主题为主导的企业。通过上述方法,我们将应用案例研究中提供的定性数据,分析确定每家企业主导的商业模式设计主题。

　　技术创新战略是指企业以创新落实企业战略并改善绩效时,决定达到何种程度与运用何种方法的一个过程(Gilbert,1994)。按照技术的不同来源,可将技术创新战略分为自主研发战略和技术引进战略(Veugelers and Cassiman,1999)。实施自主研发战略的企业,其技术主要来自企业内部和团队内部,企业通过自身的力量完成技术创新过程;实施技术引进战略的企业,其技术主要来自外部引进,包括企业的利益相关者、其他研究机构和免费相关信息等(Friar and Horwitch,1985;Lee and Yang,2000;Veugelers and Cassiman,1999)。自主研发和技术引进具有互补性(Veugelers and Cassiman,1999),企业不可能只单纯地进行自主研发或技术引进。同样,为了提高案例研究的可行性和代表性,本书选择的样本是以其中一种技术创新战略为主导的企业。我们也将通过定性数据确定案例企业的主导战略。

技术追赶是指通过技术能力的快速积累,使技术相对落后的国家成为技术领先者或技术先进国家的竞争者(Juma and Clark,2002)。技术追赶不仅包括技术水平的提高,还包括技术能力的提高。本书所选取的6家企业均来自后发大国中国,因此都可界定为后发企业。它们的追赶对象是同行业中的国际领先企业。以往追赶主题的研究中,无论是定量还是定性研究,都极少对追赶绩效和创新绩效加以区分[除了 Jung and Lee(2010)、Park and Lee(2006)]。企业有好的创新绩效并不代表其与国际领先企业的差距必然缩小(陈晓玲,2013)。领先企业的技术水平若以更快的速度提高,那么不仅后发企业与之差距可能越来越大,而且还有可能挤压后发企业的国内市场空间,从而削弱后发企业技术升级的支撑(陈爱贞等,2008)。因此,在数据的收集过程中,我们不仅考虑了企业本身的情况,还特别注意与国际领先企业的对比。衡量指标包括劳动生产率、技术水平、新产品产值占销售总额的比重、新产品的开发速度、创新产品的成功率(Arundel and Kabla,1998;Brouwer and Kleinknecht,1999;Hagedoorn and Cloodt,2003;彭新敏,2009;许冠南,2008)。

(四)数据收集

为提高研究的效度和信度,本书在数据收集过程中主要遵循以下标准。

1. 使用多来源数据进行"三角验证"

多种数据来源不仅是案例研究的一个主要优势,而且能够获得对研究现象多视角的描述,从而获得更加准确客观的结果。针对样本企业,本书一方面以实地观察和半结构化访谈的方式收集一手资料,访谈对象包括企业高层管理者、技术人员和企业利益相关者。访谈结束后,还通过电话、邮件、QQ或再次会面等方式,补充所需信息,并对信息进行核对和整理。由于研究内容涉及对企业自身发展的评价,如技术追赶绩效等,因此访谈者在回答过程中容易掺杂个人情感因素。为了避免印象管理(impression

management)和回溯性释义(retrospective sensemaking)带来的偏差
(Eisenhardt and Graebner,2007),我们仅将访谈作为一部分数据来源。另
一方面通过二手资料的收集和整理来获得数据,主要包括:企业内部材料,
如企业内刊、领导讲话、年度报告等;企业网站上的相关资料;与企业相关
的新闻报道;企业出版的或与该企业相关的图书;行业参考资料;部分上市
公司的公开报告。案例企业资料来源如表6.3所示。

表6.3 案例企业资料来源

企业	访谈	实地观察	二手数据
A监控企业	实地访谈总经理1次,研发总监1次,部门负责人2人次	考察公司总部	其他研究者对企业的研究成果;企业招股说明书、发布的年报和季报;企业新闻;其他内部资料;行业发展报告和相关新闻
B服装企业	实地访谈总经理2次,部门负责人2人次;与总经理电话沟通若干次	考察公司总部、展示中心、不同省份专卖店3家	企业新闻;其他内部资料;行业发展报告和相关新闻
C化工企业	实地访谈总裁助理1次,财务总监1次	考察公司总部,并参观企业发展历程展	企业新闻;其他内部资料;行业发展报告和相关新闻
D物流企业	实地访谈总裁1次,战略总监2人次;与战略总监电话、邮件、QQ沟通若干次	考察公司总部和市场交易平台	企业新闻;内部年度总结;其他内部资料;行业发展报告和相关新闻
E电梯企业	实地访谈部门负责人2人次;电话、微信沟通若干次	考察公司总部,并进行产品体验,参观企业发展历程展	其他研究者对企业的研究成果;企业新闻;其他内部资料;行业发展报告和相关新闻
F通信企业	实地访谈总经理3次,行政总监1次,技术总监1次;与总经理电话、微信沟通若干次	考察公司总部,观看产品演示	企业新闻;其他内部资料;行业发展报告和相关新闻

2.建立案例研究资料库进行资料的记录和整理

我们将一手调研获得的企业内部材料、访谈录音、调研笔录以及整理
的相关表格与材料,以及通过其他途径收集的二手资料整理成案例资料
库。具体过程如表6.4所示。

表 6.4 案例资料库建立过程

访谈阶段	内容	途径	目的
访谈前	收集企业相关公开资料	以互联网为主等各种方式	掌握基本情况,确定访谈重点
访谈中	进行访谈全过程的录音和笔录(经访谈人的许可)	面对面访谈	获得更详细准确的访谈全过程信息
	获取企业内部文档和宣传材料	向访谈人员索取	获得更详细的企业资料
	整理和分析访谈录音(访谈结束后 24 小时内)	根据录音与笔录进行文字整理	及时获得全面一手信息
访谈后	补充不精确或缺失的信息	通过电话、邮件、QQ 等联系或进行第二轮公开资料搜索	避免因信息不足或错误造成的结果偏差
	进行资料统一归档	进行资料的分类和编码	为下一步数据分析做好准备

(五)数据分析方法

为了更好地分析每家案例企业的商业模式设计及其与技术创新战略的匹配并对比不同匹配对技术追赶绩效的影响机制,本书分别进行了案例内分析和案例间分析,并将分析过程分为数据缩减、数据陈列、下结论及验证 3 个阶段(Eisenhardt,1989;Gersick,1994;Miles and Huberman,1994)。

首先,通过数据缩减和数据陈列对每个案例进行案例内分析。数据缩减是指对实地访谈录音和文本进行选择、聚焦、简化、摘取与转化(Miles and Huberman,1994)。我们根据收集到的数据材料和理论预设,按照已确定的编码方案对商业模式设计、技术创新战略和技术追赶绩效进行归档编码。在对案例材料进行编码的过程中,编码方案也在不断地调整,以得到最有效、适合的编码方案。在完成了缩减和编码后,以表格的形式分别陈列 6 个案例中识别到的各个主要变量的特征,使数据清晰、易用。辨清每家企业的商业模式设计及其与技术创新战略的匹配,可为下一阶段案例间分析做好准备。

其次,通过案例间分析对 6 家企业的各个变量进行归纳总结,识别变量间的相互关系,得出商业模式设计及其与技术创新战略的匹配对技术追赶绩效的影响机制并进行验证。在探究商业模式设计对技术追赶绩效的影响机制时,我们归纳了 6 家企业的商业模式设计和技术追赶绩效的特征,总结其相似和不同之处,进行不断比较,以澄清 2 个变量的定义及其相互关系;在探究商业模式设计与技术创新战略的匹配对技术追赶绩效的影响机制时,通过比较类别进行分析,将 6 个案例按照商业模式设计和技术创新战略的匹配属性进行分类,从而发现组内的相似性和组间的差异性。根据对商业模式设计和技术创新战略的测度,本书将 6 家企业分布于 4 类不同的匹配中。同时,我们还尽可能多地对各种来源的数据进行相互验证,从而得到令人信服的结论(Stake,2013)。对 6 家企业进行比较类别分析的过程实际上也是对企业商业模式设计和技术创新战略进行相互印证的过程,类似于自然科学中的重复试验(Eisenhardt,1989;Yin,2009)。

最后,根据案例内分析和案例间分析结果提出若干研究命题。最初在对数据进行陈列时,会有一些命题思路的涌现。这时,我们会回到被缩减前的原始文本中,将现有理论与当时语境相结合,确定这一命题思路是否值得做下一步研究。当这一命题思路得到确认后,将其与研究主题中的各变量联系起来,试探性地提出命题。同时,将这些命题与现有理论进行比较,进行命题的修正,最终得到正式命题。命题思路的形成、变量联系、试探性命题的提出是在动态过程中进行的(如图 6.2 所示)。

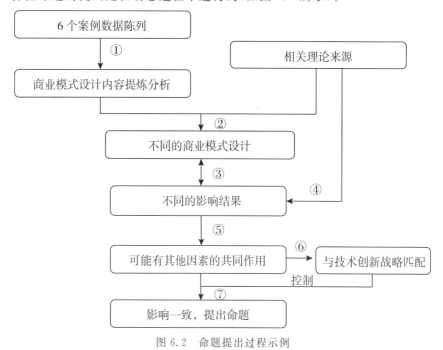

图 6.2 命题提出过程示例

三、案例分析与主要发现

我们首先对从各个案例所收集的数据做初步整理，然后分别对每家企业的商业模式设计、技术创新战略、技术追赶绩效进行详细的描述分析，得到结构化、编码化的数据信息，用于下一步骤案例间变量关系的解构和重构。

(一)效率型与新颖型商业模式设计

通过对案例企业的分析，我们发现部分企业的商业模式设计十分准确地挖掘了市场的潜在需求，提出了与之相符的价值主张，抓住了全球化过程中的契机，构建了价值网络进行价值创造并最终实现了价值。在案例分析过程中我们还发现，后发企业确实存在着效率型和新颖型2种不同类型的商业模式设计(Zott and Amit,2007,2008)，并且企业的商业模式设计会随着时间和外界环境的变化而变化(Amit and Zott,2001)。在发展的不同阶段，企业会进行商业模式设计的调整。案例企业中，B 服装企业的商业模式设计是以效率主题为主导，A 监控企业、C 化工企业的商业模式设计是以新颖主题为主导，而 D 物流企业、E 电梯企业、F 通信企业在企业的不同阶段分别以不同主题的商业模式设计为主导(如表 6.5 所示)。同时，在对每家企业各阶段商业模式设计的形成过程和影响因素进行梳理的过程中，我们发现，企业的商业模式设计是企业根据自身现状和外部环境形成的。虽然不同企业在进行商业模式设计时所考虑的因素和形成过程都不太相同，但并没有受到战略的影响。

表 6.5　案例企业商业模式设计内容

企业	商业模式设计主题	具体做法	典型证据	形成过程和影响因素
A 监控企业	新颖型(2001—2013年)	新的参与者，新的产品、服务和信息的联结，参与者之间新的联结，空间的大量联结(质量和深度)	从无到有逐渐在安防行业内扩展，形成全线产品系列，并由安防产品的生产制造商逐渐转型为面向全球的行业解决方案提供商；改变传统制造型企业模式，利用"技术/产品＋定制化服务"的模式抓住了客户的价值诉求，为客户提供"价值升值"	企业在科技迅速发展和社会对安全意识增强的背景下，通过对产品类型的丰富和服务的完善，满足社会分工的进一步发展和对专业化的要求

续表

企业	商业模式 设计主题	具体做法	典型证据	形成过程和 影响因素
B服装企业	效率型 （2001—2013年）	减少信息不对称，交易透明，提升交易速度，获得大量的产品、服务和信息	通过电子商务，进行内部资源共享和网络化管理，实现供应链中的每个环节信息共享，但在提升资源整合的效率和提高货物的流通速度、降低物流成本上效果一般	企业快速扩张中需要对各门店进行及时而精准的控制，而服装潮流的快速变化也对企业运营提出了新的要求
C化工企业	新颖型 （2001—2013年）	获得大量的产品、服务和信息，获取有利于决策的信息，减少信息不对称	虚拟制造，搭建制造业服务平台，通过第三方现代物流和现代信息技术从贸易商转变为运营商。但作为运营商，其市场资源配置和区域作价能力仍然较低，在服务创新和金融创新上较少，很多时候只承担商品流通功能，赚取商品流通差价	在从事化学品贸易过程中发现潜在市场需求，企业通过跨界（传统贸易与物流和电商的结合）建立平台，实现身份的转变
D物流企业	效率型 （1997—2000年）	交易便利，需求总和，供应总和，交易的可扩展，交易流程花费	通过组建自备车队，为企业输入优质物流服务；建立集团内部运输企业，促进工商企业的物流外包；扩展内部运输企业功能，为外部企业提供运输配送服务，降低其他企业的物流成本	及时找到物流市场供需的空白，并进行行业内资源整合和功能拓展
	新颖型 （2001—2013年）	新的参与者，空前的大量参与者和产品，参与者之间新的联结，新的产品、服务和信息的联结，商业模式的首创	开创公路港物流模式，探索了一条制造业与物流业联动的路径；整合物流服务、物流载体和物流需求三大资源，搭建一站式服务平台；构建具有孵化功能的物流交易市场，培育了一批中小物流企业。在新平台推出以后，实施物流业务外包的货主企业从2002年的6000家上升到2013年的2.5万多家	依托前期积累的经验和资源，以行业龙头企业的身份探索企业运行的新模式，包括行业市场拓展、行业发展的新方向以及行业内中小企业的培育等

续表

企业	商业模式设计主题	具体做法	典型证据	形成过程和影响因素
E电梯企业	新颖型（2001—2005年）	参与者之间新的联结,商业模式的首创,新的产品、服务和信息的联结	从电梯销售商转向电梯维保商,不仅为用户提供产品,而且提供"一揽子"解决方案;除了传统的电梯制造和销售外,服务被企业列为核心竞争力打造的重要内容之一;提出"绿色服务"的口号并推行预防性维保,为客户定制保养计划	企业通过制造服务的联动过程,成功满足市场对电梯需求的多样化,同时开发出例如定制维保计划和绿色服务等新的市场需求
E电梯企业	效率型（2006—2013年）	交易机制,交易速度,获得大量的产品、服务和信息,交易的可扩展,获取有利于决策的信息,减少信息不对称	通过在价值链各个环节上的协同,建立统一客服中心,整合优化呼叫热线、SMS客户管理系统、基于网络设计的e时代实时远程监控REM-X系统、技术帮助系统,成为与客户沟通的重要纽带;提供完善的服务体系和配件网络,服务网点遍布全国大部分省份,全天候、全方位为客户提供快捷、高效的专业服务	企业应用信息技术不断完善服务体系和制造服务联动过程,实现与客户的紧密联系和顺畅沟通,并提供快捷、高效的专业服务
F通信企业	效率型（2009—2011年）	交易速度,交易便利,获取有利于决策的信息	根据产品特性选定三大重点市场,并在每个市场选择重点合作对象;技术人员进驻客户企业,提供有效的技术支持;通过技术部门与客户紧密沟通,及时掌握产品缺陷和市场前沿需求	企业在前期形成一定市场广度的基础上,通过与重点客户的紧密联系加大市场深度
F通信企业	新颖型（2008—2009年、2011—2013年）	新的参与者,空前的大量联结（质量和深度）,新的产品、服务和信息的联结	创建寻找市场能力强的合作伙伴共同开发市场的行军路线;为多个中央部委、跨国公司、大型国企提供服务,与之进行商业、战略合作;不仅定位于服务软件外包企业,而且广泛涉及建筑、教育、医疗等领域;在关注技术研发和产品生产的同时,提供后期服务,搭建职责明晰但又联系紧密的组织体系,使技术人员专注研发,培养服务团队,提供更优质的技术支持	前期,企业通过与市场能力强的伙伴进行合作,在短期内迅速占领国内市场;后期,企业面对已经开发出来的市场,通过新型分工合作体系提供一体化服务,一方面对现有客户进行更好的锁定,另一方面形成良好口碑吸引更多新客户

(二)自主研发与技术引进技术创新战略

技术创新是企业技术发展的关键,企业需要战略性地利用技术,把技术创新提高到战略的高度,才能真正实现技术的进步(Hruby,1999)。通过对案例企业战略行动的度量,我们发现后发企业的技术创新战略确实存在着两种不同的类别。企业会根据自身的具体情况采取不同的技术创新战略(如表 6.6 所示)。

表 6.6　案例企业技术创新战略内容

企业	技术创新战略	具体做法 (技术主要来源)	典型证据
A 监控企业	自主研发 (2001—2013 年)	企业内部信息	拥有全球安防行业最大的研发团队;注重自身研发能力的积累与提升;高研发投入,研发费用占公司销售额 7% 以上,绝对数额在业内名列前茅
B 服装企业	技术引进 (2001—2013 年)	从竞争者处获得信息,专利信息,从专业会议、公共出版物处获得信息	在意大利、法国、日本、韩国等国家设立了流行时尚情报站;聘请了韩国知名服装设计师;虽然有产品研发团队,但新产品和新面料最初来源主要是参考国际流行名牌
C 化工企业	技术引进 (2001—2013 年)	从原料供应商、设备供应商、技术部门、客户、竞争者处获得信息	积极与大型跨国电镀材料供应商建立战略合作关系,以获得更多的资源供给和先进技术;积极和国际最先进的基础材料、化学品生产企业合作,建立技术服务平台;公司多个运营系统外包,并聘请多名跨国公司、外企高管为顾问对公司进行风控
D 物流企业	技术引进 (1997—2001 年)	从客户处获得信息,从竞争者处获得信息	信息化的建设过程是通过调研全国各类货运场站和物流企业,同时借鉴国外先进经验来实现的
D 物流企业	自主研发 (2001—2013 年)	企业内部信息	自主的信息化建设道路上以引进加强为辅;第四方物流的主要技术是通过企业自主研发获得,并搭建了公共性服务平台;主要经历了信息化探索、运营支撑、优化提升和信息化复制的几个阶段
E 电梯企业	技术引进 (2001—2013 年)	从原料供应商处获得信息,从大学获得信息,从技术部门获得信息	母公司的输入技术是企业技术进步的重要来源;通过与大学合作研发一些能够应用到电梯的新技术,推进新产品开发;虽然凭出色的技术和经营能力设立了研发团队进行自主研发,但以母公司技术引进为主

续表

企业	技术创新战略	具体做法（技术主要来源）	典型证据
F 通信企业	自主研发（2007—2013 年）	企业内部信息、团队内部信息	坚持自主研发与开拓创新,将远程协同视频技术与多项行业应用深度结合,推出一系列产品和服务;公司像是一个研发小组,长处是技术实力强;用 1 年时间,成功研发出了适合中国网络环境的可视化应用通信产品

(三)不同阶段技术追赶绩效的差异

后发企业在技术追赶过程中,其追赶的结果可以直接通过追赶绩效来表达。技术追赶绩效不是企业自身技术创新绩效的提升,而是相对于行业内领先企业更快地提升技术创新绩效(Park and Lee,2006)。在不同的追赶阶段,其追赶的绩效结果也是不同的(如表 6.7 所示)。

表 6.7　案例企业技术追赶绩效内容

企业	阶段	典型证据
A 监控企业	2001—2013 年	全球安防龙头企业;多项技术达到国际先进水平;新产品和方案面向全球 100 多个国家和地区,并在重大安保项目中得到广泛应用;新产品的不断推出使得 11 年间销售额增长了 242 倍;由于技术水平的提升,劳动生产率逐年显著提升
B 服装企业	2001—2013 年	根据季节和年度的变换进行服装款式与面料的更新换代,以跟随潮流为主;虽然没有经历前期的大规模销售和暴利阶段,但是更多人对新流行的接受也带来了不错的销售额;有时候能率先推出受市场欢迎的新款式和新面料;劳动生产率有小幅提升
C 化工企业	2001—2013 年	将部分产品的"虚拟制造"推向市场,向运营商转变的过程中仍以贸易商的主要做法和模式进行运营;劳动生产率提升幅度很小
D 物流企业	1997—2000 年	第三方物流水平显著提高,高效推动商品流通的同时,提高了客户货物的周转速度,更多的客户通过企业进行物流运输;劳动生产率提升较快
	2001—2013 年	有许多符合中国本土市场需求的创新产品,例如首创的公路港模式和一站式服务平台;由于新模式和平台的建立,各项经济指标快速增长,信息量、交易量每月都在提升,享受服务的物流企业数量和规模以指数级方式增长;劳动生产率提升较快

续表

企业	阶段	典型证据
E 电梯企业	2001—2005 年	通过整条电梯价值链的运营,实现了有效的技术解构和重构;维修保养技术领先,服务于全国 2 万多台电梯;推出的新产品得到良好市场反应,多个产品蝉联销售榜首;劳动生产率提升较快
	2006—2013 年	在电梯节能技术方面进步很快,不断缩小与世界领先水平的差距;基于引进技术的本土化,生产出中国最新一代的绿色电梯;用大大少于行业平均技术升级的时间,实现了行业的两次技术变革;是母公司全球新梯销售订单量和产量最大的子公司;劳动生产率提升较快
F 通信企业	2007—2009 年	历时 1 年成功研发出全球领先的远程协同电子白板,推出可视化远程协同平台,并实现赢利;第一个产品亮相后迅速部署,遍布全国十几个区域中心城市集群服务器;劳动生产率提升很快
	2009—2011 年	产品技术跟不上客户的需求,客户的问题得不到解决;企业技术和发展全面停滞,陷入危机;劳动生产率提升速度放缓
	2011—2013 年	拥有多项国际领先的远程协同视频技术和专利;拥有比全球领先企业更灵活、更多实用功能、价格更低的产品;劳动生产率提升很快

四、案例间分析与主要发现

在对每个案例数据进行描述性分析的基础上,本书成立专家小组,针对各案例企业的实际情况,对商业模式设计和技术追赶绩效进行评判与编码(Yan and Gray,1994)。专家小组由 2 名学术界专家和 1 名业界专家组成,在遇到不一致的情况时,经过协商确定最终结果。我们将商业模式设计的效果与技术追赶绩效从低到高依次排序为:差、较差、中、较好、好。差代表在行业内处于落后水平,较差代表略低于行业平均水平,中代表与行业平均水平相当,较好代表略高于行业平均水平,好代表在行业内处于领先水平。其中,3 家企业的商业模式设计在发展过程中经历了较大程度的改变,我们根据商业模式设计的阶段性特点对企业进行阶段的划分(如表6.8 所示)。

表 6.8　案例企业商业模式设计、技术创新战略、技术追赶绩效的汇总与编码

变量		A监控企业	B服装企业	C化工企业	D物流企业		E电梯企业		F通信企业		
		2001—2013年	2001—2013年	2001—2013年	2001—2013年	1997—2000年	2001—2005年	2006—2013年	2007—2008年	2009—2010年	2011—2013年
商业模式设计	效率型		中		较好			好		较好	
	新颖型	好		较差		好	好		好		较好
技术创新战略	自主研发	主导			主导				主导	主导	主导
	技术引进		主导	主导		主导	主导	主导			
技术追赶绩效		好	中	较差	较好	好	好	好	好	差	较好

(一)商业模式设计与技术创新战略的区分

分析 E 电梯企业和 F 通信企业的发展过程,并对比以上 6 家案例企业中以技术引进战略为主导的企业/发展阶段,一方面进一步验证了商业模式设计与技术创新战略是完全不同的构念,二者相互独立,商业模式并不是由技术创新战略内生决定的,另一方面为探索和发现商业模式设计对技术追赶的影响以及商业模式设计与技术创新战略的匹配提供基本前提和可靠依据。

E 电梯企业在其发展过程中,一直保持着以技术引进为主导的技术创新战略,但其商业模式设计于 2006 年经历了从新颖型到效率型的转变。而 F 通信企业尽管历史较短,但在始终坚持自主研发战略的情况下,商业模式设计经历了从新颖型(2007—2008 年)到效率型(2009—2010 年)再到新颖型(2011—2013 年)的转变,而技术追赶绩效也随着商业模式设计的变化而变化(如表 6.9 所示)。在企业技术创新战略不变的情况下,商业模式设计不仅有可能进行调整,而且还会引起技术追赶绩效的变化。同时,尽管案例企业/发展阶段中的 B 服装企业、C 化工企业、D 物流企业(1997—2000 年)、E 电梯企业都是以技术引进战略为主导,但是商业模式设计的不同却带来了技术追赶结果的不同。采取相同或相似技术创新战略的企业在商业模式设计上存在着显著的差异性,技术追赶绩效也不同。

表6.9 部分案例企业编码结果概括

变量	E 电梯企业		F 通信企业		
	2001—2005 年	2006—2013 年	2007—2008 年	2009—2010 年	2011—2013 年
商业模式设计	变化(新颖型→效率型)		变化(新颖型→效率型→新颖型)		
技术创新战略	不变(技术引进)		不变(自主研发)		
技术追赶绩效	不变(好)		变化(好→差→较好)		

(二)商业模式设计促进技术追赶绩效提升

研究结果显示,中国现代服务业企业存在效率型和新颖型两种主题的商业模式设计。两种类型的商业模式设计不仅具有以往研究总结的特点,而且还具有中国后发企业的特殊性,例如:偏重人情而淡化契约,使新颖型商业模式更注重向熟悉而非陌生的市场(或伙伴)进行拓展;转型经济带来的政策倾向使效率型商业模式有目的性地与部分合作者(政府或国有企业)进行更有效率的交易。

通过以上 6 家案例企业的横向对比分析,我们发现不管是哪一类主题的商业模式设计,对提高后发企业技术追赶绩效都有显著的正向作用。传统的技术追赶注重技术跟踪和技术吸收(Lee and Lim,2001;Mathews,2002;Park and Lee,2006),忽视了商业模式的作用。但随着全球价值网络的形成,信息技术发展带来了资源的重新配置(Yao et al.,2012),后发企业在参与全球竞争的过程中能够通过商业模式设计更好地发挥后发优势,同时克服后发劣势(Wu et al.,2010),实现了比国际领先企业更快的技术创新绩效提升,从而实现技术追赶。例如:新颖型商业模式设计将价值主张定位于低收入人群(BOP)进行商业模式创新,能够快速占领细分市场(邢小强等,2011);效率型商业模式设计将原先企业中的垂直价值链进行模块化的分解,专注于某一模块或是进行模块化重组,通过相对容易的模块技术提升来实现全面的技术追赶(吕一博,2007)。

案例企业中,D 物流企业的商业模式,不仅"自建车队""为内外部企业提供运输服务"的模式充分发挥了后来者拥有更多信息和资源的优势,而且"'一站式平台的第四方物流'克服了国外以政府为主导的缺乏主动性和灵活性的劣势,为物流相关的信息交易和支付等模块化信息技术的追赶提供支撑"。F 通信企业的主要技术骨干都来自思科:"从一开始,思科就是我们的终极追赶目标,虽然我们的技术骨干有多年思科工作经历,但是这个行业更新太快,国内行业整体技术水平落后,想要通过技术创新实现赶超几乎不可能。而商业模式创新为我们提供了一条非常好的途径。"例如，独特的市场开发路线克服了思科等国际巨头抢先占有市场的劣势，从而快速带来销售额的增加。值得关注的是，有3家企业(A监控企业、E电梯企业、F通信企业)都进行了服务化的商业模式创新，制造业服务化的过程对实现快速技术追赶起到关键作用。例如，受访的E电梯企业中层管理者说道:"合资这么多年，母公司的输入(技术)一直是我们公司(技术)的重要来源。虽然希望通过合资实现更好的技术追赶，但却总在引进、落后、再引进、再落后的怪圈中循环。""服务化的商业模式创新让我们不仅在维保技术方面全面领先，并实现节能技术的快速发展，而且成为母公司全球新梯销售订单数量和产量最大的子公司。"就算是追赶绩效平平的B服装企业也认为，"利用高科技、信息化的手段实现电子商务的运作模式对我们追赶是很有帮助的"。

1. 效率型商业模式设计与技术追赶绩效

实施效率型商业模式设计有助于后发企业的技术追赶。案例企业中，E电梯企业(2006—2013年)通过功能强大的客服中心和道路经验管理系统，建立起与客户沟通的重要纽带并预先准确地发现异常征兆，缩短修复时间。对技术故障和客户信息的及时掌握不仅提高了新产品的成功率，加快了开发速度，而且促进了新产品的销售。D物流企业(1997—2000年)通过组建自备车队，扩展内部运输企业功能，为外部企业提供运输配送服务，降低了客户的物流成本，提高了物流效率，实现了物流技术的积累和探索发展。B服装企业采用连锁经营模式对各加盟店进行统一管理，虽然通过信息化手段进行管理，但并没有在整条价值链上进行有效的信息传递，因此，"有时候……会先看哪种面料和款式更受欢迎，再进行生产"。相比于D物流企业和E电梯企业，尽管F通信企业(2009—2010年)实施了较好的效率型商业模式设计，但却出现了技术追赶绩效不理想的情况。结合理论基础，我们猜测这可能是由其他因素共同作用造成的，将在下一步研究中做详细说明。

2. 新颖型商业模式设计与技术追赶绩效

实施新颖型商业模式设计有助于后发企业的技术追赶。案例企业中，A监控企业不仅提供了定制化的产品，而且通过"技术/产品＋定制化服务"的模式紧紧抓住了客户的价值诉求，及时了解行业最前沿的信息和需求，促进了新技术的产生和新产品的开发。D物流企业(2000—2013年)在前一阶段物流技术和经验积累的基础上，探索开发了公路港物流模式的一站式平台交易中心，及时发布货源和车源的信息，形成了一个信息超市;

零担快运中心开通了面向全国的城际货运班车;管理与服务中心为入驻企业提供行业资讯、教育培训;在客户入驻的全过程中,D物流企业为向用户持续提供指南和实用工具,并解决其遇到的各种问题。在这一系列的摸索过程中,D物流企业不断提高了平台建设能力,吸引了更多的企业入驻,实施物流业务外包的货主企业从2002年的6000家上升到2009年的2.5万余家。E电梯企业(2001—2005年)以新颖型商业模式设计为主导,从电梯制造商转变为电梯维护商,主要利润来源也从2001年的99%来自新梯销售转变为2010年的以电梯维保、旧电梯实用性改造和零配件生产为主。同时,在维护改造的过程中,企业的相关技术能力也得到了进一步的提升,并创造出更多的发明专利。F通信企业最初创业阶段(2006—2008年)的新颖型商业模式设计较好,其并没有像一般企业那样通过"广撒网"来挖掘客户,而是寻求有很强市场能力、急需能提供独特价值的产品来完善产品线与解决方案的企业共同开发市场,从而在1.5年内就成功研发出新产品并拥有多项专利。而在经历了2009—2010年的发展停滞后,F通信企业迅速转变,从通过提高交易效率为客户提供服务的方式转变为通过"技术+产品+服务"的定制模式来更好满足客户价值诉求,又进一步加快了技术追赶步伐。相反,C化工企业搭建制造业服务平台进行虚拟制造,但其缺乏与国际市场的紧密联系,对终端客户需求的满足也只通过较单一的方式实现,因此在从贸易商向运营商转变的过程中,并没有及时跟上行业内领先企业。

基于以上案例与理论相结合的分析,本书提出如图6.3所示的命题。

命题1:商业模式设计对后发企业技术追赶绩效有显著的正向影响。

命题1a:效率型商业模式设计对后发企业技术追赶绩效有显著的正向影响。

命题1b:新颖型商业模式设计对后发企业技术追赶绩效有显著的正向影响。

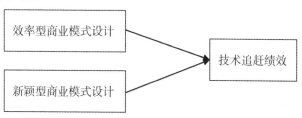

图6.3 商业模式设计与技术追赶绩效的关系

(三)商业模式设计与技术创新战略的匹配

商业模式设计有助于后发企业技术追赶,技术创新战略的实施有助于企业技术升级,二者的匹配对技术追赶绩效有显著的影响。通过以上 6 个案例的横向和纵向比较分析,我们发现后发企业的商业模式设计与技术创新战略之间存在一定的匹配关系,根据商业模式设计主题和技术创新过程中技术来源的不同,可以将二者的匹配分为 4 种:效率型×自主研发、效率型×技术引进、新颖型×自主研发、新颖型×技术引进。不同的匹配关系对技术追赶的影响不同:效率型商业模式设计只与技术引进战略呈现良好的匹配,而新颖型商业模式设计与两种类型战略的匹配都较好。企业技术追赶绩效越好,说明商业模式设计与技术创新战略的匹配度越高。在全球化的价值网络中,自主研发和技术引进仍然是后发企业获得技术的主要方式(Ernst and Kim,2002;Kim,1997;Kim et al.,2004;吴晓波,1995b;吴晓波等,2009)。效率型商业模式设计能够使企业在技术引进的过程中实现信息流动和共享(Zott and Amit,2007),通过进行技术的解构和重构,提升自身技术能力,从而实现持续性的追赶(陈晓玲,2013);新颖型商业模式设计能够使企业不仅在技术引进的过程中获得更多的技术来源,并甄别出其中最好的,从而提高新产品开发的效率和成功率,而且使企业在自主研发的过程中最快搜索到技术前沿信息和潜在的市场需求,从而促进技术升级和自主研发产品销售。尽管效率型商业模式设计和自主研发战略本身都有助于技术追赶,但效率型商业模式设计更注重交易成本的降低和交易效率的提高,与自主研发专注地进行产品开发冲突,二者相互矛盾,会削弱对技术追赶绩效的交互作用。

1. 商业模式设计与自主研发战略的匹配

案例结果显示,新颖型商业模式设计与自主研发战略的匹配更有助于后发企业技术追赶绩效的提高。

首先,A 监控企业、D 物流企业(2000—2013 年)、F 通信企业(2006—2008 年、2011—2013 年)都是以自主研发战略为主,希望通过自主研发来实现技术能力和技术水平的提升,从而缩小与领先企业间的差距。自主研发战略需要企业本身拥有强大的研发团队并建立有效的研发平台(Lee and Om,1994)。此时,一方面,新颖型商业模式设计在开创新的市场和寻求更多新合作伙伴的过程中(Zott and Amit,2007),可以帮助企业网罗技术人才,通过市场信息的搜索得到最前沿的技术潜在需求,从而促进技术升级和自主研发产品的销售;另一方面,越来越多的用户也有利于企业开拓创新市场,进行新产品的推广和销售。同时,对于原有市场上的客户,企业通过为客户与合作伙伴提供新的交易激励模式、设计新的交易机制等方式,实现对原有用户和合作伙伴的锁定,进而提高新产品的议价能力(Zott and Amit,2007),促进新产品的销售。

其次,在案例企业中还能发现当企业的技术创新战略是以自主研发为主导时,企业几乎不会选择效率型商业模式设计(除了 2009—2010 年的 F 通信企业,下文将做进一步解释)。由于自主研发意识的主导,企业更愿意去追寻更新的技术、产品和模式。D 物流企业的受访者如是说:"虽然国外有类似的平台,但都是以政府服务的形式存在。所以我们需要自己研发符合中国国情的第四方物流平台,希望能够提供更多有中国特色的服务类型和内容,从而为更多的物流企业服务。"即使企业想要选择效率型商业模式设计,也很难达成。例如,A 监控企业始终坚持以自主研发为主导的技术创新战略,从最开始安防产品的生产制造获得成功后,企业发现单纯提高安防产品的交易效率越来越难,而且不利于新技术的开发。因此,其选择逐渐转型为面向全球的行业解决方案提供商,通过新颖的方式实现了技术、产品和服务的结合,促进技术提升的同时,新产品也变得更好卖了。

最后,通过对 F 通信企业的 3 个阶段进行比较分析发现,在 F 通信企业始终坚持自主研发的过程中,由于 2009—2010 年转换成效率型商业模式设计,企业的技术追赶绩效出现下滑。最初的 2006—2008 年,F 通信企业专注于自主的技术研发,通过寻求合作伙伴并转型为增值代理商来实现市场的开拓。F 通信企业的 CEO 这样描述那段时间:"我们在前 1 年半中更像是一个研发小组,长处是技术实力强,对行业也比较熟悉,但是打市场肯定是我们的弱项,如果自己独立去开拓,不可能迅速成长的。"新颖的合作模式使 F 通信企业能够将企业的技术力量全部投入研发,并在 1 年的市场运作后实现了赢利。在实现了初步的成功后,2009—2010 年,F 通信企业的商业模式设计转变为效率型,锁定了建筑、教育、医疗三大领域并在每一领域确定了重点合作伙伴,将技术人员派驻到合作企业内,处理技术问题并进行及时信息反馈。虽然"X 产品不仅帮助公司提高沟通效率,还……省钱",但是"技术人员每天都在客户处提供技术支持服务,导致产品的技术升级不得不放缓"。在意识到这一现象带来的严重后果后,F 通信企业(2011—2013 年)迅速调整商业模式设计,采用"技术＋产品＋服务"的定制模式,搭建起研发、市场、销售、产品、客服职责明晰但又联系紧密的组织体系,使技术人员专注研发,培养服务团队提供更优质的技术支持,把好产品质量关,拓展市场,增加销量,又进一步加快了技术追赶步伐。

2. 商业模式设计与技术引进战略的匹配

案例结果显示,效率型商业模式设计、新颖型商业模式设计与技术引进战略的匹配都有助于后发企业技术追赶绩效的提高。

案例企业中,共有 4 家企业的技术创新战略以技术引进为主导。而它们无论选择了效率型的还是新颖型的商业模式设计,都获得了与商业模式设计一致的技术追赶绩效。例如:B 服装企业和 C 化工企业的商业模式设计并不是太好,它们的技术追赶绩效在案例企业中也只能算是中等或中等偏下;D 物流企业和 E 电梯企业都有好的商业模式设计,因此它们也取得了好的技术追赶绩效。

当企业主张技术引进时,主要通过技术购买、合资、并购、人才引进、合作开发、公共平台免费信息等形式来进行技术创新(Veugelers and Cassiman,1999)。效率型商业模式设计实现了焦点企业与利益相关者之间的信息流动和共享(Zott and Amit,2007),使企业在技术引进的过程中进行技术的解构和重构,提升自身技术能力,从而实现持续性的追赶(陈晓玲,2013)。而交易效率的提升使企业能对技术的引进进行实时的管理,加快新产品的开发速度,提高开发成功率。同时,效率型商业模式设计还增强了技术被引进方对案例企业的依赖性,从而提高了合作伙伴的转换成本(Amit and Zott,2001),提高了技术引进的效率,提升了专利和新产品的产出。新颖型商业模式设计帮助企业通过加强与外部资源的联系,开创新的市场并找到更多新的合作伙伴(Zott and Amit,2007)。一方面,可以获取更多的技术来源,帮助企业网罗技术人才,搜索最前沿的技术潜在需求,并通过对信息的甄别,以较低成本获得技术,从而提高自主研发的产出和成功率;另一方面,越来越多的用户也有利于企业开创新市场,提高新产品的销量和价格。同时,对于原有市场上的客户,企业通过为客户与合作伙伴提供新的交易激励模式、设计新的交易机制等方式,实现对原有用户和合作伙伴的锁定,进而提高新产品的议价能力(Zott and Amit,2007),促进新产品的销售。

另外,我们还从 E 电梯企业不同阶段商业模式设计的转换中看到,两种类型的商业模式设计与技术引进战略都是匹配的。E 电梯企业 80% 的股份由母公司(总部)控制,虽然母公司对日常管理参与很少,但 E 电梯企业的技术还是以母公司输入为主,以自主技术本土化和与大学合作研发为辅。E 电梯企业在 2001—2005 年以新颖型商业模式设计为主导,从电梯制造商转变为电梯维护商。在一系列制造业服务化的过程中,E 电梯企业专注地进行新业务和新模式的探索,经过一段时间后大大增加了高利润的维保在总销售收入中的占比。在提供服务的过程中,E 电梯企业加强对引进技术的消化吸收,提升了电梯制造和维护的技术能力,实现了技术追赶。例如,2002 年在国内推出的无齿轮电梯,最高节能 44%,达到世界先进水平。经过了一段时间的探索后,E 电梯企业于 2006—2013 年转变商业模式设计,以效率优先。由于企业没有自主研发的压力,能够快于其他竞争者推出完善的服务系统和强大的客服中心,并建立完善的配件网络,实现与利益相关者充分的信息交流,了解客户需求,提高新产品的成功率。

基于以上案例与理论相结合的分析,本书提出:

命题 2:商业模式设计与技术创新战略的匹配对后发企业技术追赶绩效有显著的影响。

命题 2a:效率型商业模式设计与自主研发战略匹配性较差,对促进后发企业技术追赶绩效的提升具有削弱型交互作用。

命题 2b:效率型商业模式设计与技术引进战略呈现良好匹配,对促进后发企业技术追赶绩效的提升具有增强型交互作用。

命题 2c:新颖型商业模式设计与自主研发战略呈现良好匹配,对促进后发企业技术追赶绩效的提升具有增强型交互作用。

命题 2d:新颖型商业模式设计与技术引进战略呈现良好匹配,对促进后发企业技术追赶绩效的提升具有增强型交互作用。

五、本章小结

本章运用探索性案例的研究方法,探析了中国后发背景下商业模式设计及其与技术创新战略的匹配对企业技术追赶的影响机制。选择了 6 个有代表性的典型案例,进行每个案例内分析和案例间分析,通过横向和纵向的对比,识别了中国现代服务业商业模式设计的类型,并提出了概念性模型(见图 6.3、图 6.4)和两组理论预设。商业模式设计对后发企业技术追赶绩效的促进作用,以及商业模式设计与技术创新战略的匹配对后发企业技术追赶的显著影响与理论预设相符。同时,本书还发现以下 3 个主要结论。

首先,现代服务业企业商业模式设计中效率主题和新颖主题扮演了重要角色,且企业会根据所处环境不同、追赶阶段不同进行商业模式设计主题的调整。两种主题的商业模式设计不仅具有以往研究总结的特点,而且具有中国后发企业的特殊性,例如:偏重人情而淡化契约使新颖型商业模式更注重向熟悉而非陌生的市场(或伙伴)进行拓展;转型经济带来的政策倾向使效率型商业模式有目的性地与部分合作者(政府或国有企业)进行

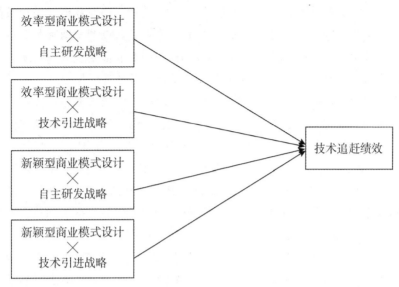

图 6.4　后发企业商业模式设计、技术创新战略与技术追赶绩效

更有效率的交易。

其次,商业模式视角很好地解释为何在资源匮乏的情况下,后发企业能够实现对资源丰富的先发企业的追赶。传统的技术追赶研究注重技术跟踪和技术吸收,忽视了商业模式设计的作用。如何获取和发挥后发者的优势并克服后发者的劣势是后发企业研究中一个十分重要的战略问题(Ma et al.,2006;Wu et al.,2006)。本书通过案例间的横向对比,不仅发现效率型和新颖型商业模式设计都有利于提升后发企业的技术追赶绩效,而且描绘出商业模式设计通过发挥后发企业优势、克服后发企业劣势来实现技术追赶绩效提升的全过程机制:一方面,商业模式设计能够通过发挥后发优势和克服后发劣势来减小技术投入经济产出比,使后发企业比领先企业更快地提升技术创新绩效,从而促进技术追赶绩效的提升;另一方面,商业模式设计能够通过发挥后发优势和克服后发劣势来促进企业创造知识与广泛吸收外部的知识,使之比领先企业更快地吸收、使用和改进现有技术以及创新技术、研发新产品与程序,比领先企业更快地提升技术创新绩效,从而促进技术追赶绩效的提升。

最后,通过案例的横向与纵向对比,本书发现商业模式设计与技术创新战略的匹配能够促进后发企业技术追赶绩效的显著提升,不同的匹配关系对促进技术追赶绩效提升的结果和作用机制都不同。根据商业模式设计主题和技术创新过程中技术来源的不同,可以将二者的匹配分为 4 种:效率型×自主研发、效率型×技术引进、新颖型×自主研发、新颖型×技术引进。不同的匹配关系对技术追赶的影响不同:效率型商业模式设计只能与技术引进战略呈现良好的匹配,而新颖型商业模式设计与两种类型战略的匹配性都较好。企业技术追赶绩效越好,说明商业模式设计与技术创新战略的匹配度越高。匹配关系对技术追赶的作用机制也是通过发挥后发企业优势、克服后发企业劣势来实现的,主要体现如下:效率型商业模式设计能够使企业在技术引进的过程中实现信息流动和共享(Zott and Amit, 2007),通过进行技术的解构和重构,提升自身技术能力,从而实现持续性的追赶(陈晓玲,2013);新颖型商业模式设计能够使企业不仅在技术引进的过程中获得更多的技术来源,并甄别出其中最好的,从而提高新产品开发的效率和成功率,而且使企业在自主研发的过程中最快搜索到技术前沿信息和潜在的市场需求,从而促进技术升级和自主研发产品销售。尽管效率型商业模式设计和自主研发战略本身都有助于技术追赶,但效率型商业模式设计更注重交易成本的降低和交易效率的提高,与自主研发专注地进行产品开发冲突,二者相互矛盾,因而削弱了对技术追赶绩效的交互作用。

探索性案例适合应用在因果关系不够明显、因果联系复杂多变的情况下,有助于厘清不同变量间的关系(Yin,2009)。但案例本身就具有特殊性,研究结果也只具有一定范围的解释性。本书在接下来的研究中,将通过进一步的文献展开和大样本实证对这些初始理论命题进行检验。

第七章　双轮创新驱动后发追赶:理论构建

本章将在案例研究发现的基础上,进一步结合架构理论、权变理论、资源观理论等,对商业模式设计影响技术追赶绩效的内在机制及其与技术创新战略的匹配对技术追赶绩效的影响机制进行深层次的理论探讨,提出细化假设和概念模型。

一、商业模式设计对技术追赶绩效的正向作用

(一)理论基础与研究视角

技术追赶是指后发国家以比发达国家更快的速度进行技术创新(Park and Lee,2006)。因此,技术追赶绩效可以理解为后发企业第 n 年的技术创新绩效与同行业领先企业的差距相对于 N 年前的差距。后发企业技术追赶绩效的提升不仅需要自身实现好的创新绩效,而且要以比领先企业更快的速度提升技术创新绩效,进而通过挤压领先企业的市场空间,缩小与领先企业之间的差距(陈爱贞等,2008)。

以往大多数关于创新的研究都是基于资源丰富的企业,但已有的资源观理论无法很好地解释为何资源匮乏的发展中国家后发企业能够成功地实现追赶,并挑战那些具有丰富资源的发达国家先发企业(Li and Kozhikode,2008)。现有的理论也很难解释后发企业如何在起步阶段创造竞争优势,或是后发企业如何在只拥有极少资源的情况下战胜拥有丰富资源的先发企业的优势(Mathews,2006)。如何获取和发挥后发者的优势并克服后发者的劣势是后发企业研究中一个十分重要的战略问题(Ma et al.,2006)。

商业模式设计是企业竞争优势的来源(Teece,2010),对技术创新的影响一方面体现在其作为技术商业化的必要手段上(吴晓波等,2013)。商业模式设计在价值创造的过程中,将技术特征作为潜在投入,通过客户和市场转化为经济产出(Chesbrough and Rosenbloom,2002)。企业在利用商业模式设计进行交易的过程中,发现新的需求并进一步进行技术上的改进和提升来满足新的需求(Hart and Christensen,2002)。另一方面体现在

商业模式设计对技术知识的获取上。商业模式设计不仅能够促进企业创造知识，而且能够广泛吸收外部的知识（刘洋等，2014）。企业利用技术知识有效地吸收、使用和改进现有技术以及创造新技术、开发新产品和程序（Dutrénit，2004）。

在后发企业的追赶过程中，商业模式设计能够使其通过发挥后发优势和克服后发劣势来实现比领先企业更快地提升技术创新绩效，这很好地解释了为何在资源匮乏的情况下，后发企业能够实现对资源丰富的先发企业的追赶。商业模式设计对技术追赶绩效的影响主要通过以下2个方面实现：一方面，商业模式设计能够通过发挥后发优势和克服后发劣势来提升技术投入的经济产出比，使后发企业比领先企业更快地提升技术创新绩效，从而提升技术追赶绩效；另一方面，商业模式设计能够通过发挥后发优势和克服后发劣势来促进企业创造知识和广泛吸收外部的知识，以比领先企业更快地吸收、使用和改进现有技术以及创新技术、研发新产品和程序，实现比领先企业更快地提升技术创新绩效，从而促进技术追赶绩效的提升。

架构理论是经常发生的设计元素的汇聚，因为它们的独立性能够使其成为模式（Meyer et al.，1993），它的本质是一个相互依赖的复杂系统（Miller，1996）。架构可以被定义为一个组织的元素在多大程度上被一个单一的主题编排和连接起来（Miller，1996）。架构考虑到了整体的结构和设计元素，不仅可以被用来描绘商业模式设计，而且架构理论为商业模式设计的测量提供了一个有用的起始点（Miles et al.，1978）。本书遵循Miller（1996）的建议，将架构看成一个变量而不是理想模型的一种偏差。

商业模式设计可以用架构理论进行描绘和测量，通过将一个组织内的要素在某种程度上以某个主题编排或连接起来，从而通过加强客户的购买意愿或者降低供应商和合作者的机会成本来创造价值（Zott and Amit，2007）。

Miller（1996）、Zott and Amit（2007，2008）都采用了效率和创新的主题将商业模式的各要素结合起来，认为这两种主题是创业型企业在不确定条件下进行价值创造的主要方式。本书的研究对象，现代服务业，是一个新兴的行业，以信息技术为支撑是现代服务业的主要特点（吴朝晖等，2013）。这类企业的价值创造源泉与电子商务类企业十分相似，它们都更可能运用和发挥先进信息技术的优势，并将这些优势用于商业模式设计。同时，案例研究结果也证明了效率和创新主题是这个行业中企业创造价值的主要方式。因此，本书选取效率和创新作为商业模式设计的两个主题，即效率型商业模式设计和新颖型商业模式设计。这两个主题之间不会互相排斥，可能同时存在以效率型为中心和以新颖型为中心的商业模式设计

(Zott and Amit,2007)。

　　因此,基于上述理论逻辑以及探索性案例研究的发现,我们提出总体假设:商业模式设计(效率型和新颖型)能够促进技术追赶绩效的提升。

(二)效率型商业模式设计与技术追赶绩效

　　企业获取价值的方式不仅来自创新,还来自对现有组织的有效率模仿(Aldrich,1999;Zott,2003)。效率型商业模式设计是指企业利用商业模式获取交易的有效性,而不是产出的有效性(Zott and Amit,2007,2008)。其核心是减少企业与所有交易参与者之间的交易成本(Williamson,1975)。企业的交易成本有直接和间接成本,包括企业新产品的销售成本等(Clemons and Row,1992;Lucking-Reiley and Spulber,2001)。交易成本的降低来源于不确定性、复杂性或信息不对称性程度的降低(Williamson,1975),同时还包括减少合作成本和交易风险(Clemons and Row,1992;Langlois,1992;Milgrom and Roberts,1992)。高效的商业模式能够提高交易过程中各环节的效率(Zott and Amit,2007,2008)。效率型商业模式设计对技术追赶绩效的促进作用是通过降低成本、提高交易有效性等从而发挥后发优势和克服后发劣势来实现的。可以分解为2个方面:一方面,提高技术投入经济产出比;另一方面,促进企业创造知识和广泛吸收外部的知识。

　　首先,先发企业相对于后发企业来说拥有较低的交易成本、由市场不确定性带来的客户锁定、先入、形成市场规模等方面的优势(Cho et al.,1998)。交易成本较高和由市场不确定性带来的客户对先发企业的锁定是后发企业市场层面的主要劣势(Cho et al.,1998)。效率型商业模式设计的核心是减少企业与所有交易参与者的交易成本(Williamson,1975),这有助于后发企业克服较高交易成本的劣势。交易成本的降低意味着在技术转化为经济产出过程中成本的降低。而企业交易成本的降低来源于不确定性、复杂性或信息不对称性的降低(Williamson,1975),同时还包括减少合作成本和交易风险(Clemons and Row,1992;Langlois,1992;Milgrom and Roberts,1992)。当市场不确定的时候,客户更容易产生重复购买行为或选择熟悉的产品(Schmalensee,1982)。这些与利益相关者之间的不确定性和风险的降低有助于在市场不确定的情况下,减少客户对先发企业的锁定。同样,企业直接或间接交易成本的降低会增加潜在的客户、合作者和供应商(Zott and Amit,2007),能够削弱先发企业的先入、形成市场规模等竞争层面的优势。减少锁定和削弱先入优势、市场规模优势不仅提高了后发企业技术转化为经济产出的收益,而且降低了先发企业技术转化为经济产出的收益。

其次,相对于先发企业,后发企业拥有"搭便车"、信息溢出等优势(Cho et al.,1998)。高效商业模式的目标是降低交易成本,比如通过交易简化、降低交易复杂性、不需要更多的交易投入来加深利益相关者之间的联系等方式(Zott and Amit,2007)。这些方式都会增加企业所有利益相关者之间的转换成本,从而增强焦点企业与利益相关者的黏性(Zott and Amit,2007)。当焦点企业与利益相关者拥有较强黏性的时候,能够有效发挥搭便车的优势,使企业更好地进行知识创造。同时,效率型商业模式设计使企业与利益相关者之间有更好的信息流通(Zott and Amit,2007),能够充分发挥后发企业信息溢出的优势,广泛吸收外部的知识。

基于以上论述,本书提出如下假设。

假设1:效率型商业模式设计对技术追赶绩效有显著的正向影响,即商业模式设计的效率性越强,技术追赶绩效越好。

(三)新颖型商业模式设计与技术追赶绩效

新颖型商业模式设计是企业通过新的路径与不同的参与者实现经济交易的方式,例如与新的合作伙伴发生之前没有的联系,或者通过新的方式或交易机制与原有的交易伙伴发生联系(Zott and Amit,2007,2008)。企业通过这些新的方式或交易机制对原有合作伙伴实现价值增值获取和对新的市场与新的合作伙伴实现新的价值获取(Amit and Zott,2010)。当企业的商业模式设计的新颖性越高,由于其客户、供应商、合作者等还来不及做好不与之进行商业交易的准备,因此其转换成本就越高(Zott and Amit,2007)。新颖型商业模式设计对技术追赶绩效的促进作用是通过探索新的合作伙伴、新的机制和方式等特征发挥后发优势和克服后发劣势来实现的。同样可以分解为2个方面:一方面,提高技术投入经济产出比;另一方面,促进企业创造知识和广泛吸收外部的知识。

首先,相对于先发企业,后发企业拥有较高的信息水平,且没有在位者的创新惰性(Cho et al.,1998)。新颖型商业模式设计不仅能够推动企业进行新的价值创造机会的探索以实现新的价值获取,而且还能对现有市场内潜在资源的价值进行升级,实现价值增值获取(Zott and Amit,2007)。这一过程可以充分发挥后发企业较高信息水平的优势,实现更多新的价值获取和现有价值的增值获取。这些价值包括通过客户和市场将技术转换为经济产出过程中的价值。同时,商业模式创新还能够带来超额利润,即企业租(entrepreneurial rent)(Rumelt,1987)。企业租不仅能够被企业本身获取,所有的利益相关者也都有可能获得(Zott and Amit,2007)。后发企业没有在位者的创新惰性,有可能进行更多的商业模式创新,通过更多新的方式和机制将技术转化为经济产出,创造出更多的企业租。

其次,先发企业较早进入市场,需要经历试错的过程(Cho et al.,1998),在经历过一系列试验、错误和失败的过程后才有可能找到市场和技术的正确方向。而后发企业相对于先发企业来说,进入市场时间较晚,有可能跳过试错过程。新颖型商业模式设计使后发企业有机会接触到更多新的合作伙伴(Zott and Amit,2007),突破地域因素导致的与世界科学和创新中心的隔离,以及领先市场用户挑剔带来的市场隔离(Hobday,1995)。后发企业在没有或只有较少技术和市场隔离的情况下与更多新的合作伙伴发生联系,能够更好发挥后发企业跳过试错过程的优势,促进企业创造知识。同样,新颖型商业模式设计使后发企业接触到更多新的合作伙伴(Zott and Amit,2007),能够有效发挥后发企业信息溢出的优势,广泛吸收外部知识。

基于以上论述,本书提出如下假设。

假设 2:新颖型商业模式设计对技术追赶绩效有显著的正向影响,即商业模式设计的新颖性越强,技术追赶绩效越好。

二、商业模式设计与技术创新战略的匹配对技术追赶绩效的影响

(一)理论基础与研究视角

权变理论认为,一个组织的有效性(例如企业绩效)是不同变量匹配的结果。而匹配性是成功的主要决定因素(Galbraith,1977)。当企业绩效到达好的时候,表明企业内要素的匹配性是合适的(Siggelkow,2001)。如果两种要素(比如 A 和 B)是互补的,则它们之间具有良好的匹配性,即 A 的边际效应会随着 B 的改变而改变(Milgrom and Roberts,1995)。

权变理论的一个突出贡献是提出了企业战略与架构之间的联系(Galbraith,1977;Miles et al.,1978;Mintzberg,1979),并验证了它们对企业绩效的影响。权变理论通过分析企业内每一个独立的部分,对比变量与变量之间以及它们与绩效之间的关系来了解企业的行为(Meyer et al.,1993)。近年来,更多的研究聚焦于企业战略、架构和绩效之间的动态匹配与因果关系(Amburgey and Dacin,1994),并且扩展到不同类型的战略和

架构之间的研究(Nadler and Tushman,1997;Yin and Zajac,2004)。关于战略和架构的研究已经证实了这些构念对企业绩效具有调节效应(Mintzberg,1990;Siggelkow and Levinthal,2003;Zott and Amit,2008)。Zott and Amit(2008)指出,检验战略和架构对企业绩效的交互效应是十分有意义的,二者的共同作用会带来更好的企业绩效。交互作用是指两个变量共同作用时对因变量的影响并不等于二者分别影响作用的简单数学和(陈晓萍等,2008)。这两个变量的地位可以是对称的,也可以是不对称的,只要其中有一个起到了调节变量的作用,交互效应就存在(Aiken and West,1991)。

根据权变理论的思想,后发企业技术追赶的有效性可能是商业模式设计与技术创新战略良好匹配的结果,二者的匹配体现为对技术追赶绩效的交互作用。基于以上分析,以下将引入效率型和新颖型两类商业模式设计主题(Amit and Zott,2001),以及自主研发和技术引进两种技术创新战略(Veugelers and Cassiman,1999)来讨论商业模式设计与技术创新战略对技术追赶绩效的交互作用。对于商业模式设计的两个主题来说,对技术创新战略的选择并不是唯一的,也不是互斥的。

(二)效率型商业模式设计与自主研发战略的匹配

发展中国家的技术创新关注点与发达国家不同,发展中国家更加关注技术追赶中的技术创新。以往研究表明,自主研发战略对后发企业技术追赶绩效有显著的正向影响(Ernst and Kim,2002;Kim,1997;吴晓波,1995b;吴晓波等,2009)。自主研发是具有中国特色的技术创新(路风,2006)。通过自主研发战略的实施,企业增强了对现有知识和技术掌握的能力,减少了企业研发投入的危险性和失败,提高了新产品开发的成功率,对技术能力的发展有促进作用(Katila and Ahuja,2002),从而对技术追赶产生积极的影响。自主研发战略强调基于内部能力和自身努力产生的技术突破,有更强的自主权,使企业的技术发展不受外界的制约(傅家骥,1998)。在企业具有一定的技术基础后,自主研发更有利于其掌握核心技术,在下一技术范式出现前,提前做好准备(吴晓波等,2009),从而实现这一技术范式的追赶和下一技术范式的赶超。

更进一步,我们还需要讨论效率型商业模式设计与自主研发战略的交互作用。首先,自主研发战略使后发企业拥有了更强的自主权,企业的技术发展不受外界的制约(傅家骥,1998)。企业自主权越大,技术发展受外界环境制约越小,越有可能创造出客户真正需要的产品。效率型商业模式设计所具有的不确定性和风险减少的特点就能够更好克服后发企业由于市场不确定性而产生的客户对先发企业锁定的劣势，从而使自主研发战略提高了其对技术追赶绩效作用的边际效应。其次，自主研发战略使企业增强了对现有知识和技术的掌握能力（Katila and Ahuja，2002）。后发企业的这种掌握能力越强，在习得新知识和能力的时候就越快，效率型商业模式设计所具有的促进信息流通的特点就能够更好发挥后发企业信息溢出的优势，从而使自主研发战略提高了效率型商业模式设计对技术追赶绩效作用的边际效应。

但同时，效率型商业模式设计强调交易成本的降低（Zott and Amit，2007），而自主研发需要大量的创新成本投入（Hagedoorn，1990；Lambe and Spekman，1997；Veugelers，1997），虽然两种类型的成本并不相同，但在企业的运作过程中有着千丝万缕的联系，二者有可能存在矛盾。自主研发需要大量的市场、客户和技术信息，这些信息大多时候来源于企业的交易过程（Zott and Amit，2007），而商业模式设计效率性的增强使企业降低了交易成本并提高了交易效率，但同时也减少了信息的冗余，与自主研发需要大量信息也是相互矛盾的。因此，效率型商业模式设计和自主研发战略对技术追赶绩效的交互作用无法确定。

基于以上论述，根据陈晓萍等（2008）提出的两类交互作用，即增强型交互作用（reinforcement interaction effect）和干扰型交互作用（interference interaction effect），本书提出如下假设。

假设 3a：效率型商业模式设计与自主研发战略呈现良好的匹配，对促进技术追赶绩效的提升体现为增强型交互作用。

假设 3b：效率型商业模式设计与自主研发战略匹配性较差，对促进技术追赶绩效的提升体现为干扰型交互作用。

（三）效率型商业模式设计与技术引进战略的匹配

以往研究表明，技术引进战略对后发企业技术追赶绩效有显著的正向影响（Ernst and Kim，2002；Kim，1997；Kim et al.，2004；Wu et al.，2010；吴晓波等，2009）。由于自主研发成本庞大，并非所有企业都有能力独自承担，外部的创新来源成为企业取得新技术的重要途径（Hagedoorn，1990；Lambe and Spekman，1997；Veugelers，1997）。技术引进战略强调对专业知识的获取，能够获得时间和成本的优势从而使研发的范围经济优势能够更有效地被利用。企业不仅可以专注于培养自己的核心竞争力，而且能够降低技术的不确定性和减少技术创新的风险（Veugelers and Cassiman，

1999)。同时,技术引进战略使企业更快适应技术环境的变化,增强组织柔性,并进行多方向技术的发展(Katila and Ahuja,2002)。后发企业通过组织学习快速掌握这些引进技术,迅速提升技术水平和技术能力,从而实现技术追赶(彭新敏等,2011;吴晓波,1995b)。

更进一步地,我们还需要讨论效率型商业模式设计与技术引进战略的交互作用。首先,技术引进战略不仅使企业获得了时间和成本的优势,而且降低了技术的不确定性(Veugelers and Cassiman,1999)。如果企业在所有的活动和交易中都关注成本的降低,那么经过一段时间后企业在降低成本方面会更有技巧(Zott and Amit,2008)。实施技术引进战略的后发企业会强调研发过程中成本的降低,效率型商业模式设计所具有的降低交易成本的特点就能够更好克服后发企业较高交易成本的劣势。而企业技术的不确定性越小,就越容易创造出客户真正需要的产品,效率型商业模式设计所具有的不确定性和风险减少的特点就能够更好克服后发企业由于市场不确定性而产生的客户对先发企业锁定的劣势,从而使技术引进战略提高效率型商业模式设计对技术追赶绩效作用的边际效应。其次,技术引进战略使企业更快适应技术环境的变化,增强了组织柔性(Katila and Ahuja,2002)。企业在与利益相关者拥有较强黏性的时候,容易受到利益相关者等外部环境的影响。组织柔性越高,企业在面对外界环境重大变化时快速行动的能力就越强(Shimizu et al.,2004),效率型商业模式设计所具有的加强与利益相关者黏性的特点就能够更好发挥后发企业"搭便车"的优势。而企业对技术环境变化的适应力越强,就越容易融入不同的技术环境,效率型商业模式设计所具有的更好信息流通特点就能够更好发挥后发企业信息溢出的优势,从而使技术引进战略提高效率型商业模式设计对技术追赶绩效作用的边际效应。

基于以上论述,本书提出如下假设。

假设 4:效率型商业模式设计与技术引进战略呈现良好的匹配,对促进技术追赶绩效的提升具有增强型交互作用。

(四)新颖型商业模式设计与自主研发战略的匹配

如果企业的所有活动和交易都聚焦于创新,久而久之,这家企业就会成为一个越来越有技巧的创新者(Zott,2003)。本书中商业模式创新与技术创新战略都聚焦于创新,不同领域聚焦于创新也有助于其相互加强(Zott and Amit,2008)。

上文中已经提到自主研发战略对后发企业技术追赶绩效有显著的正

向影响,我们将进一步讨论新颖型商业模式设计与自主研发战略的交互作用。首先,自主研发战略使后发企业拥有了更强的自主权,企业的技术发展不受外界的制约(傅家骥,1998)。自主权越大,企业就越可以自主地选择企业租的来源,选择那些能够获得更多企业租的创新来源,新颖型商业模式设计在获取企业租的过程中就能够更好发挥后发企业无在位者创新惰性的优势,从而使自主研发战略提高新颖型商业模式设计对技术追赶绩效作用的边际效应。其次,自主研发战略使企业对现有知识和技术掌握能力得到增强(Katila and Ahuja,2002)。后发企业的这种掌握能力越强,在学习新知识和能力的时候就越快。新颖型商业模式接触更多合作伙伴的特点能够更好发挥跳过试错过程和信息溢出的优势,从而使自主研发战略提高新颖型商业模式设计对技术追赶绩效作用的边际效应。

基于以上论述,本书提出如下假设。

假设 5:新颖型商业模式设计与自主研发战略呈现良好的匹配,对促进技术追赶绩效的提升具有增强型交互作用。

(五)新颖型商业模式设计与技术引进战略的匹配

上文中已经提到技术引进战略对后发企业技术追赶绩效有显著的正向影响,我们将进一步讨论新颖型商业模式设计与技术引进战略的交互作用。首先,技术引进战略不仅减少了技术创新的风险(Veugelers and Cassiman,1999),而且使技术向多元方向发展(Katila and Ahuja,2002)。企业技术发展的方向越多元,新颖型商业模式设计在获取企业租的过程中就越能够更好发挥后发企业无在位者创新惰性的优势。而企业技术创新的风险越小,创新成功的可能性就越高。新颖型商业模式在进行新价值创造机会探索和实现原有潜在资源增值获取的过程中,能够更好发挥后发企业拥有较高信息水平的优势,从而使技术引进战略提高新颖型商业模式设计对技术追赶绩效作用的边际效应。其次,技术引进战略使企业更快适应技术环境的变化(Katila and Ahuja,2002)。企业对外界技术环境变化的适应性越强,就越容易融入不同的技术环境。新颖型商业模式设计接触更多合作伙伴的特点能够更好发挥跳过试错过程和信息溢出的优势,从而使技术引进战略提高新颖型商业模式设计对技术追赶绩效作用的边际效应。

基于以上论述,本书提出以下假设。

假设 6:新颖型商业模式设计与技术引进战略呈现良好的匹配,对促进技术追赶绩效的提升具有增强型交互作用。

三、本章小结

本章结合现有相关文献和多案例探索性研究，对企业商业模式设计及其与技术创新战略的匹配和技术追赶绩效的关系进行了更为深入的分析，将商业模式设计按照主题分为效率型商业模式设计和新颖型商业模式设计，并把技术创新战略按照创新来源分为自主研发战略和技术引进战略，深入剖析了不同主题的商业模式设计对提升技术追赶绩效的影响机制，并探讨两种主题的商业模式设计与两种技术创新战略的交互作用对技术追赶绩效的影响。商业模式设计对技术追赶绩效的影响机制的研究模型如图 7.1 所示，商业模式设计与技术创新战略的匹配对技术追赶绩效的影响机制的研究模型如图 7.2 所示。

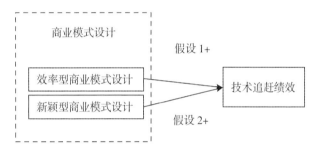

图 7.1　商业模式设计对技术追赶绩效影响机制的研究模型

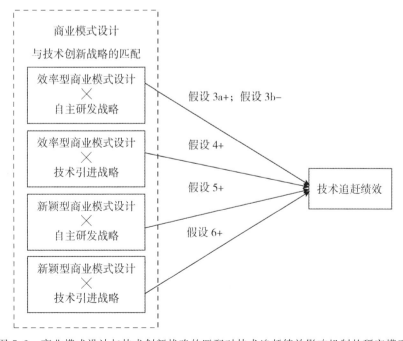

图 7.2　商业模式设计与技术创新战略的匹配对技术追赶绩效影响机制的研究模型

通过推导论证,本章提出了相应的假设,汇总如表 7.1 所示。

表 7.1　商业模式设计及其与技术创新战略的匹配对技术追赶绩效影响机制的研究假设

假设序号	假设描述
假设 1	效率型商业模式设计对技术追赶绩效有显著的正向影响,即商业模式设计的效率性越强,技术追赶绩效越好
假设 2	新颖型商业模式设计对技术追赶绩效有显著的正向影响,即商业模式设计的新颖性越强,技术追赶绩效越好
假设 3a	效率型商业模式设计与自主研发战略呈现良好的匹配,对促进技术追赶绩效的提升具有增强型交互作用
假设 3b	效率型商业模式设计与自主研发战略匹配性较差,对促进技术追赶绩效的提升具有削弱型交互作用
假设 4	效率型商业模式设计与技术引进战略呈现良好的匹配,对促进技术追赶绩效的提升具有增强型交互作用
假设 5	新颖型商业模式设计与自主研发战略呈现良好的匹配,对促进技术追赶绩效的提升具有增强型交互作用
假设 6	新颖型商业模式设计与技术引进战略呈现良好的匹配,对促进技术追赶绩效的提升具有增强型交互作用

第八章　双轮创新驱动后发追赶:实证检验

一、研究方法

由于本书研究问题均属于企业层,所涉及的商业模式设计、技术创新战略、技术追赶绩效等变量数据能从企业的公开资料中获取的十分有限,因此采用面向企业的问卷调查方式进行大样本数据收集。本书根据中国后发情境的特殊性和现代服务业的特点,结合已有研究量表,对相关企业开展实地访谈,并结合专家意见进行调查问卷的设计。形成初步问卷后,通过小样本预测进行问卷的纯化,再按照问卷发放、数据收集、数据录入、数据分析等步骤展开实证研究。接下来,将从问卷设计、变量测度、数据收集和分析方法等方面对本书所采用的研究方法进行阐述。

(一)问卷设计

数据的可靠性和有效性的重要前提是问卷设计的科学性与合理性。众多学者对量表开发和问卷设计所遵循的原则、流程等方面提出了一些建议和方法。本书根据 Churchill Jr(1979)、Dunn et al.(1994)、Hinkin(1995)和姜雁斌(2012)、高钰(2013)的建议,遵循以下流程进行问卷的设计。

1. 文献回顾和企业访谈

根据研究问题和思路进行文献的查阅,梳理出商业模式、技术创新战略、技术追赶等国内外相关文献。基于经典文献中的理论构念以及被广泛证实具有较高信度和效度的问卷量表与实地调研,综合探索性案例中的深入访谈结果,形成问卷初稿。

2. 与学术界专家讨论

笔者所在的研究团队大多数学者的研究领域与技术创新、技术追赶、商业模式等相关,因此笔者通过学术讨论会、专题讨论和私下交流等方式与他们就问卷的逻辑和构念、题项的措辞和归类进行了调整,并对部分题项进行了增删;此外,还与国内现代服务业领域的权威专家进行了交流,并邀请英国剑桥大学的几位学者对问卷提出了宝贵意见和建议,形成问卷第二稿。

3. 与企业界管理人员讨论

首先,通过与业内 3 位具有良好管理学知识背景的企业高管进行深入访谈,主要征询变量间的逻辑关系是否符合企业实际情况,以及问卷题项关于变量的测度是否能全面准确地反映企业真实情况;其次,与 4 位管理学知识背景相对较弱的企业管理人员进行交流,使问卷中的措辞不包含专业术语且尽量清晰。以此形成问卷第三稿。

4. 小样本预测

在问卷正式大规模发放之前,我们将形成的第三稿问卷进行小样本试发,对相关变量测度的信度、效度进行初步检验分析,删掉不符合要求的题项,并形成问卷终稿(见附录 2)。

由于本书的调查问卷大多数题项采取李克特 7 级量表进行测度,答卷者的回答主要建立在主观评价上,可能会影响问卷测度的客观性和准确性,导致数据结果出现偏差(Fowler,1988)。为了尽量减少这些偏差,我们参考许冠南(2008)、彭新敏(2009),分别采取了以下控制措施:

第一,为了减少答卷者在问卷填写过程中不愿如实回答或刻意回避某些问题而带来的偏差,我们在问卷卷首强调了研究目的,并承诺对答卷者所提供的信息保密,并仅用于学术研究而非任何商业用途。

第二,为了减少答卷者不知道所提问题的相关信息而带来的偏差,我们在发放问卷时强烈建议选择在该企业工作 2 年以上、对企业整体运作情况和行业情况较为熟悉的中高层管理人员来填写问卷,并请答卷者在遇到不清楚的问题时,可以寻求企业内相关人员的协助,以保证问卷被有效填写。

第三,为了减少答卷者不能回忆起所提问题的答案而带来的偏差,我们结合所研究问题的实际情况,将问卷题项所涉及的问题均界定在近 3 年内,从而尽量避免由答卷者回忆问题带来的偏差。

第四,为了减少答卷者不能理解题项含义所带来的偏差,我们在设计过程中广泛听取了学术界、企业界和行业专家意见,并对问卷进行小样本预测,对问卷的表述和措辞进行反复的修改完善,以尽量避免题项难以理解或表达不清的情况发生。同时,问卷末尾还注明了联系方式,提醒答卷者在有疑惑或不理解时可以及时联系。

(二)变量测度

以下将对后发企业商业模式设计与技术创新战略的匹配和技术追赶关系研究概念模型中所涉及的变量度量进行说明,并具体列出用什么项目来进行变量的测度。在测量项目上,本书在借鉴国内外经典实证研究中的成熟量表及相关论述的基础上,根据研究问题的实际情况(中国后发情境和现代服务业特点)和中文语法特点进行了适当的调整与修改,以保证测量工具的信度和效度。

这些变量包括技术追赶绩效(被解释变量)、商业模式设计和技术创新战略(解释变量),以及相关的控制变量。由于技术追赶是一个过程,需要经过一定的时间周期才能体现出来,因此本书将通过采集企业近 3 年的数据进行研究问题的分析。

1.被解释变量:技术追赶绩效

本书模型的被解释变量是技术追赶绩效。发展中国家为了减少与发达国家之间的技术差距,需要以比发达国家更快的速度进行技术创新(Park and Lee,2006)。因此,本书采用技术创新绩效的提升来衡量技术追赶,这里所指的技术创新绩效提升并不是企业相对于自身的提升,而是相对于追赶对象的提升。考虑到技术追赶需要通过一段时间才会体现出来,因此我们取 3 年为一个衡量周期,即相对于 3 年前后发企业与同行业领先企业的技术创新绩效差距,近 1 年来后发企业与同行业领先企业之间的技术创新绩效差距缩小的量,包括以更快速度实现的提升和以技术跨越实现的提升。以往关于追赶主题的研究中,无论是定量还是定性研究,都极少对追赶绩效和创新绩效加以区分[除了 Jung and Lee(2010),Park and Lee(2006)]。企业有好的创新绩效并不代表其与领先企业的差距必然缩小。领先企业的技术水平若以更快的速度提高,那么不仅后发企业与之差距可能越来越大,而且还有可能挤压后发企业的国内市场空间,从而削弱后发企业技术升级的支撑(陈爱贞,2008)。

专利是衡量技术创新结果的最直接变量,是用于测量企业技术创新绩效的重要指标(Ahuja,2000;Arundel and Kabla,1998)。Hagedoorn and Cloodt(2003)认为,技术创新绩效的测量变量应包括 R&D 投入、申请的专利数、引用的专利数和新产品发布数等 4 项,这些测量指标具有统计上的交叠性。Tsai(2001)用新产品数来度量创新绩效,新产品产值占销售总额的比重是度量创新绩效的常用指标之一,且其与专利数之间存在一定程度的相关性(Brouwer and Kleinknecht,1999)。对于现代服务业来说,新产品数量及其产值占销售额的比重在某种程度上比专利数量更能表达技术创新的结果。韦影(2005)、张方华(2006)、许冠南(2008)、彭新敏(2009)还从创新效率的角度对技术创新绩效进行了度量,考虑了新产品开发速度与成功率。

本书基于中国后发情境和现代服务业的特点,综合已有的度量方法,结合专家意见,力求提出最适合本书情境的测量题项,最终形成技术追赶绩效测度量表(如表 8.1 所示)。其中,劳动生产率是指产品价值的增加值与资本投入量的比值。尽管我们认为在现代服务业中,产品包含了企业提供的有形产品和无形服务,但是为了避免由于问卷填写者的误解而产生的误差,题项中关于产品的提法均以"产品/服务"出现。测度量表包含 5 个题项,采用李克特 7 级量表进行测量,1—7 分别表示对该题项所表述内容的认同程度(从非常不同意到非常同意),4 表示中立态度。

表 8.1　技术追赶绩效测度量表

测度	题项
在过去 3 年中,企业最后一年与同行业外资领先企业的差距相较第一年	劳动生产率差距缩小了,技术水平差距缩小了,新产品/服务产值占销售总额比重的差距缩小了,新产品/服务开发速度的差距缩小了,新产品/服务成功率的差距缩小了

来源:Arundel and Kabla(1998);Brouwer and Kleinknecht(1999);Hagedoorn and Cloodt(2003);许冠南(2008);彭新敏(2009);陈晓玲(2013)。

2.解释变量

(1)商业模式设计

本书模型的解释变量之一是商业模式设计。结合文献综述中关于商业模式的研究回顾,我们发现以往关于商业模式的研究主要集中在对概念、构成要素、分析框架、维度划分的讨论,大多数学者通过案例研究的方法对其进行探索性的研究,而运用实证方法开展大样本调查的研究还很少。因此,商业模式的相关测度较为缺乏。国外开展实证研究的仅有长期从事商业模式研究的两位学者阿米特(Amit)和佐特(Zott),他们以商业模式设计为主题开发了测度量表,并开展了一系列的实证研究。该量表也被运用于研究商业模式与战略的匹配问题(Zott and Amit,2008)。国内,文亮(2011)在结合国内外已有研究的基础上提出了针对创业企业的商业模式维度模型(客户价值、企业资源与能力、合作价值)及测量量表,并在浙江、湖南、青海的新创企业中开展了调查研究。陈琦(2010)开展的电子商务商业模式实证研究则是在 Zott and Amit(2007,2008)测度量表的基础上进行了改进。

相比之下,Zott and Amit(2007)的测度量表更为准确精练,且与本书的研究问题(后发企业技术追赶)和对象(现代服务业)更加贴切。因此,本书对商业模式设计的测度以 Zott and Amit(2007)的量表为基础,按照问卷设计中所描述的步骤和方法,根据中国后发情境的特点、现代服务业的行业特性进行多轮学术与实践界的访谈,并结合探索性案例研究形成商业模式设计测度量表(如表 8.2 所示)。测度量表包含 17 个题项,采用李克特 7 级量表进行测量,从 1 到 7 分别表示对该题项所表述内容的认同程度(从非常不同意到非常同意),4 表示中立态度。

表 8.2 商业模式设计测度量表

测度	题项
效率性	减少合作伙伴的成本(如库存成本、沟通和通信成本、交易流程成本、市场和销售成本等); 客户认为与企业进行交易活动是简单易行的; 降低了交易过程中的出错率; 交易具有可扩展性(如可同时进行大、小规模的交易); 帮助合作伙伴做出明智的决定; 交易是透明的,即信息、服务和产品的使用及交付能够被核实作为交易的一部分,信息能够提供给合作伙伴以降低产品信息的不对称程度,了解大量的产品、服务以及其他合作伙伴的信息; 快速进行交易
新颖性	以新的方式实现了产品、信息和服务的结合; 带来了新的合作伙伴; 在交易中用新颖的方式来激励合作伙伴; 接触到不同的合作者和产品; 用新颖的方式来实现双方的交易; 通过这种商业模式获得较多的新发明; 十分希望成为商业模式的领先者; 在商业模式上不断地进行改进和创新; 还存在其他一些重要的方面能够提高商业模式的新颖性

来源:Zott and Amit(2007,2008)。

(2)技术创新战略

本书模型的另一解释变量是技术创新战略,结合本书关于技术创新战略的内涵界定和分类,我们按照技术来源的内外差别将技术创新战略分为自 主 创 新 和 技 术 引 进(Friar and Horwitch,1985;Veugelers and Cassiman,1999)。与 Veugelers and Cassiman(1999)、Guo et al.(2013)一致,我们把自主创新和技术引进战略看作两个不同的维度,而不是一个连续谱的两个端点(曹体杰,2004;彭新敏,2009)。

Guo et al.(2013)运用面板数据研究创新战略与追赶绩效关系问题时,分别采用《中国科技统计年鉴》中的"技术开发经费内部支出总额占销售收入比例""技术开发人员占员工数量比例"以及"其中科学家和工程师占员工数量比例"来衡量自主创新,并采用《中国科技统计年鉴》中的"其他技术活动经费支出中的技术引进经费比例""消化吸收经费比例"以及"购买国内技术经费比例"来测度技术引进。而 Veugelers and Cassiman

(1999)用 2 个题项来测量企业的技术创新是来自自制还是外购："如果企业有研发且研发预算为非负的"，则认为企业技术创新有内部来源，"如果企业的技术是通过授权、研发合同、咨询、从其他企业购买或雇用技术员工获得的"，则认为企业技术创新有外部来源。张宏云（2007）将创新战略的测量指标分为创新来源和创新程度，并分别用"技术来源主要是靠自身研发"和"技术来源主要是靠技术引进"2 个指标来测量创新来源。

　　技术创新战略是个复杂的变量，更适合用多题项进行测量。基于中国后发企业和现代服务业的特点，综合已有的度量方法，结合专家意见，我们提出了最适合本书情境的测量题项，最终形成了技术创新战略测度量表（如表 8.3 所示）。测度量表包含 6 个题项，采用李克特 7 级量表进行测量，1—7 分别表示对该题项所表述内容的认同程度（从非常不同意到非常同意），4 表示中立态度。

表 8.3　技术创新战略测度量表

测度	题项
自主创新	企业关键技术来自自主研发（包括与其他企业、大学、研究机构等的合作研发）的比例高于主要竞争对手； 与同行业竞争对手相比，企业自主研发能力很强； 企业研发费用占销售额的比例高于主要竞争对手； 企业研发人员占总员工数的比例高于主要竞争对手； 企业持续不断地研发新技术、开发新产品； 企业非常重视研发活动
技术引进	企业关键技术来自技术引进（包括通过授权、研发合同、顾问公司、并购和聘用相关技术人员等）的比例高于主要竞争对手； 与同行业竞争对手相比，企业技术引进能力很强； 企业技术引进费用占销售额的比例高于主要竞争对手； 企业经常从外部聘请掌握核心技术的科研人员； 企业经常从外部获得重要技术或技术的信息源； 企业从外部获得的新技术成为企业的核心技术

　　来源：Friar and Horwitch（1985）；Lee and Om（1994）；Veugelers and Cassiman（1999）；Guo et al.（2013）；张宏云（2007）。

3. 控制变量

　　为确保结果的可靠性，本书还将对商业模式、技术创新和技术追赶影响较大的几个变量进行控制，分为企业层面和产业层面。虽然这些因素不是本书研究的焦点，但其有可能对研究的主变量产生影响，因而有必要在模型中进行控制。本书仅控制那些最重要的并被学术界广为认可的影响因素。

　　企业层面的因素包括企业规模、企业年龄和所有权。企业规模是影响企业行为和决策的重要变量。企业规模越大，越有可能获得更多的资源，其各方面的绩效可能越好（Kelley and Brooks，1991；Wernerfelt and Montgomery，1988）。大规模的企业更有可能采用自主创新和技术引进混合的创新战略，而规模较小的企业更有可能在二者中择其一（Veugelers and Cassiman，1999）。本书将企业员工人数的自然对数值作为企业规模的代理变量进行测度。

企业年龄是影响企业商业模式、技术创新和技术追赶的重要因素。经营时间越长的企业，越有可能积累更多的资源和能力（彭新敏，2009；许冠南，2008），利用这些资源和能力能更好实现商业模式（Zott and Amit，2008），同时进行更好的技术创新，实现追赶。本书企业年龄的测度采用企业成立至今（2013年）的经营年份（本书调查问卷的发放与回收时间均在2013年，因此选取这一时间点作为基准计算企业年龄）。

所有权也与企业绩效有紧密联系（Estrin et al.，2009；Perrini et al.，2008），不同所有权形式的企业在战略目标（Li and Xia，2008；Peng and Luo，2000）、竞争战略（Peng et al.，2004）等方面都存在显著的差异。但国外的相关研究主要聚焦于股权集中度、大股东股权、管理层股权等，对国有股权和私有股权并没有加以区分，而这恰恰是中国的特殊情境。由于民营企业比国有企业规模更小、反应更快，因而采纳一些和对手不同的战略，会对后发企业的技术追赶产生影响（江诗松等，2011）。本书将所有权设置为哑变量。

产业层面的因素用产业类型衡量。产业类型有可能影响企业的技术创新活动（Eisenhardt and Schoonhoven，1996）。高新技术产业比传统产业增长快，技术创新更频繁，商业模式创新也层出不穷。本书将产业类型设置为虚拟变量：当企业属于软件业、电子及通信、生物制药和新材料等行业时归为高新技术产业，赋值为1；当企业属于化工纺织、机械制造等行业时归为传统产业，赋值为0。

(三)数据收集

数据的真实有效不仅是实证分析的重要依据，而且是保证研究结果准确性的可靠前提。本书在问卷发放的过程中对发放对象、发放时间和发放渠道进行了严格的控制，从而获得了高质量的样本数据。所发放的对象企业必须是中国国内企业，并属于现代服务业。由于对企业样本有特殊要求，因此本书在企业基本信息部分中专设了第九题（近3年来，企业通过提供服务获得的收入占企业总收入的百分比）和第十题（近3年来，信息网络技术在企业中被应用的程度）以检验被调查企业是否符合本书的行业需求,将服务收入占总收入低于10%的和那些几乎很少使用信息网络技术的企业样本视为无效样本并删除。

在发放对象选取方面,由于本书的问卷涉及企业商业模式、技术创新战略等多方面运营情况,只有对企业整体情况较为熟悉的中高层人士才能全面了解,因此本书仅将企业内中高层管理人员作为问卷发放对象。

在发放时间方面,根据导师组专家的意见,本书对初始问卷进行了小样本预测,以对相关变量测度的有效性进行分析,在获得精简、有效的问卷后再进行第二次的大样本数据收集。问卷发放与回收情况如表8.4所示。

表8.4　问卷发放与回收情况

项目		发放数量	回收数量	有效数量	回收率	有效率
小样本预测	直接发放	25	25	24	100.0%	96.0%
	委托机构发放	45	41	39	91.1%	86.7%
	合计	70	66	63	94.3%	90.0%
大样本	直接发放	45	43	43	95.6%	95.6%
	委托机构发放	75	67	56	89.3%	74.7%
	委托政府部门发放	145	101	75	69.7%	51.7%
	委托朋友发放	195	121	89	62.1%	45.6%
	合计	460	332	263	72.2%	57.2%
总计		530	398	326	75.1%	61.5%

注:问卷回收率=问卷回收数量/问卷发放数量。问卷有效率=问卷有效数量/问卷发放数量。

在发放渠道选取方面,为了提高数据的可靠性和代表性,本书主要通过以下4种方式进行:①直接发放。通过所在研究团队的课题调研机会,在与中高层管理者交流的过程中进行问卷的当面发放和回收,同时向在企业中担任中高层管理职位的朋友当面或以网络形式发放问卷。通过这种方式共发放问卷70份,回收问卷68份,有效问卷67份。②委托机构发放。委托全国多家知名金融机构、教育机构向它们的客户、调研企业等目标对象发放问卷120份,回收问卷108份,有效问卷95份。③委托政府部门发放。委托全国多个地市的政府部门向它们联系的企业发放问卷145份,回收问卷101份,有效问卷75份。④委托朋友发放。通过个人关系网络,委托朋友有针对性地向有效对象发放问卷195份,回收问卷121份,有效问卷89份。其中,小样本预测主要通过直接发放和委托金融机构发放,大样本问卷发放则4种方式同时进行,样本企业基本特征如表8.5所示。

总体来说,两次问卷的有效率和回收率均较高,因此可以忽略本次问卷回收的未答复偏差。

表 8.5 样本企业基本特征

样本	变量		样本数	百分比	累计百分比
小样本预测 (N=63)	企业年龄	5 年及以下	9	14.3%	14.3%
		6—10 年	25	39.7%	54.0%
		11—15 年	7	11.1%	65.1%
		15 年以上	22	34.9%	100.0%
	企业规模 (员工人数)	100 人及以下	14	22.2%	22.2%
		101—300 人	10	15.9%	38.1%
		301—2000 人	21	33.3%	71.4%
		2000 人以上	18	28.6%	100.0%
	产业类型	传统产业	30	47.6%	47.6%
		高新技术产业	33	52.4%	100.0%
	企业性质	国有	17	27.0%	27.0%
		民营	26	41.3%	68.3%
		合资	7	11.1%	79.4%
		其他	13	20.6%	100.0%
	服务收入占比	10%—30%	20	31.8%	31.8%
		31%—50%	14	22.2%	54.0%
		50%以上	29	46.0%	100.0%
	信息网络技术应用	非常多	19	30.2%	30.2%
		较多	23	36.5%	66.7%
		一般	15	23.8%	90.5%
		较少	6	9.5%	100.0%
	企业年龄	5 年及以下	48	18.3%	18.3%
		6—10 年	95	36.1%	54.4%
		11—15 年	41	15.6%	70.0%
		15 年以上	79	30.0%	100.0%

续表

样本	企业属性	企业分类	样本数	百分比	累计百分比
大样本 ($N=263$)	企业规模 (员工人数)	100 人及以下	76	28.9%	28.9%
		101—300 人	54	20.5%	49.4%
		301—2000 人	76	28.9%	78.3%
		2000 人以上	57	21.7%	100.0%
	产业类型	传统产业	130	49.4%	49.4%
		高新技术产业	133	50.6%	100.0%
	企业性质	国有	70	26.6%	26.6%
		民营	132	50.2%	76.8%
		合资	24	9.1%	85.9%
		其他	37	14.1%	100.0%
	服务收入占比	10%—30%	87	33.1%	33.1%
		31%—50%	58	22.0%	55.1%
		50%以上	118	44.9%	100.0%
	信息网络 技术应用	非常多	78	29.7%	29.7%
		较多	95	36.1%	65.8%
		一般	64	24.3%	90.1%
		较少	26	9.9%	100.0%

(四)分析方法

本书的数据收集以问卷调查的方式进行,首先通过对预测试小样本的信度和效度分析来筛选变量的测度题项,接着对新一轮回收到的大样本有效问卷进行统计分析,主要包括描述性统计分析、信度分析、效度分析、相关分析、层次回归分析等。本书所使用的统计分析软件主要是 SPSS 和 AMOS。具体的分析方法如下。

1.描述性统计分析

描述性统计分析主要是用数学语言对研究样本的特征进行表述,用来概括和解释样本数据(李怀祖,2004)。本书主要对样本企业的基本资料,包括企业年龄、企业规模、产业类型、企业性质、信息网络技术应用等进行描述性统计分析,从而描绘出样本的类别和特性等。

2. 信度分析

信度(reliability)是测量结果一致性和稳定性的指标。信度的高低表明排除随机误差能力的强弱,信度越高则表示排除误差的能力越强,越能保证变量的度量符合要求。常用的信度指标有稳定信度(stability reliability)、代表性信度(representative reliability)和同等信度(equivalence reliability)(Neuman,1997)。

本书主要关注的是不同测度量项所带来测量结果的差异,因此主要关注同等信度,采用 Cronbach's α 作为关注内部一致性的检验指标。当 Cronbach's $\alpha \geqslant 0.9$ 时,表示量表的信度很高;当 $0.8 \leqslant$ Cronbach's $\alpha < 0.9$ 时,表示量表的信度较高;当 $0.7 \leqslant$ Cronbach's $\alpha < 0.8$ 时,表示量表的信度仍然可以接受;当 Cronbach's $\alpha < 0.7$ 时,表示量表的信度很低,需要重新设计量表(Cronbach,1951;Nunnally,1978)。在小样本预测中,本书利用 Cronbach's α 信度系数法检验题项的信度:若删除某个题项后,Cronbach's α 增大,则应将该题项删除。

在研究过程中,即使使用前人编制或修订过的量表,最好还是经过预测工作,重新检验其信度(吴明隆,2003)。因此,我们将首先通过小样本预测的数据来检验量表的信度,并利用 Cronbach's α 来检验测量题项的信度:当删除某个测量题项后,Cronbach's α 增大,则删除该题项。在大样本测试中,我们也将通过信度分析来衡量测度结果的稳定性和一致性。

3. 效度分析

效度(validity)是指测度是否能够准确测量到所要测量的潜在构念(陈晓萍等,2008),即概念定义(conceptual definition)和操作化定义(operational definition)之间的契合程度(Zikmund,1998)。效度主要包括表面效度(face validity)、效标关联效度(criterion-related validity)、内容效度(content validity)和构念效度(construct validity)(Carmines and Zeller,1979)。在实证研究中,一般关注的是内容效度和构念效度。

内容效度是指量表的测度能够在多大程度上反映或者代表研究人员所要测量的构念(Harkness et al.,2003)。本书的研究基于经典文献中的理论构念以及被广泛证实具有较高信度和效度的问卷量表与实地调研,并且参考了学术界专家和企业界管理人员的意见而形成量表,因此可以认为具有较高的内容效度。

构念效度是指测量出理论的概念和特征的程度,包括聚合效度(convergent validity)和区分效度(discriminant validity)(Bagozzi et al.,1991)。因子分析(factor analysis)是构念效度最常用的检测方法(吴明隆,

2003)。本书关于商业模式设计、技术创新战略、技术追赶绩效的测度量表是将已有经典外文文献中的量表进行中国情境化，在原有量表的基础上结合调研访谈、中国情境、行业特性进行改进得到的量表，因此，为了进一步明确观测变量的内部结构和相关题项的合理性，本书首先用探索性因子分析(exploratory factor analysis，EFA)的方法，通过对小样本预测的数据进行分析来检验问卷量表的构念效度，再在此基础上以修改后的量表进行大样本数据收集，并进行验证性因子分析(confirmatory factor analysis，CFA)，以检验已知整体量表结构是否按照预期的方式产生作用。

(1)探索性因子分析

探索性因子分析寻求数据的本质结构是通过将具有错综复杂关系的变量聚合为少数几个核心因子进行的(马庆国，2002)。本书的变量测度量表是基于现有研究中的成熟量表并结合中国情境和调研访谈进行改进而得到的，因此，为了进一步明确观测变量的内部结构，并验证测度题项的合理性和有效性，需要先进行探索性因子分析。

在探索性因子分析时，首先要对样本进行 KMO(Kaiser-Meyer-Olykin)样本充分性测度和 Bartlett 球体检验(Bartlett's test of sphericity)(马庆国，2002)。当 KMO 大于 0.7，Bartlett 球体检验统计值具有统计意义上的显著性，且主题项的载荷系数均大于 0.5 时，才可以进行因子分析(Prajogo and McDermott，2005；马庆国，2002)。接着，通过 SPSS 软件，用主成分法按特征根(eigenvalue)大于 1 抽取因子，最大方差法(varimax)旋转，最大收敛性迭代次数为 25 进行因子分析。在对题项的区分效度评价时，出现以下情况的则将该项删除：①1 个题项自成 1 个因子；②1 个题项在 2 个及以上因子的载荷大于 0.5；③题项的因子载荷小于 0.5。

(2)验证性因子分析

验证性因子分析是用来检验已知的整体模型能否按照预期方式产生效用，对整体模型的估计能够在一定程度上检验聚合效度和区分效度(Anderson and Gerbing，1988)。当题项的因子载荷大于 0.7，且整体模型具有较好的拟合效果时，说明变量测量具有较高的聚合效度和区分效度。本书将使用 AMOS 软件进行验证性因子分析，并选用绝对拟合指标和相对拟合指标来共同评价结果，具体标准如下。

$\chi^2/\mathrm{df}(\chi^2$ 对自由度的比值)属于绝对拟合指标，很容易受样本量影响。当 χ^2 不显著时，表示模型拟合效果好；当 χ^2 显著时($p<0.05$)，则进一步评价 χ^2/df：$\chi^2/\mathrm{df}\leqslant2$，表示模型拟合效果非常好；$2<\chi^2/\mathrm{df}<5$，表示模型可以接受；$5\leqslant\chi^2/\mathrm{df}<10$，表示模型勉强接受(姜雁斌，2012；吴东，2011)。

RMSEA(root mean square error of approximation,近似误差的均方根)属于绝对拟合指标,不太容易受样本量影响。RMSEA≤0.05,表示拟合程度佳;0.05＜RMSEA≤0.08,表示拟合程度可以接受;0.08＜RMSEA≤0.10,表示拟合程度一般;RMSEA＞0.10,表示拟合程度欠佳。RMSEA 越小,越接近于 0,表示模型拟合越好(Steiger,1990)。

CFI(comparative fit index,比较拟合指标)属于相对拟合指标,不太容易受样本量影响。当 CFI＞0.90 时,模型可以接受。CFI 越接近于 1,表明模型拟合越好(吴明隆,2010)。

TLI(tucker-lewis index)属于相对拟合指标,不太容易受样本量影响。当 TLI＞0.90 时,模型可以接受。TLI 越接近于 1,表明模型拟合越好(吴明隆,2010)。

4.相关分析

本书以皮尔森相关分析研究商业模式设计、技术创新战略、技术追赶绩效及相关控制变量的相关系数矩阵,考察各研究变量间是否显著相关,将其作为下一步层次回归分析的基础。

5.层次回归分析

多元回归分析可以用于研究一个被解释变量与多个解释变量之间的线性统计关系(马庆国,2002)。层次回归是一种多元回归分析方法,与一般的多元回归分析相比,层次回归分析不仅可以直接观察随着解释变量的增加,各个模型解释力的变化(郑素丽,2008),而且研究者能够基于变量的因果关系设定变量进入回归模型的顺序(Cohen et al.,2003),并从这两方面直观地观测出新进入变量对因变量解释力的贡献程度。因此,本书采用层次回归分析的方法来验证商业模式设计及其与技术创新战略的匹配和技术追赶绩效的关系。

在层次回归分析中,我们对变量做了一些处理。首先,由于我们是用多个题项进行变量的测度,因此取各题项的平均值作为变量值进行分析;其次,在做交互效应分析时,对所有数据进行标准化,以减少由控制变量与自变量以及 2 个自变量对应的量纲存在的差异所带来的影响。在标准化之后,再将控制变量、自变量以及自变量 ZX_1 和自变量 ZX_2 相乘得到的交互项(ZX_1ZX_2)分 3 个模块纳入模型中,得到最终分析模型。如果每新进一个模块后,F 是显著的,则说明新进入变量对模型的解释力更强,模型拟合程度也更好。

二、小样本预测

本书采用探索性因子分析方法对小样本数据进行分析，以检验问卷量表的构建效度。学术界对进行探索性因子分析所需的最低样本容量尚未达成一致见解。一般情况下，样本量应为题项数的5—10倍，或者样本量达到变量中变量数的5—10倍即可(赵立龙,2012)。本书需要处理的最多变量数为2，变量的最多题项数为9。因此，小样本预测收集的63份有效问卷可以较好满足探索性因子分析的要求。接下来，我们将对量表的信度和效度进行检验，以获得更有效、精准的测度量表。

(一)商业模式设计

按照分析方法中阐述的步骤，首先对商业模式设计进行 KMO 系数和 Bartlett 球体检验，其中，KMO 为 0.888，大于 0.70，且 Bartlett 统计值显著异于0，检验结果符合要求，可以对63个样本所构建的18个题项进行探索性因子分析，结果如表8.6所示。根据特征根大于1、最大因子载荷大于0.5的要求，提取出2个因子，累积解释变差为70.944%。

表 8.6　商业模式设计的探索性因子分析结果 1(N=63)

序号	题项(简写)	描述性统计分析		因子载荷	
		均值	标准差	效率型	新颖型
1	减少成本	4.9683	1.16354	0.763	0.172
2	交易易行	5.0000	1.19137	0.806	0.248
3	减少出错	5.1111	1.09414	0.852	0.303
4	交易可扩展	5.2381	1.11752	0.767	0.131
5	做出明智决定	5.3333	1.15004	0.753	0.301
6	交易透明	5.2063	1.15226	0.824	0.328
7	减少信息不对称	5.2540	1.14959	0.845	0.257
8	获得更多信息	5.3968	1.15758	0.766	0.338
9	加快交易速度	5.3175	1.26778	0.825	0.318
10	新方式结合	5.1111	1.15159	0.258	0.776
11	新合作伙伴	5.0794	1.23526	0.213	0.827
12	新方式激励	4.9524	1.26272	0.195	0.829
13	不同合作者和产品	5.2063	1.13818	0.312	0.757

续表

序号	题项(简写)	描述性统计分析		因子载荷	
		均值	标准差	效率型	新颖型
14	新方式交易	4.9841	1.18447	0.210	0.867
15	获得较多新发明	4.6825	1.36577	0.201	0.803
16	希望成为领先者	5.3968	1.40895	0.291	0.738
17	不断改进和创新	5.2698	1.13885	0.344	0.789
18	新颖方向改进可能性	5.3651	1.08214	0.518	0.635

注：KMO 为 0.888，Bartlett 统计值显著异于 0（$p < 0.001$），2 个因子的累积解释变差为 70.944%。

其中，因子 1 包含 1 到 9 共 9 个题项。观察各题项的因子载荷，发现因子载荷最小为 0.753，符合大于 0.5 的要求，且不存在横跨因子的题项。因子 2 包含 10 到 18 共 9 个题项。观察各题项的因子载荷，除题项 18"新颖方向改进可能性"外，其他 8 个题项的因子载荷最小为 0.738，符合大于 0.5 的要求，并且在其他因子中的载荷都小于 0.5，不存在横跨不同因子的现象。题项 18 在所属因子的载荷量虽然大于 0.5，但在另一个因子中的载荷也大于 0.5，属于横跨因子现象。本书考虑将该题项删除以提高不同变量测度题项之间的区分效度。

删除上述横跨因子现象的题项 18"新颖方向改进可能性"后再次进行探索性因子分析，结果如表 8.7 所示。因子载荷在 2 个因子之间不存在横跨现象，具有较好的区分效度。因子 1 包含 1 到 9 共 9 个题项，衡量效率型商业模式设计；因子 2 包含 10 到 17 共 8 个题项，衡量新颖型商业模式设计。

表 8.7　商业模式设计的探索性因子分析结果 2（$N = 63$）

序号	题项(简写)	描述性统计分析		因子载荷	
		均值	标准差	效率型	新颖型
1	减少成本	4.9683	1.16354	0.766	0.174
2	交易易行	5.0000	1.19137	0.808	0.248
3	减少出错	5.1111	1.09414	0.851	0.292
4	交易可扩展	5.2381	1.11752	0.767	0.122
5	做出明智决定	5.3333	1.15004	0.753	0.290
6	交易透明	5.2063	1.15226	0.827	0.331

续表

序号	题项（简写）	描述性统计分析		因子载荷	
		均值	标准差	效率型	新颖型
7	减少信息不对称	5.2540	1.14959	0.847	0.257
8	获得更多信息	5.3968	1.15758	0.769	0.339
9	加快交易速度	5.3175	1.26778	0.829	0.322
10	新方式结合	5.1111	1.15159	0.260	0.770
11	新合作伙伴	5.0794	1.23526	0.220	0.841
12	新方式激励	4.9524	1.26272	0.202	0.839
13	不同合作者和产品	5.2063	1.13818	0.316	0.756
14	新方式交易	4.9841	1.18447	0.213	0.863
15	获得较多新发明	4.6825	1.36577	0.206	0.807
16	希望成为领先者	5.3968	1.40895	0.292	0.725
17	不断改进和创新	5.2698	1.13885	0.346	0.781

注：KMO 为 0.895，Bartlett 统计值显著异于 0（$p < 0.001$），2 个因子的累积解释变差为 71.316%。

接着，分别对商业模式设计的 2 个因子做信度检验，结果如表 8.8 所示。所有的"题项—总体"相关系数均大于 0.35，各变量的 Cronbach's α 大于 0.70，且删除某个题项后的 Cronbach's α 均比变量的总 Cronbach's α 小。可见，商业模式设计各变量的题项之间具有较好的内部一致性。

表 8.8 商业模式设计变量的信度检验结果（N＝63）

变量名称	题项（简写）	"题项—总体"相关系数	删除该题项后 Cronbach's α	Cronbach's α
效率型	减少成本	0.724	0.948	0.950
	交易易行	0.803	0.943	
	减少出错	0.865	0.940	
	交易可扩展	0.698	0.949	
	做出明智决定	0.752	0.946	
	交易透明	0.858	0.940	
效率型	减少信息不对称	0.850	0.941	0.950
	获得更多信息	0.791	0.944	
	加快交易速度	0.858	0.940	

续表

变量名称	题项（简写）	"题项—总体"相关系数	删除该题项后 Cronbach's α	Cronbach's α
新颖型	新方式结合	0.749	0.932	0.938
	新合作伙伴	0.814	0.927	
	新方式激励	0.804	0.928	
	不同合作者和产品	0.762	0.931	
	新方式交易	0.844	0.926	
	获得较多新发明	0.773	0.931	
	希望成为领先者	0.724	0.935	
	不断改进和创新	0.805	0.928	

（二）技术创新战略

按照分析方法中阐述的步骤，我们首先对技术创新战略进行 KMO 系数和 Bartlett 球体检验，其中，KMO 为 0.857，大于 0.70，且 Bartlett 统计值显著异于 0，检验结果符合要求，可以对 63 个样本所构建的 12 个题项进行探索性因子分析，结果如表 8.9 所示。根据特征根大于 1、最大因子载荷大于 0.5 的要求，提取出 2 个因子，累积解释变差为 80.242%。

表 8.9　技术创新战略的探索性因子分析结果（$N=63$）

序号	题项（简写）	描述性统计分析		因子载荷	
		均值	标准差	自主研发	技术引进
1	自主研发占比高	5.1746	1.27684	0.823	0.175
2	自主研发能力强	5.1746	1.27684	0.854	0.244
3	研发费用占比高	4.7937	1.42737	0.847	0.292
4	研发人员占比高	4.6825	1.53271	0.847	0.248
5	持续研发新技术	5.0952	1.36446	0.899	0.197
6	重视研发活动	5.0317	1.49157	0.876	0.216
7	技术引进占比高	4.4603	1.44608	0.220	0.878
8	技术引进能力强	4.6667	1.24434	0.287	0.846
9	技术引进费用占比高	4.3175	1.26778	0.257	0.865
10	经常聘请技术人员	4.4127	1.45508	0.199	0.887
11	经常从外部获得技术	4.5873	1.52013	0.232	0.865
12	外部成为核心技术来源	5.1746	1.56740	0.194	0.889

注：KMO 为 0.857，Bartlett 统计值显著异于 0（$p<0.001$），2 个因子的累积解释变差为 80.242%。

观察各题项的因子载荷,发现因子载荷最小为0.823,符合大于0.5的要求,且不存在横跨因子的题项,因子载荷在2个因子之间具有较好的区分效度。通过因子分析观察到,因子1包含1到6共6个题项,衡量自主研发战略;因子2包含7到12共6个题项,衡量技术引进战略。

接着,分别对技术创新战略的2个因子做信度检验,结果如表8.10所示。所有的"题项—总体"相关系数均大于0.35,各变量的Cronbach's α大于0.70,且删除某个题项后的Cronbach's α均比变量的总Cronbach's α小。可见,技术创新战略各变量的题项之间具有较好的内部一致性。

表 8.10　技术创新战略变量的信度检验结果($N=63$)

变量名称	题项(简写)	"题项—总体"相关系数	删除该题项后Cronbach's α	Cronbach's α
自主研发	自主研发占比高	0.767	0.943	0.945
	自主研发能力强	0.829	0.936	
	研发费用占比高	0.852	0.933	
	研发人员占比高	0.834	0.936	
	持续研发新技术	0.879	0.930	
	重视研发活动	0.853	0.933	
技术引进	技术引进占比高	0.857	0.943	0.953
	技术引进能力强	0.842	0.946	
	技术引进费用占比高	0.854	0.944	
	经常聘请技术人员	0.866	0.942	
	经常从外部获得技术	0.853	0.944	
	外部成为核心技术来源	0.870	0.942	

(三)技术追赶绩效

按照分析方法中阐述的步骤,我们首先对技术追赶绩效进行KMO系数和Bartlett球体检验,其中,KMO为0.831,大于0.70,且Bartlett统计值显著异于0,检验结果符合要求,可以对63个样本所构建的5个题项进行探索性因子分析,结果如表8.11所示。根据特征根大于1、最大因子载荷大于0.5的要求,提取出1个因子,累积解释变差为78.223%。

观察各题项的因子载荷,发现因子载荷最小为0.829,符合大于0.5的要求,且所有题项均归为1个因子,可见技术追赶绩效量表具有很好的效度。

表 8.11　技术追赶绩效的探索性因子分析结果($N=63$)

序号	题项(简写)	描述性统计分析		因子载荷
		均值	标准差	技术追赶绩效
1	劳动生产率	4.8730	1.15692	0.829
2	技术水平	5.1429	1.10508	0.861
3	新产品产值比重	4.7460	1.24393	0.926
4	新产品开发速度	4.7143	1.33717	0.915
5	新产品成功率	4.8413	1.37026	0.887

注:KMO 为 0.831,Bartlett 统计值显著异于 0($p<0.001$),因子累积解释变差为78.223%。

接着,对技术追赶绩效做信度检验,结果如表 8.12 所示。所有的"题项—总体"相关系数均大于 0.35,各变量的 Cronbach's α 大于 0.70,且删除某个题项后的 Cronbach's α 均比变量的总 Cronbach's α 小。可见,技术追赶绩效的题项之间具有较好的内部一致性。

表 8.12　技术追赶绩效变量的信度检验结果($N=63$)

变量名称	题项(简写)	"题项—总体"相关系数	删除该题项后 Cronbach's α	Cronbach's α
技术追赶绩效	劳动生产率	0.736	0.927	0.929
	技术水平	0.783	0.920	
	新产品产值比重	0.877	0.901	
	新产品开发速度	0.865	0.903	
	新产品成功率	0.822	0.912	

三、变量的信度和效度

在小样本预测的基础上,我们将进一步对调整后问卷所收集来的大样本数据进行信度和效度检验,使用 AMOS 软件进行验证性因子分析,以确保所测量变量的因子结构与先前的构念相符,确保实证结果可靠。

(一)商业模式设计

我们首先对商业模式设计的效率型商业模式设计和新颖型商业模式设计 2 个变量的信度进行检验,结果如表 8.13 所示。2 个变量的指标均满足上文所述的信度指标要求,通过信度检验,说明变量测度的一致性良好。

表 8.13　商业模式设计变量的信度检验结果（N＝263）

变量	题项（简写）	"题项—总体"相关系数	删除该题项后Cronbach's α	Cronbach's α
效率型	减少成本	0.719	0.935	0.939
	交易易行	0.754	0.933	
	减少出错	0.800	0.930	
	交易可扩展	0.740	0.933	
	做出明智决定	0.752	0.933	
	交易透明	0.785	0.931	
	减少信息不对称	0.820	0.929	
	获得更多信息	0.777	0.931	
	加快交易速度	0.763	0.932	
新颖型	新方式结合	0.782	0.923	0.933
	新合作伙伴	0.754	0.925	
	新方式激励	0.809	0.922	
	不同合作者和产品	0.797	0.923	
	新方式交易	0.802	0.922	
	获得较多新发明	0.733	0.927	
	希望成为领先者	0.726	0.928	
	不断改进和创新	0.753	0.925	

　　接下来，我们对效率型商业模式设计和新颖型商业模式设计 2 个变量进行验证性因子分析。测量模型及拟合结果分别如图 8.1 和表 8.14 所示。

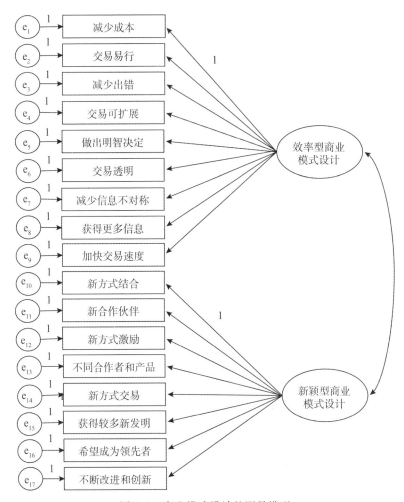

图 8.1　商业模式设计的测量模型

表 8.14　商业模式设计测量模型拟合结果($N=263$)

路径	标准路径系数	标准误差	临界比值	p
减少成本←效率型	0.730			
交易易行←效率型	0.767	0.087	12.471	***
减少出错←效率型	0.818	0.078	13.365	***
交易可扩展←效率型	0.760	0.078	12.359	***
做出明智决定←效率型	0.788	0.081	12.843	***
交易透明←效率型	0.820	0.078	13.408	***
减少信息不对称←效率型	0.856	0.080	14.038	***
获得更多信息←效率型	0.816	0.081	13.339	***

续表

路径	标准路径系数	标准误差	临界比值	p
加快交易速度←效率型	0.800	0.085	13.046	***
新方式结合←新颖型	0.824			
新合作伙伴←新颖型	0.800	0.060	15.301	***
新方式激励←新颖型	0.843	0.058	16.558	***
不同合作者和产品←新颖型	0.834	0.056	16.284	***
新方式交易←新颖型	0.827	0.060	16.074	***
获得较多新发明←新颖型	0.760	0.068	14.201	***
希望成为领先者←新颖型	0.744	0.071	13.791	***
不断改进和创新←新颖型	0.766	0.063	14.371	***

注:$\chi^2 = 316.310$;df $= 118$;$\chi^2/df = 2.681$;CFI $= 0.943$;TLI $= 0.934$;RMSEA $= 0.080$。*** 表示 $p < 0.001$。

商业模式设计测量模型的拟合结果表明:χ^2 为 316.310(df $= 118$),χ^2/df 为 2.681,小于 3;CFI 与 TLI 都大于 0.9;RMSEA 为 0.08;各路径系数均在 $p < 0.001$ 的水平上通过了显著性检验。因此,该模型拟合效果良好,因子结构通过了验证,即本书对效率型商业模式设计和新颖型商业模式设计 2 个变量的划分与测度是有效的。

(二)技术创新战略

我们首先对技术创新战略的自主研发战略和技术引进战略 2 个变量的信度进行检验,结果如表 8.15 所示。2 个变量的指标均满足上文所述的信度指标要求,通过信度检验,说明变量测度的一致性良好。

表 8.15　技术创新战略变量的信度检验结果($N = 263$)

变量	题项(简写)	"题项—总体"相关系数	删除该题项后Cronbach's α	Cronbach's α
自主研发	自主研发占比高	0.748	0.926	0.932
	自主研发能力强	0.806	0.919	
	研发费用占比高	0.817	0.917	
	研发人员占比高	0.766	0.924	
	持续研发新技术	0.860	0.912	
	重视研发活动	0.809	0.918	

续表

变量	题项(简写)	"题项—总体"相关系数	删除该题项后 Cronbach's α	Cronbach's α
技术引进	技术引进占比高	0.797	0.924	0.934
	技术引进能力强	0.774	0.927	
	技术引进费用占比高	0.809	0.922	
	经常聘请技术人员	0.834	0.919	
	经常从外部获得技术	0.816	0.921	
	外部成为核心技术来源	0.812	0.922	

接下来,我们对自主研发战略和技术引进战略2个变量进行验证性因子分析。测量模型及拟合结果分别如图8.2和表8.16所示。

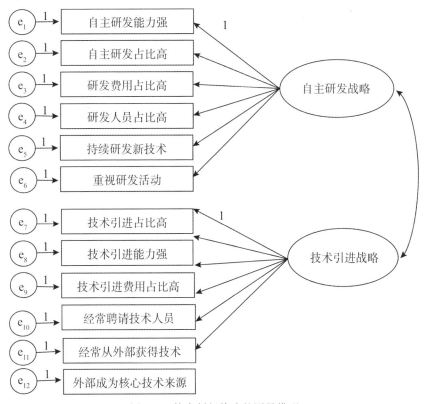

图8.2 技术创新战略的测量模型

表 8.16 技术创新战略测量模型拟合结果($N=263$)

路径	标准路径系数	标准误差	临界比值	p
自主研发占比高←自主研发	0.730			
自主研发能力强←自主研发	0.789	0.058	18.304	***
研发费用占比高←自主研发	0.797	0.088	12.913	***
研发人员占比高←自主研发	0.764	0.091	12.337	***
持续研发新技术←自主研发	0.933	0.081	15.157	***
重视研发活动←自主研发	0.894	0.085	14.664	***
技术引进占比高←技术引进	0.812			
技术引进能力强←技术引进	0.788	0.048	18.167	***
技术引进费用占比高←技术引进	0.856	0.063	16.139	***
经常聘请技术人员←技术引进	0.884	0.067	16.868	***
经常从外部获得技术←技术引进	0.815	0.068	14.998	***
外部成为核心技术来源←技术引进	0.823	0.069	15.369	***

注:$\chi^2=163.834$;$df=48$;$\chi^2/df=3.413$;CFI$=0.959$;TLI$=0.944$;RMSEA$=0.096$。*** 表示 $p<0.001$。

技术创新战略测量模型的拟合结果表明:χ^2 为 163.834($df=48$),χ^2/df 为 3.413,小于 5;CFI 与 TLI 都大于 0.9;RMSEA 为 0.096,小于 0.1;各路径系数均在 $p<0.001$ 的水平上通过了显著性检验。因此,该模型拟合效果良好,因子结构通过了验证,即本书对自主研发战略和技术引进战略 2 个变量的划分与测度是有效的。

(三)技术追赶绩效

我们首先对技术追赶绩效的信度进行检验,结果如表 8.17 所示。各指标均满足上文所述的信度指标要求,通过信度检验,说明变量测度的一致性良好。

表 8.17 技术追赶绩效变量的信度检验结果($N=263$)

变量名称	题项(简写)	"题项—总体"相关系数	删除该题项后 Cronbach's α	Cronbach's α
技术追赶绩效	劳动生产率	0.864	0.938	0.950
	技术水平	0.842	0.942	
	新产品产值比重	0.853	0.940	
	新产品开发速度	0.867	0.938	
	新产品成功率	0.887	0.934	

接下来,我们对技术追赶绩效进行验证性因子分析。测量模型及拟合结果分别如图8.3和表8.18所示。

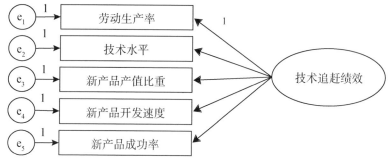

图 8.3　技术追赶绩效的测量模型

表 8.18　技术追赶绩效测量模型拟合结果($N=263$)

路径	标准路径系数	标准误差	临界比值	p
劳动生产率←技术追赶绩效	0.894			
技术水平←技术追赶绩效	0.875	0.047	21.118	***
新产品产值比重←技术追赶绩效	0.887	0.050	20.710	***
新产品开发速度←技术追赶绩效	0.875	0.051	19.792	***
新产品成功率←技术追赶绩效	0.896	0.048	20.858	***

注:$\chi^2=5.242$;$df=3$;$\chi^2/df=1.747$;$CFI=0.998$;$TLI=0.994$;$RMSEA=0.053$。*** 表示 $p<0.001$。

技术追赶绩效测量模型的拟合结果表明:χ^2 为 5.242($df=3$),χ^2/df 为 1.747,小于5;CFI 与 TLI 都大于 0.9;RMSEA 为 0.053,小于 0.08;各路径系数均在 $p<0.001$ 的水平上通过了显著性检验。因此,该模型拟合效果良好,因子结构通过了验证,即本书对技术追赶绩效的测度是有效的。

四、描述性统计分析和相关分析

在进行层次回归分析之前,我们先对各变量进行描述性统计分析和相关分析,结果如表8.19所示。其中,控制变量中的企业规模是将企业员工人数的自然对数值作为变量值。解释变量效率型商业模式设计、新颖型商业模式设计、自主研发战略、技术引进战略都分别与被解释变量技术追赶绩效有显著的正向相关性,这初步预验证了本书假设。接下来,我们将进一步采用层次回归分析方法对这些变量间的影响机制做更为精确的验证。

表 8.19 描述性统计分析和相关系数矩阵 1(N=263)

变量	控制变量						自变量				因变量	描述性统计	
	企业年龄	企业规模	所有制01	所有制02	所有制03	产业类型	效率型	新颖型	自主研发	技术引进	技术追赶	均值	标准差
1	1	0.340**	0.473**	-0.305**	-0.072	0.018	0.013	0.055	0.147*	-0.022	-0.017	15.50	15.19
2		1	0.298**	-0.305**	0.111	0.129*	0.017	0.070	0.203**	0.077	0.062	2.62	0.99
3			1	-0.605**	-0.191**	0.165**	-0.034	-0.044	-0.055	-0.087	-0.170*	0.27	0.45
4				1	-0.318**	-0.103	-0.032	0.048	0.023	0.060	0.085	0.50	0.51
5					1	-0.030	-0.016	0.020	-0.048	0.008	0.024	0.09	0.29
6						1	0.145*	0.095	0.112	-0.026	0.012	0.51	0.50
7							1	0.688**	0.416**	0.345**	0.474**	5.13	0.99
8								1	0.561**	0.431**	0.557**	5.04	0.99
9									1	0.506**	0.503**	4.74	1.25
10										1	0.575**	4.47	1.25
11											1	4.67	1.10

注:** 表示 $p < 0.01$(双尾检验),* 表示 $p < 0.05$(双尾检验)。

五、层次回归分析

(一)多重共线性、异方差和序列相关检验

为了正确、科学地使用多元回归模型,并确保模型的结果具有稳定性和可靠性,需要对多元回归模型进行多重共线性、异方差以及序列相关这三大问题的检验(马庆国,2002)。

多重共线性主要是指解释变量(包括控制变量)之间存在共同的变化趋势,在 SPSS 中可以用方差膨胀因子(variance inflation factor,VIF)进行检验(马庆国,2002)。当 $0 < VIF < 10$ 时,不存在多重共线性;当 $10 \leqslant VIF < 100$ 时,存在较强的多重共线性;当 $VIF \geqslant 100$ 时,存在严重的多重共线性(姜雁斌,2012)。经检验,本书各回归模型的 VIF 均介于 0 和 3 之间,因此,可以判定本书解释变量之间不存在多重共线性问题。

异方差问题是指随着解释变量的变化,被解释变量的方差存在明显的变化趋势,通常可以用散点图进行判断(马庆国,2002)。可以标准化预测值为横轴,以标准化残差为纵轴,进行残差项散点图的描绘,如果散点的分布为无序状,则可以认为异方差问题不存在。经检验,本书中的所有模型的散点图均为无序状,因此,可以判定各模型均不存在异方差问题。

序列相关问题主要针对时序面板数据,本书中的数据是通过调查问卷获得的截面数据,因此,不需要进行序列相关问题的检验。

(二)回归分析结果

接下来,我们将通过层次回归分析方法来检验第七章中所构建的概念模型。其中,控制变量为企业年龄、企业规模、产业类型、企业性质,解释变量为效率型商业模式设计、新颖型商业模式设计、自主研发战略、技术引进战略,被解释变量为技术追赶绩效。在做交互效应分析时,通常需要将交互的 2 个变量进行标准化。因此,本书对商业模式设计和技术创新战略分别进行标准化后,再将它们相乘得到交互项,进入回归模型。

回归分析共分 4 个步骤进行。第 1 步,放入控制变量(企业年龄、企业规模、产业类型、企业性质),得到模型 1,尽量消除一些干扰项给结果带来的影响;第 2 步,在模型 1 的基础上加入表征商业模式设计的 2 个解释变量(效率型商业模式设计和新颖型商业模式设计),得到模型 2;第 3 步,在模型 2 的基础上加入表征技术创新战略的 2 个解释变量(自主研发战略和技术引进战略),得到模型 3;第 4 步,在模型 3 的基础上加入表征商业模式

设计与技术创新战略匹配的 4 个交互项(效率型商业模式设计×自主研发战略、效率型商业模式设计×技术引进战略、新颖型商业模式设计×自主研发战略、新颖型商业模式设计×技术引进战略),得到模型 4。层次回归分析结果如表8.20所示,其中各模型中的被解释变量均为技术追赶绩效。

表 8.20　商业模式设计及其与技术创新战略的匹配对技术追赶绩效影响的层次回归分析结果($N=263$)

项目		模型 1	模型 2	模型 3	模型 4
常数项		4.463	1.246	0.741	0.275
控制变量	企业年龄	0.004	0.001	0.001	-0.002
	企业规模	$0.126^{\dagger}$	0.093	0.031	0.054
	所有制 01	-0.659^{**}	-0.497^{*}	-0.375	$-0.315^{\dagger}$
	所有制 02	-0.074	-0.087	-0.074	-0.074
	所有制 03	-0.170	-0.160	-0.068	-0.031
	产业类型	0.077	-0.083	-0.039	-0.060
自变量	效率型		0.194^{*}	0.146^{*}	0.173^{**}
	新颖型		0.477^{***}	0.269^{**}	0.352^{***}
	自主研发			0.108^{*}	0.143^{**}
	技术引进			0.309^{***}	0.211^{***}
交互项	效率型×自主研发				-0.092
	效率型×技术引进				0.160^{*}
	新颖型×自主研发				0.133^{*}
	新颖型×技术引进				$0.130^{\dagger}$
模型统计量	R^2(调整 R^2)	0.047 (0.025)	0.356 (0.335)	0.484 (0.463)	0.569 (0.545)
	ΔR^2	0.047	0.308	0.128	0.086
	F	$2.124^{\dagger}$	17.518^{***}	23.600^{***}	23.401^{***}
	ΔF	2.124	60.730	31.241	12.311

注:被解释变量为技术追赶绩效,回归系数为非标准化路径系数。*** 表示 $p<0.001$(双尾检验),** 表示 $p<0.01$(双尾检验),* 表示 $p<0.05$(双尾检验),† 表示 $p<0.1$(双尾检验)。

模型 1 主要用于观察控制变量对技术追赶绩效的解释作用。

对比模型 2 和模型 1 可以发现,加入解释变量效率型商业模式设计和新颖型商业模式设计后,R^2 显著提高($\Delta F=60.730$, $p<0.001$),说明相对

于模型 1 而言,模型 2 能够更好地对技术追赶绩效进行解释。其中,效率型商业模式设计的回归系数为 0.194,且显著异于 0($p<0.05$),并且这种关系在之后的模型 3 中也得到了同样的支持,这说明效率型商业模式设计对技术追赶绩效有显著的正向影响,假设 1 得到了支持。新颖型商业模式设计的回归系数为 0.477,且显著异于 0($p<0.001$),并且这种关系在之后的模型 3 和模型 4 中也得到了支持,这说明新颖型商业模式设计对技术追赶绩效有显著的正向影响,假设 2 得到了支持。

对比模型 3 和模型 2 可以发现,加入解释变量自主研发战略和技术引进战略后,R^2 显著提高($\Delta F=31.241, p<0.001$),验证了技术创新战略确实对技术追赶绩效存在正向影响。其中,自主研发战略的回归系数为 0.108,且显著异于 0($p<0.05$),技术引进战略的回归系数为 0.309,且显著异于($p<0.001$),并且这种关系在之后的模型 4 中也得到了支持。

对比模型 4 和模型 3 可以发现,加入了商业模式设计与技术创新战略匹配的交互项后,R^2 显著提高($\Delta F=12.311, p<0.001$),这说明商业模式设计与技术创新战略之间具有良好的匹配作用。具体来说,效率型商业模式设计与技术引进战略交互项的回归系数为正(0.160),且显著异于 0($p<0.05$),这说明效率型商业模式设计与技术引进战略呈现良好匹配,对促进技术追赶绩效的提升体现为增强型交互作用,假设 4 得到支持;新颖型商业模式设计与自主研发战略交互项的回归系数为正(0.133),且显著异于 0($p<0.05$),这说明新颖型商业模式设计与自主研发战略呈现良好匹配,对促进技术追赶绩效的提升体现为增强型交互作用,假设 5 得到支持;新颖型商业模式设计与技术引进战略交互项的回归系数为正(0.130),且显著异于 0($p<0.1$),这说明新颖型商业模式设计与技术引进战略呈现良好匹配,对促进技术追赶绩效的提升体现为增强型交互作用,假设 6 得到支持;然而,效率型商业模式设计与自主研发战略交互项的回归系数为负(-0.092),且不显著异于 0,因此假设 3a 和假设 3b 没有得到支持。

(三)小结

从上述层次回归分析结果可以发现,大部分假设都通过了实证检验。具体来说,商业模式设计确实会促进后发企业技术追赶绩效的提升,且不同商业模式设计与不同技术创新战略的交互对技术追赶绩效的影响存在差异。接下来将对本部分实证结果进行讨论。

六、结果与讨论

(一)实证研究结果汇总

本章基于 263 家中国现代服务业企业的样本数据,对第七章中提出的理论模型和假设进行了实证检验,结果表明大部分假设都得到了验证,研究问题得到了很好的验证。根据研究假设的验证结果,最终概念模型如图 8.4 和图 8.5 所示。

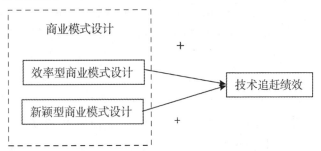

图 8.4　商业模式设计对技术追赶绩效影响机制的模型

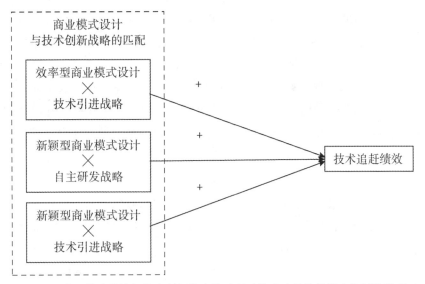

图 8.5　商业模式设计与技术创新战略的匹配对技术追赶绩效影响机制的模型

(二)商业模式设计对技术追赶绩效的影响

本书响应 Zott and Amit(2007,2008)的建议,基于设计主题来开展商业模式的研究,并将其识别为以效率为中心的商业模式设计和以新颖为中心的商业模式设计两类主题。本书以 263 家属于现代服务业范畴的中国后发企业为样本数据对商业模式设计的主题进行信度分析发现,其两个类型均具有较高的内部一致性(Cronbach's α 分别为 0.939 和 0.933)。同时,利用 AMOS 软件对商业模式设计的不同类别进行验证性因子分析发现,本书的测量量表有明显的辨别效度。因此,我们认为基于设计主题将商业模式设计识别为效率型商业模式设计和新颖型商业模式设计两个不同的类型是符合理论与现代服务业行业以及中国后发情境的实际情况的。

在此基础上,我们通过大样本的回归分析,验证了商业模式设计的两类设计主题对后发企业技术追赶绩效都有显著的正向影响。层次回归分析的这一研究结果与 Zott and Amit(2007)的研究结果具有相似性,并支持了 Zott et al. (2011)、Teece(2010)、Chesbrough(2007)等的观点。尽管很多研究通过理论演绎认为,商业模式有助于企业的技术创新(Baden-Fuller and Morgan,2010;Boons and Lüdeke-Freund,2012;Chesbrough,2007;Doganova and Eyquem-Renault,2009;Zott et al.,2011),商业模式将技术特征作为潜在投入,通过客户和市场将其转换为经济产出(Chesbrough and Rosenbloom,2002)的同时,促使企业进行技术上的改进(Hart and Christensen,2002)。但在相关的实证研究中,仅有少量研究在特定的案例中证实了这一影响(Chesbrough and Rosenbloom,2002;李志强和赵卫军,2012)。而这些研究大多数是对成熟经济体的讨论,更不用说对后发企业的关注了(Wu et al.,2010;王振和史占中,2005)。

同时,对比两种类型的商业模式设计的回归分析结果,新颖型商业模式设计的回归系数在模型 2 和模型 3 中都要大于效率型商业模式设计的回归系数。这说明在后发企业的技术追赶过程中,新颖型商业模式设计比效率型商业模式设计对技术追赶的促进作用会更加明显。

1. 效率型商业模式设计对技术追赶绩效的影响

大样本实证研究结果与本书的理论假设一致,效率型商业模式设计对技术追赶绩效有显著的正向影响(假设 1)。在模型 2 和模型 3 中,效率型商业模式设计的回归系数均接近 0.2 且 p 均小于 0.05。层次回归分析的这一结果与 Zott and Amit(2007)和 Zhu et al. (2003)的研究结果具有相似性。Zott and Amit(2007)的实证结果表明,相对于资源丰富的环境,高效的商业模式设计只有在资源稀缺的环境下才能更好地发挥作用,创造更多价值并获取价值。本书所讨论的为何资源匮乏的后发企业能够成功地实现追赶,并挑战那些具有丰富资源的先发企业,恰好印证了这一点。

效率型商业模式设计通过发挥后发企业优势和克服劣势,实现对技术追赶绩效的促进作用,主要体现在 3 个方面:首先,从交易成本的角度来看,效率型商业模式设计能够降低企业与合作伙伴之间的直接和间接交易成本(Zott and Amit,2007)。降低交易成本不仅有助于克服后发企业交易成本的劣势,而且交易成本来源不确定性的降低和风险的减少也有助于减少客户对先发企业的锁定,进而通过克服交易成本劣势和抢占先发企业客户来实现技术追赶。其次,从交易和管理效率的角度来看,交易效率的提高能够增强焦点企业与利益相关者之间的黏性(Zott and Amit,2007),这种黏性有助于后发企业发挥"搭便车"的优势进行更好的知识创造,进而实现技术追赶。最后,从信息共享的角度来看,效率型商业模式设计使得企业能够与合作伙伴实现信息的瞬间共享并获取大量市场和交易信息(Zott and Amit,2007)。信息的共享能够发挥后发企业信息溢出的优势,使企业广泛吸收外部知识,进而实现技术追赶。

2. 新颖型商业模式设计对技术追赶绩效的影响

大样本实证研究结果与本书的理论假设一致,新颖型商业模式设计对技术追赶绩效有显著的正向影响(假设 2)。在模型 2 和模型 3 中,新颖型商业模式设计的回归系数分别接近 0.5 和 0.3,且 p 均小于 0.01。层次回归分析的这一结果与 Zott and Amit(2007)的研究结果具有相似性,并支持了 Wu et al.(2010)、吴晓波等(2013)关于商业模式创新对于后发企业技术追赶具有正向促进作用的观点。这些研究认为商业模式创新能够利用后发企业的优势,从而更好地将技术商业化,实现对领先企业的追赶。

新颖型商业模式设计通过发挥后发企业优势和克服劣势,实现对技术追赶绩效的促进作用,主要体现在 3 个方面:首先,从价值创造机会的获取角度来看,新颖型商业模式设计利用后发企业较高的信息水平,实现更多价值的增值获取和新价值的获取,进而实现技术追赶;其次,从获取企业租的角度来看,没有创新惰性的后发企业能够获取更多的企业租,进而实现技术追赶;最后,从新的交易路径角度来看,新颖型商业模式设计在发生更多新的交易联系的过程中,充分利用信息溢出和跳过试错阶段的优势,促进企业创造知识和广泛吸收外部的知识,进而实现技术追赶。

观察两种类型的商业模式设计,新颖型商业模式设计的回归系数在模型 2 和模型 3 中都要大于效率型商业模式设计的回归系数。这说明在后发企业的技术追赶过程中,新颖型商业模式设计比效率型商业模式设计对技术追赶的促进作用会更加明显。

(三)商业模式设计与技术创新战略匹配对技术追赶绩效的影响

根据模型 4 中的回归分析结果可知,商业模式设计和技术创新战略是影响后发企业技术追赶的不同构念,商业模式设计与技术创新战略是互补关系,而不是相互替代的关系,进一步验证了本书文献综述中所阐述的商业模式与战略是不同的。同时,商业模式设计与技术创新战略确实存在匹配关系,对促进技术追赶绩效的提升具有增强型交互作用。不同的商业模式设计与不同的技术创新战略之间的匹配程度不同。层次回归分析的结果与 Zott and Amit(2008)具有相似性,并支持了 Casadesus-Masanell and Ricart(2010)、Zott et al. (2011)、Teece(2010)关于商业模式与战略是完全不同的概念的观点。在 Zott and Amit(2008)关于商业模式设计与产品市场战略匹配研究的基础上,本书进一步探索了商业模式设计与其最密切相关的战略——技术创新战略之间的匹配关系。具体来说,新颖型商业模式设计与两种技术创新战略的匹配对于促进技术追赶绩效的提升都有增强性的交互作用,而效率型商业模式设计仅与技术引进战略匹配后存在这种交互作用。

以下将根据 Aiken and West(1991)的建议,分别以高于均值一个标准差和低于均值一个标准差为基准,用绘图的方式更直接地展示变量之间的关系。

1. 效率型商业模式设计与自主研发战略的匹配

由上述分析结果可知,本书的假设 3a 和假设 3b 都没有通过验证,即效率型商业模式设计与自主研发战略的匹配对技术追赶绩效的增强型交互作用和削弱型交互作用都没有通过验证。可能的原因在于,一方面,自主研发战略能够强化企业对现有知识和技术掌握(Katila and Ahuja,2002),而且强调基于内部能力和自身努力产生的技术突破,拥有更强的自主权(傅家骥,1998),有利于效率型商业模式设计更好地发挥后发优势和克服后发劣势。但另一方面,效率型商业模式强调的降低成本与自主研发战略所需要的大量研发成本投入相矛盾,效率型商业模式设计减少了信息的冗余与自主研发需要大量信息也是相互矛盾的。这两方面的共同作用互相抵消了。当然,也可能是受到本书取样的行业局限性或样本数量限制的影响,可作为今后进一步探讨的方向。

2. 效率型商业模式设计与技术引进战略的匹配

由上述分析结果可知,本书的假设 4 得到了支持(回归系数为 0.160,且 $p<0.05$),意味着效率型商业模式设计与技术引进战略呈现良好匹配,对促进技术追赶绩效的提升具有增强型交互作用。图 8.6 展示的是在技术引进战略导向程度不同的情况下,效率型商业模式设计对技术追赶绩效的影响。技术引进战略导向程度越高,回归线斜率就越大,增强效应越明

显。同样,图 8.7 展示的是在商业模式设计效率性不同的情况下,技术引进战略对技术追赶绩效的影响。商业模式设计的效率性越高,回归线斜率就越大,增强效应越明显。与 Veugelers and Cassiman(1999)、Katila and Ahuja(2002)、Ernst and Kim(2002)、Kim(1997)等一致,我们发现技术引进战略能够减少研发投入和创新风险(Veugelers and Cassiman,1999),并使企业更快适应技术环境的变化,增强组织柔性(Katila and Ahuja, 2002),有利于效率型商业模式设计更好地发挥后发优势和克服后发劣势。

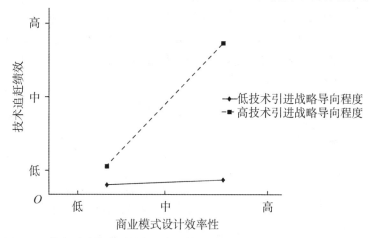

图 8.6　技术引进战略对效率型商业模式设计与技术追赶绩效的调节效应

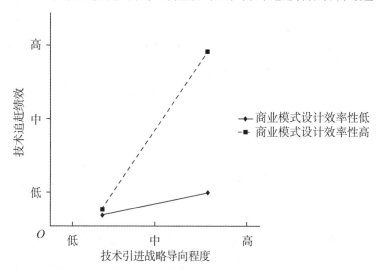

图 8.7　效率型商业模式设计对技术引进战略与技术追赶绩效的调节效应

3. 新颖型商业模式设计与自主研发战略的匹配

由上述分析结果可知,本书的假设 5 得到了支持(回归系数为 0.133,且 $p < 0.05$),意味着新颖型商业模式设计与自主研发战略呈现良好匹配,

对促进技术追赶绩效的提升具有增强型交互作用。图8.8展示的是在自主研发战略导向程度不同的情况下,新颖型商业模式设计对技术追赶绩效的影响。自主研发战略导向程度越高,回归线斜率就越大,增强效应越明显。同样,图8.9展示的是在商业模式设计新颖性不同的情况下,自主研发战略对技术追赶绩效的影响。商业模式设计的新颖性越高,回归线斜率就越大,增强效应越明显。与Katila and Ahuja(2002)、Ernst and Kim(2002)、Kim et al.(2004)、傅家骥(1998)、吴晓波等(2009)一致,我们发现自主研发战略能够增强企业对现有知识和技术的掌握(Katila and Ahuja,2002),而且强调基于内部能力和自身努力产生的技术突破,拥有更强的自主权(傅家骥,1998),有利于新颖型商业模式设计更好地发挥后发优势和克服后发劣势。

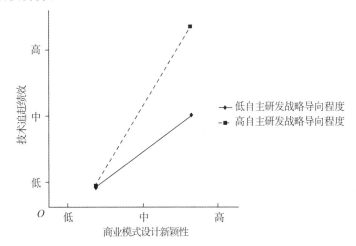

图8.8　自主研发战略对新颖型商业模式设计与技术追赶绩效的调节效应

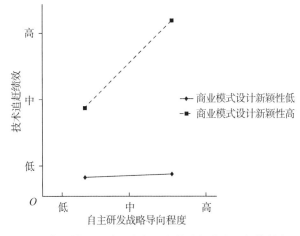

图8.9　新颖型商业模式设计对自主研发战略与技术追赶绩效的调节效应

4. 新颖型商业模式设计与技术引进战略的匹配

由上述分析结果可知,本书的假设 6 得到了支持(回归系数为 0.130,且 $p<0.1$),意味着新颖型商业模式设计与技术引进战略呈现良好匹配,对促进技术追赶绩效的提升具有增强型交互作用。图 8.10 展示的是在技术引进战略导向程度不同的情况下,新颖型商业模式设计对技术追赶绩效的影响。技术引进战略导向程度越高,回归线斜率就越大,增强效应越明显。同样,图 8.11 展示的是在商业模式设计新颖性不同的情况下,技术引进战略对技术追赶绩效的影响。商业模式设计新颖性越高,回归线斜率就越大,增强效应越明显。与 Veugelers and Cassiman(1999)、Katila and Ahuja(2002)、Ernst and Kim(2002)、Kim(1997)等一致,我们发现技术引进战略能够减少创新风险(Veugelers and Cassiman,1999),并使企业更快适应技术环境的变化,增强组织柔性(Katila and Ahuja,2002),有利于新颖型商业模式设计更好地发挥后发优势和克服后发劣势。

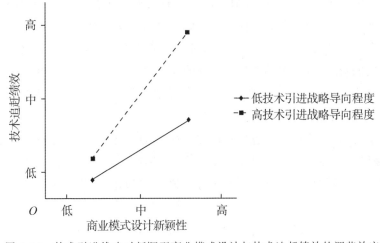

图 8.10　技术引进战略对新颖型商业模式设计与技术追赶绩效的调节效应

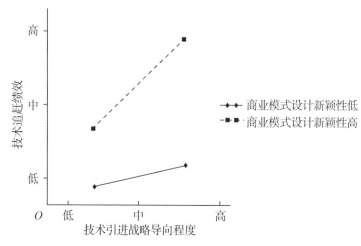

图 8.11　新颖型商业模式设计对技术引进战略与技术追赶绩效的调节效应

对比新颖型商业模式设计与两种技术创新战略的匹配程度发现,新颖型商业模式设计与自主研发战略的匹配程度要高于与技术引进战略的匹配程度,新颖型商业模式设计与自主研发战略的交互作用更强。这与中国后发企业所处的追赶阶段和现代服务业特点有关。国内学者吴晓波提出了二次创新理论,并阐述了技术引进的动态性与二次创新的进化过程。在后发企业技术追赶的初级阶段,企业通过技术引进进行创新,并在技术引进的基础上消化、吸收和改进;当知识和经验积累到一定程度后,企业会进行自主的创新,这种创新包括在改进基础上的二次创新,也包括一次创新(彭新敏等,2011;吴晓波,1995a,1995b;吴晓波等,2009;吴晓波和许庆瑞,1995)。中国的后发企业已经经历过一段时间的追赶,积累了一定的知识和经验,因此两种类型的技术创新战略与新颖型商业模式设计都存在较强的交互作用。现代服务业的主要特点是以信息技术为主要支撑。信息技术广泛运用于企业的商业过程,促进技术变革加快的同时也造成企业的技术发展更容易受到外界的制约,企业的自主权和对现有知识和技术的掌握程度显得格外重要。因此,自主研发战略导向的增强对提高新颖型商业模式设计对技术追赶绩效作用的边际效应比技术引进战略作用大。

七、本章小结

本章在上一章提出的商业模式设计及其与技术创新战略的匹配对技术追赶绩效影响机制的概念模型与研究假设的基础上,以问卷调查的方式对 326 家中国现代服务业企业进行研究,并综合运用探索性因子分析、验证性因子分析、层次回归分析等方法分析验证,深入探讨了商业模式设计、技术创新战略、技术追赶绩效之间的作用机制。

综合文献研究以及专家意见，本章设计了效率型商业模式设计、新颖型商业模式设计、自主研发战略、技术引进战略、技术追赶绩效等变量的测度量表，并通过效度检验和信度检验予以调整，形成了拟合度较好的测量模型。

进而，本章运用层次回归分析的方法对前文提出的概念模型进行检验与修正（如表 8.21 所示）。除了效率型商业模式设计与自主研发战略的匹配和技术追赶绩效的关系没有通过验证外，研究假设均得到了验证：效率型商业模式设计和新颖型商业模式设计对技术追赶绩效都有促进作用；效率型商业模式设计与技术引进战略、新颖型商业模式设计与两种技术创新战略都呈现良好的匹配，对促进技术追赶绩效的提升具有增强型交互作用。

表 8.21 商业模式设计及其与技术创新战略的匹配对技术追赶绩效影响机制的假设验证情况

假设序号	假设描述	验证情况
假设 1	效率型商业模式设计对技术追赶绩效有显著的正向影响，即商业模式设计的效率性越强，技术追赶绩效越好	通过
假设 2	新颖型商业模式设计对技术追赶绩效有显著的正向影响，即商业模式设计的新颖性越强，技术追赶绩效越好	通过
假设 3a	效率型商业模式设计与自主研发战略呈现良好的匹配，对促进技术追赶绩效的提升具有增强型交互作用	未通过
假设 3b	效率型商业模式设计与自主研发战略匹配性较差，对促进技术追赶绩效的提升具有削弱型交互作用	未通过
假设 4	效率型商业模式设计与技术引进战略呈现良好的匹配，对促进技术追赶绩效的提升具有增强型交互作用	通过
假设 5	新颖型商业模式设计与自主研发战略呈现良好的匹配，对促进技术追赶绩效的提升具有增强型交互作用	通过
假设 6	新颖型商业模式设计与技术引进战略呈现良好的匹配，对促进技术追赶绩效的提升具有增强型交互作用	通过

第九章　双轮创新驱动后发追赶：
技术体制的作用

技术体制能够描绘行业的技术环境，不仅是后发企业技术追赶的重要情境之一，而且影响技术追赶的效果。在创新驱动的大环境下，后发企业所处的技术环境与以往有较大的不同，会对企业的创新和技术追赶产生不同的影响。在第四章中我们已经提到了技术体制，接下来我们将对技术体制的相关研究进行回顾，厘清技术体制的发展脉络，讨论技术体制的相关维度，并进一步分析技术体制与技术追赶之间的联系。

一、技术体制是后发追赶的重要情境

（一）技术体制概念的起源与发展

技术体制最早由 Nelson and Winter（1977）引入理论界，用来分析和解释不同行业的多样化创新过程，是指经济领域的每个产业部门中企业创新和学习活动所处的技术环境。Nelson and Winter（1977，1982）认为，技术体制与企业技术问题解决活动与技术以及技术人员的认知相关，并将技术分为基于科学的技术和基于累积性的技术，分别对应两种体制：创新体制和惯例体制。前者有着广泛的、普遍的知识基础，更青睐于由产业中新的进入者带来创新，对新进入者的创新活动有利；后者的技术来源非常狭窄，且标志性很强，大公司会带来创新，从产业外进入者几乎没有任何机会，对现有企业的创新有利。

Dosi（1982）通过类比库恩对科学范式的定义，提出了技术轨道和技术范式的概念，并进一步发展了技术体制理论，他认为技术范式是一幅全景图，是一系列过程、相关问题的定义以及问题解决方案的具体知识的集合，而技术轨道是基于某个技术范式的，是解决技术问题通行的模型和模式。熊彼特Ⅰ型创新和熊彼特Ⅱ型创新具有类似于创新体制与惯例体制的特征（Dosi et al.，1995）。Dosi（1982）还对技术体制划分了维度，使技术体制不仅仅是一个概念定义，而变得更加具体，认为技术体制由与企业解决问题相联系的学习过程的特性、知识来源体系、科技知识基础的自然性3个基本维度组成。

Malerba and Orsenigo(1990,1993)对技术体制理论的基础进行了进一步的完善，认为技术体制是由技术机会、创新独占性、技术进展的累积性和知识基属性等关键因素组成的特定组合，描绘的是企业经营的技术环境。Malerba and Orsenigo(1996)用德国、法国、英国、意大利的专利数据，分析了不同行业的创新模式特征。研究结果发现，技术体制决定了企业的创新模式，创新模式表现出的系统性差异来自技术种类的不同。主要有熊彼特I型和熊彼特II型两种创新模式。熊彼特I型创新模式对应横向创新模式，认为新进入的创新者带来了创新基础的持续扩大，并侵蚀了现有企业的竞争优势和技术优势；熊彼特II型创新模式对应纵向创新模式，认为一部分企业占据主导地位，是通过长时间技术和创新能力的积累与不断创新达成的。

Breschi et al.(2000)继续扩展了技术体制的概念，进一步界定了技术体制的4个基本要素（技术机会、创新独占性、技术进展的累积性和知识基属性），并将熊彼特创新模式与技术体制的4个基本要素结合起来，认为行业创新活动的模式可以通过不同的技术体制来解释。熊彼特I型创新模式的特征是高技术机会、低独占性、低技术创新累积性和相对重要的应用知识，主要集中在那些具有"创造性毁灭"特性的产业；熊彼特II型创新模式的特征是低技术机会、高独占性、高技术创新累积性和相对重要的基础科学知识，主要集中在那些具有"创造性积累"特性的产业。随着产业生命周期的变化或者突破性创新的出现，熊彼特I型创新模式和熊彼特II型创新模式会发生相互的转化(Klepper,1996)。

此后，许多研究在此基础上对技术体制的模型和变量进行了延伸与拓展。例如，Lee and Lim(2001)认为技术体制在很大程度上决定了企业研发成功的概率，会影响企业研发的努力程度，并在技术体制具体的维度上提出了新的看法，技术体制包括技术轨道的变动度、创新频率和外部知识基的可获得程度。Park and Lee(2006)开发了一套关于技术体制的定量指标，在Malerba and Orsenigo(1993)对技术体制变量定义的基础上增加了4个变量：技术的生命周期、外部知识的可获得性、初期知识存量和技术轨迹变动程度。吴晓波和黄娟(2007)认为，技术体制的维度包括技术机会、创新的独占性、技术进步累积性、知识基础特征、外部知识可获得性、技术轨道流动性、当地企业的吸收能力。

同时，学者们还借用了技术体制的概念，主要展开了两方面的研究。

一方面,在熊彼特创新类型研究的基础上,对产业多样化的创新模式进行了深入的研究。Pavitt(1984)基于 Nelson and Winter(1982)技术体制的概念,划分了 4 种产业创新模式,分别是:供应者主导型、规模密集型、专业化供应商和科研基础型。Marsili and Verspagen(2001)在 Pavitt(1984)的基础上,通过对荷兰各个制造业的分析,建立起新的技术体制模型,将技术体制划分为基于科学的体制、基于过程的体制、复杂知识系统体制、产品工程体制和持续工艺体制 5 个维度,并根据这 5 个维度对各行业进行分类,对各体制下行业的技术创新特点进行总结,得出了不同行业在创新投入强度上、获取信息来源上、技术创新来源上不同的原因以及企业创新的诱导因素。后来,Poel(2003)通过大量的案例研究,得出了技术体制与创新模式相互影响的结论:不同的技术体制下,企业会表现出不同的创新模式,而这些创新模式又会限制和促使已有的技术体制发生变化,这种变化包括技术体制的演变方向和程度。Poel(2003)区分了 4 种创新模式:依靠供应商的创新模式、用户驱动的创新模式、目标导向的创新模式和依靠研发的创新模式。

另一方面,将技术体制与企业的技术创新、技术追赶联系起来。技术体制决定了产业里与创新行为和技术绩效相关的创新模式(Breschi et al. ,2000)。Lee and Lim(2001)最先将技术体制与技术追赶联系起来,认为技术体制会影响企业研发行为、可利用外部资源、技术能力累积,从而进一步影响企业的技术追赶。Park and Lee(2006)比较分析了韩国和中国台湾不同产业技术体制对技术追赶的影响。Jung and Lee(2010)通过实证研究发现,在那些技术更显性、内嵌于进口设备的行业里,更容易实现全要素生产率的追赶。本书讨论的主要问题是后发企业的技术追赶,下文将进一步阐述技术体制与技术追赶间的联系。

(二)技术体制的维度划分

通过技术机会和独占性描绘的技术环境会影响行业的创新强度、工业化集中程度与进入频率(Nelson and Winter,1982;Winter,1984)。从不同的视角来看的话,同样的变量(特别是独占性)在博弈理论模型中扮演了一个根本角色,这个根本角色是通过游戏的自然属性来定义的。除了企业的规模和市场需求,这些变量还会影响市场结构和创新的动态性(Audretsch,1995;Cohen and Levinthal,1989;Gort and Klepper,1982)。表 9.1 总结了部分技术体制维度研究,并列举了一些技术体制维度,主要从技术机会、技术创新独占性、技术创新累积性、知识属性、技术轨迹变动程度、创新频率、外部知识可获得性、技术生命周期、初期知识存量和当地企业吸收能力等维度来描绘技术体制。

表 9.1　部分研究中的技术体制维度

技术体制维度	研究来源
技术机会	Breschi et al.(2000);Nelson and Winter(1982);Park and Lee(2006);宋耘和曾进泽(2007);吴晓波和黄娟(2007)
技术创新独占性	Breschi et al.(2000);Nelson and Winter(1982);Park and Lee(2006);宋耘和曾进泽(2007);吴晓波和黄娟(2007)
技术创新累积性	Breschi et al.(2000);Park and Lee(2006);宋耘和曾进泽(2007);吴晓波和黄娟(2007)
知识基属性	Breschi et al.(2000);Park and Lee(2006);宋耘和曾进泽(2007);吴晓波和黄娟(2007)
技术轨迹变动程度	Lee and Lim(2001);Park and Lee(2006);吴晓波和黄娟(2007)
创新频率	Lee and Lim(2001)
外部知识可获得性	Lee and Lim(2001);Park and Lee(2006);Jung and Lee(2010);吴晓波和黄娟(2007)
技术生命周期	Park and Lee(2006)
初期知识存量	Park and Lee(2006)
当地企业吸收能力	吴晓波和黄娟(2007)

技术机会反映了研发投入转变为创新的可能性。技术机会对创新密度、产业集中度和产业中新企业的进入频率产生影响,高技术机会能够为正在进行的创新活动提供强有力的激励以及不会被机会资源限制的经济环境。潜在的创新者可能通过频繁和重大的技术创新实现追赶(Breschi et al.,2000;Nelson and Winter,1982)。

技术创新独占性是防止创新被模仿以及减少因模仿从创新活动中攫取利益的可能性。高独占性能够通过已有的方式成功保护创新不被模仿,而低独占性是以扩大外部性为特征的一种经济环境(Breschi et al.,2000)。独占性对创新成果不仅具有激励作用,而且还有效率作用。高独占性的技术体制能够促进企业加大研发投入,但同时也可能减少了其他企业从行业技术进步中获益的可能性(吴晓波和黄娟,2007)。由于专利数据对财务收益没有任何作用,因此通过专利数据来表示独占性的程度是不可行的(Jaffe,1993;Stolpe,2002)。在任何时候,大部分的投资者都更加关注技术创新独占性高的行业,特别是那些缺乏研发资源的后发企业。由于高技术创新独占性是指更多的自引和较少地依赖于其他企业或组织的知识,因此,后发企业关注这类技术能获取更多优势。这也是为什么发展中国家会更加关注高独占性的技术。但是,创新的独占性对于那些处于低追赶水平的追赶国家来说并没有那么重要,或者与之没有任何关联。那些低追赶水平的国家往往只是模仿现有的技术,而没有进行真正意义上的创新(Park and Lee,2006)。

技术创新累积性是指今天的技术创新依赖于过去的创新。今天的创新是为将来的创新打下基础,将来的创新都是基于最初的某项技术,或者是通过在相关领域里运用其他创新来创造新的技术。技术创新累积性分为3个层次:①组织层面(如实验室或企业);②市场层面(市场的成功能够带来其他成功);③技术层面。高技术创新累积性是指那些能够进行持续的创新并获得成长性收益的经济环境(Breschi et al.,2000)。技术创新累积性越高,后发国家在技术追赶的过程中就越难与现有的成熟企业进行持续的竞争。

知识基属性是指那些支撑企业创新活动的知识的性质,包括知识的专用性、缄默性、复杂性、独立性等(Breschi et al.,2000)。通用和专业的知识与不同类型的学科有关,通用知识主要来自基础学科,而专业知识主要来自应用学科(Breschi et al.,2000)。后发者和追赶国家更难获得通用知识,却很容易通过应用获取专业知识。因此,在有的技术领域中,通用和专业的属性并不会一直影响技术的追赶过程。从多来源渠道进行知识的积累并不是追赶过程中的主要任务,但是那些追赶的国家却往往很简单地从多来源渠道的创新中获取知识和模仿技术。

技术轨迹变动程度。每一种技术在不同行业企业里的变动程度都是不同的,这种变动程度一般与技术发展的年限有关。在技术发展的初期,根本无法预估技术将来会如何演化,而且这种变动程度越大越好。相反,在技术成熟的行业中,企业面对着一个更加稳定的环境。技术轨迹的变动程度对技术追赶有显著影响(Park and Lee,2006)。

外部知识可获得性。在以往关于发达国家的研究中,较多的研究关注技术机会和知识本身属性,而仅有 Bell and Pavitt(1993)、Laursen and Meliciani(2002)关注溢出效应和学习的影响。对于处于追赶过程中的国家来说,外部资源的可获得性显得更加重要。发达国家倾向于创造更多的知识存量,而发展中国家则试着接近这些知识,在有限的知识扩散渠道和能力的限制下试图更多地吸收并适应新知识(Hu and Jaffe,2003)。因此,发达国家的知识有助于追赶国家的技术发展,发达国家对追赶国家的知识溢出效应对于追赶有重要作用(Park and Lee,2006)。

(三)技术体制与技术追赶

技术体制能够反映技术发展的典型特征,在指导工程师的研究活动和引导技术发展过程中,相关人员的行业以及他们之间的相互作用等方面都起到一定的作用(Rip and Kemp,1998),是主导技术设计和发展的规则总和(Poel,2003)。技术体制的最早是用来解释不同技术领域为何会出现不同创新过程的理论框架(Nelson and Winter,1982)。一个技术领域所特有的创新行为可以通过不同技术体制的影响进行解释(Breschi et al.,2000;Malerba,2002;Malerba and Orsenigo,1995)。因此,技术体制会极大地影响追赶企业的创新行为,从而影响其追赶绩效(Lee and Lim,2001)。

1. 基于技术追赶的技术体制

Malerba and Orsenigo(1996)认为在不同的国家中,只要技术体制的各维度是相同的,那么每一种创新的模式也应该是不变的。但实际上,在不同的国家之间(即使是在发达国家之间),探索和形成这些创新模式的能力都是不同的。因此,不管是在发达国家之间,还是发达国家与追赶国家之间,这些创新模式都是不同的(Park and Lee,2006)。存在着许多各国专属的创新模式,其与各国的工业发展历史、企业的竞争与组织形式以及国家创新的结构和体制有关。在一个国家的创新行为中,这些技术规则和技术相关因素(例如技术体制)起到了重要作用(Malerba and Orsenigo,1996)。

技术体制在追赶国家中所发挥的作用与在发达国家中有很大的不同(Park and Lee,2006)。基于技术追赶的技术体制对创新的影响会有所不同,也会带来追赶结果的不同。当后发国家处于一个技术创新累积性高的技术体制中时,由于在研发方面并没有大量的需求,对于知识产权的保护也没有一个合理的制度,因此其创新有可能会受到影响(Park and Lee,2006)。而在累积性更高、技术轨道更不确定的情况下,实现追赶会更难(Lee and Lim,2001)。

2. 技术体制对技术追赶的影响

技术体制对技术追赶的影响研究是近年来技术体制理论研究的核心内容。Lee and Lim(2001)最先将技术体制与技术追赶联系起来,对跨越式的技术追赶进行了研究,以追赶为背景提出了后发企业技术追赶的模型,并通过模型解释了韩国六大产业(存储器、汽车、移动电话、消费电子、个人电脑和机械工具)的技术变革。模型用技术体制的维度分别测量技术追赶企业的研发机会,通过创新频率测量技术累积特征,通过技术轨迹变动度测量技术可预测程度,通过外部资源可获得性测量技术转移。研究结果显示,不同的行业表现出不同的特征,存储器、手机、消费电子行业的技术追赶主要是由技术追赶企业和外部资源的合作而不是靠自主研发实现。技术体制在很大程度上影响企业的研发努力程度,从而决定了企业研发成功的概率。技术能力是由已有的知识基础和研发努力程度所决定的,而研发努力程度又是由产业中的技术体制所决定的,因此技术体制影响技术追赶企业的研发行为、可利用的外部资源、技术能力累积,从而影响后发企业的技术追赶。

Park and Lee(2006)利用 1980—1995 年美国的专利数据,通过比较分析韩国和中国台湾的不同产业,将技术体制与后发经济体的技术追赶联系起来,验证了技术体制对技术追赶的影响作用,并开发了一套技术体制的变量指标。Park and Lee(2006)主要围绕 3 个问题展开:①在某种行业技术体制下技术追赶发生的可能性。技术追赶最容易发生在那些知识初期存量更大、技术生命周期更长的技术体制下。②技术体制从哪些方面影响后发企业技术追赶的速度?技术追赶的速度取决于创新独占性和外部知识可获得性。③技术体制如何促进后发企业技术能力的提升?技术追赶发生的可能性和技术追赶的速度决定了一个经济体的技术能力。有的技术后发经济体可能由于更高的技术追赶发生的可能性和更快的技术追赶速度,获得更高的技术能力。而有的技术后发经济体技术能力较低仅仅是因为与技术体制的联结有困难。对比先发经济体和追赶经济体的技术能力后发现,追赶经济体在更短技术生命周期、外部知识可获得性更高、更高技术专有性的技术产业中容易取得高水平绩效,而先发经济体则正好相反。

Jung and Lee(2010)对全要素生产率追赶进行了定义:追赶是通过用全要素生产率来衡量每一个行业中韩国企业与该行业中所有日本企业的平均值的差距进行的,分为行业层面和企业层面的变量。Jung and Lee(2010)通过对比韩国和日本企业发现:①行业层面的变量通过追赶是否更容易发生来测量,在技术更显性、内嵌于进口设备的行业里更容易实现全要素生产率的追赶。这个结果很好地解释了为什么在电子行业里,有的韩国企业的全要素生产率比日本企业更高,以及为什么在那些与更显性知识体制相关的电动汽车行业里实现追赶后仍然存在全要素生产率的差距。②行业里的领先企业对全要素生产率的追赶起到了积极的作用,追赶更容易发生在那些具有垄断市场结构的行业里。这是由于在垄断市场结构里的企业更容易适应国际市场准则,从而在生产率追赶上获得更好的绩效。③行业层面的变量只能影响国际的全要素生产率追赶,而企业层面的变量则影响国内的增长。

关于技术体制与技术追赶关系的研究还有很多,综合以往的研究,我们发现研究的重点主要集中在:①技术体制对产业/企业技术追赶发生可能性的影响;②技术体制对产业/企业技术追赶路径的影响;③技术体制对产业/企业技术追赶绩效的影响。但是以往的研究主要强调技术体制对技术追赶直接产生的影响,而很少讨论技术追赶与其他因素共同作用时产生的影响,或是技术体制作为情境变量对技术追赶的影响。

组织存在于一定的环境中(Jaworski and Kohli,1993),环境对企业各方面绩效的影响是战略领域研究的主要问题之一(Porter and Millar,1985)。不同类型的企业处于不同的环境中会呈现出不同程度的匹配(Kim and Lee,2003;Swann and Gill,2002),不同的组织架构和战略在面对不同的技术体制时也会呈现出不同程度的匹配。例如,韩国企业就更适合于低独占性、高累积性的技术体制,而中国台湾企业则更适合于高独占性、低累积性的技术体制(Park and Lee,2006)。不同的技术体制通过影响组织的选择和市场结构,会带来创新结果的不同(Kim and Lee,2003)。因此,当企业处于不同的环境或技术体制中时,后发企业的技术追赶绩效也会受到影响。本书将主要关注技术体制作为情境变量时对企业技术追赶绩效的影响。

(四)小结

本部分在回顾技术体制研究发展历程的基础上,对技术体制的维度进行了梳理,并从技术机会、创新独占性、技术创新累积性、知识基属性、技术轨迹变动程度和外部知识可获得性6个最常见维度来描绘技术体制。通过梳理我们发现技术体制与技术追赶之间存在紧密联系,技术体制对技术追赶的影响研究是近年来技术体制理论研究的核心内容之一,但以往研究存在单一性。因此,将来的研究可把技术体制作为情境变量,讨论其在企业层面对技术追赶绩效的影响。

二、技术体制对双轮创新驱动技术追赶的调节效应

(一)理论基础与研究视角

组织存在于一定的环境中(Jaworski and Kohli,1993),环境对企业各方面绩效的影响是战略领域研究的主要问题之一(Porter and Millar,1985)。企业的技术创新战略对企业各方面绩效产生的影响,在很大程度上受其所处环境的影响(Burgelman et al.,1996)。企业应该制定战略,并与企业环境相匹配,否则将不能改善绩效(Miller,1988)。而环境因素也可以被看作商业模式设计与企业各方面绩效之间的重要调节因素(McArthur and Nystrom,1991)。环境因素会影响企业识别与理解因果关系所需的信息,从而影响企业创造价值的过程(Sirmon et al.,2007)。

不同的组织架构和战略处于不同的环境中时,会显示出不同程度的匹配(Park and Lee,2006)。商业模式设计和技术创新战略作为企业竞争优势的来源,本质上是对企业异质性、互补的资源进行重构(Kogut,1991;Kogut and Zander,1992)。因此,有必要验证环境因素在商业模式设计与技术创新战略的匹配及其与技术追赶绩效关系中的调节效应(Miller,1988)。如果调节效应的关系得到实证结果的支持,那么,将更有助于后发企业在追赶过程中进行商业模式设计和技术创新战略的选择,从而实现更好的技术追赶绩效。本书主要关注后发企业的技术追赶,因此主要聚焦于技术环境。

(二)技术创新独占性和技术创新累积性的引入

技术体制是企业环境因素中的产业环境,是企业创新和学习活动所处的技术环境,其最早是用来分析和解释不同行业为何会出现多样化创新过程的理论框架(Nelson and Winter,1982)。技术体制能够指示技术发展的典型特征,不仅指导工程师的研究活动,而且引导技术发展过程中相关人员的行为以及他们之间的相互作用(Rip and Kemp,1998)。从产业层面来看,一个行业所特有的创新行为可以通过不同技术体制的影响进行解释(Breschi et al.,2000),即技术体制会影响产业的技术创新行为,从而影响其追赶绩效(Lee and Lim,2001)。而从企业层面来看,技术体制作为环境因素出现在企业创新行为和技术追赶绩效的关系中,即在不同的技术体制下,组织选择和市场结构会带来不同的创新结果(Kim and Lee,2003)。

基于这一理解,技术体制适合引入作为商业模式设计与技术创新战略

的匹配及其与技术追赶绩效关系中的调节变量，以探明商业模式设计与技术创新战略的匹配在不同技术体制下对技术追赶绩效的影响作用，从而为企业实践提供更有意义的指导。

技术体制被定义为技术机会、技术创新独占性、技术创新累积性和知识基属性的集合（Breschi et al.，2000；Lee and Lim，2001；Park and Lee，2006），但只有其中的部分内容与本书情境下的技术追赶更为相关。例如，技术创新独占性在后发企业的环境因素中是否扮演重要角色仍然存在着争论。有的研究认为不管在什么时候，大多数的创新都希望聚焦于高独占性的行业，对于后发企业来说更是如此。后发企业拥有更少的研发资源，因此关注行业独占性高的技术会强化它们的优势。而有的研究则认为技术创新独占性在追赶过程中扮演的角色并不重要，甚至与追赶并不存在直接的关系。因为如果后发企业（特别是那些处于较低追赶水平的后发企业）仅仅是在模仿现有的技术，而不是去进行真正的技术创新，那么技术创新独占性的高低确实不会对技术追赶产生影响（Park and Lee，2006）。在本书中，样本企业均实施了技术创新战略，技术创新独占性对这些企业的技术追赶都有重要的影响作用。技术创新累积性不仅与现有的技术积累有关，而且还与创新的频率相关（Breschi et al.，2000）。企业所处的环境技术创新累积性越高，则在既定时间内行业的创新产出就越多，后发企业就需要更努力地进行技术创新。在本书中，技术创新战略是研究模型的自变量之一，与技术创新累积性紧密联系。

因此，本书主要考察技术体制的技术创新独占性维度和技术创新累积性维度对商业模式设计与技术创新战略的匹配和技术追赶绩效关系的调节效应。以下将对调节变量的影响机制展开详细讨论并提出相关研究假设。

(三)技术创新独占性的调节效应

技术创新独占性是防止创新被模仿以及减小因模仿从创新活动中攫取利益的可能性（Breschi et al.，2000），与技术创新有着密切的联系（Teece，1986），独占性对创新成果不仅具有激励作用，而且还有效率作用。高技术创新独占性使企业的创新很难被模仿，并且通过已有的方式就能很好地将企业技术创新成果保护起来，而那些不进行技术创新的企业几乎不太可能通过模仿而从创新活动中获得利益（Breschi et al.，2000）。在技术创新独占性高的环境下，企业的创新能够得到较好的保护，知识的转移主要存在于发明者所在的组织内部，因此组织与组织之间的知识转移比较困难(Park and Lee,2006);低技术创新独占性是以扩大外部性为特征的一种经济环境特征(Breschi et al.,2000),虽然企业技术创新成果得不到较好的保护,但是组织与组织之间的知识转移比较容易实现,企业间几乎没有技术信息壁垒,更有利于技术信息的流通(Park and Lee,2006)。因此,在不同的技术创新独占性环境中,商业模式设计与技术创新战略的匹配对技术追赶绩效的促进作用会有所差异。

效率型商业模式设计与技术引进战略对技术追赶绩效的共同作用。实现与合作伙伴之间信息的共享是效率型商业模式设计的重要特征之一(Zott and Amit,2008)。效率型商业模式设计增强了焦点企业与利益相关者的黏性,能够在一定程度上降低高技术创新独占性带来的技术信息壁垒,使它们之间有更好的信息流通,减少与合作伙伴之间的信息不对称(Zott and Amit,2007)及不确定性。同时,技术引进战略使外部的创新来源成为企业取得新技术的重要途径(Hagedoorn,1990;Lambe and Spekman,1997;Veugelers,1997),加强了企业之间的合作和技术信息流通,技术创新独占性高的环境不仅能提高企业对竞争情况以及技术发展方向的了解程度,而且还能更好地保护企业技术引进的创新成果。可见,不仅效率型商业模式和技术引进战略都能弱化高技术创新独占性的不利影响,而且技术引进战略还能利用高技术创新独占性的优势,提升企业的技术追赶绩效。因此,与在技术创新独占性低的环境下相比,在技术创新独占性高的环境下,效率型商业模式设计与技术引进战略对技术追赶绩效的共同促进作用会更明显。

新颖型商业模式设计与自主研发战略对技术追赶绩效的共同作用。为企业开创新市场和获取新的合作伙伴或通过新的方式和交易机制与原有的交易伙伴发生联系是新颖型商业模式设计的主要特征(Zott and Amit,2007)。新颖型商业模式设计通过开创新市场和获取新的合作伙伴,有助于企业从更多新的来源获取新的信息,而通过新的方式和交易机制与原有的交易伙伴发生联系有助于企业从原有的来源获取新的信息,二者都能够在一定程度上降低高技术创新独占性带来的技术信息壁垒。同时,高技术创新独占性能够很好地保护企业自主研发的创新成果,增强企业的自主权,提高企业对现有技术和知识的掌握能力,防止由技术被模仿而造成的企业技术创新绩效降低。可见,不仅新颖型商业模式能弱化高技术创新独占性的不利影响,而且自主研发战略还能利用高技术创新独占性的优势,提升企业的技术追赶绩效。因此,与在技术创新独占性低的环境下相比,在技术创新独占性高的环境下,新颖型商业模式设计与自主研发战略对技术追赶绩效的共同促进作用会更明显。

新颖型商业模式设计与技术引进战略对技术追赶绩效的共同作用。同理,不仅新颖型商业模式和技术引进战略都能弱化高技术创新独占性的不利影响,而且技术引进战略还能利用高技术创新独占性的优势,提升企业的技术追赶绩效。因此,与在技术创新独占性低的环境下相比,在技术创新独占性高的环境下,新颖型商业模式设计与技术引进战略对技术追赶绩效的共同促进作用会更明显。

综合以上分析,本书提出以下相关假设。

假设 7:技术创新独占性在效率型商业模式设计与技术引进战略对技术追赶绩效的增强型交互作用中起正向调节效应。当技术创新独占性高时,效率型商业模式设计与技术引进战略对促进技术追赶绩效提升的增强型交互作用更大。

假设 8:技术创新独占性在新颖型商业模式设计与自主研发战略对技术追赶绩效的增强型交互作用中起正向调节效应。当技术创新独占性高时,新颖型商业模式设计与自主研发战略对促进技术追赶绩效提升的增强型交互作用更大。

假设 9:技术创新独占性在新颖型商业模式设计与技术引进战略对技术追赶绩效的增强型交互作用中起正向调节效应。当技术创新独占性高时,新颖型商业模式设计与技术引进战略对促进技术追赶绩效提升的增强型交互作用更大。

(四)技术创新累积性的调节效应

技术创新累积性是指企业当下的技术创新会依赖于过去的创新。今天的创新是为将来的创新打下基础,将来的进展都是基于最初的某项技术,或者是通过在相关领域里运用其他创新来创造新的技术(Park and Lee,2006)。高技术创新累积性是一种进行持续创新并获得增长性收益的经济环境特征(Breschi et al.,2000)。在技术创新累积性高的环境下,行业内企业都会进行持续的创新,并努力获得增长性收益(Breschi et al.,2000)。新的创新对现有技术的依赖程度很高(Park and Lee,2006),模仿者只能获得有限的利润,而那些没有充分技术储备的企业很难进行良好的技术创新(宋耘和曾进泽,2007)。而在技术创新累积性低的环境下,技术对于后发企业来说就不是主要的劣势(Winter,1984),企业进行技术创新时对现有技术的依赖程度较低,对现有技术的要求很少,企业在没有十分充足的技术储备下也能进行较好的技术创新(Park and Lee,2006)。因此,在不同的技术创新独占性环境中,商业模式设计与技术创新战略的匹配对技术追赶绩效的促进作用会有所差异。

效率型商业模式设计与技术引进战略对技术追赶绩效的共同作用。效率型商业模式设计强调实现与合作伙伴之间更好的信息流通,减少与合作伙伴之间的信息不对称(Zott and Amit,2007)。信息的更好流通使企业能够更好掌握合作伙伴的信息,了解客户需求和市场发展方向,从而正确选择技术创新的方向,减少技术创新的失败。当技术创新累积性高的时候,企业技术创新的方向一般都是基于现有的技术基础;当技术创新累积性低的时候,企业技术创新方向可以是任意的,所以选择正确的方向变得十分重要。后发企业需要在众多的创新机会中找到那些真正符合目标客户需求和市场发展趋势的技术机会。相对于技术创新累积性高的环境,效率型商业模式设计强调的信息流通在技术创新累积性低的时候更能发挥作用。同时,技术引进战略有助于企业进行多方向技术的发展(Katila and Ahuja,2002)。在技术创新累积性低的环境下,技术引进战略可以在企业没有任何技术基础的情况下进行多方向的技术创新。而在技术创新累积性高的时候,企业要想在多方向实现技术创新,就要在多个技术领域具有技术储备,不仅较难实现而且会大大增加企业的研发成本投入。而且在技术创新累积性高的时候,企业内部会有较多的技术冗余,这些冗余会增加企业的成本。而在技术创新累积性低的时候,企业内部的技术冗余就会大大减少,降低了企业的成本。技术引进并不需要这些技术的冗余。因此,与在技术创新累积性高的环境下相比,在技术创新累积性低的环境下,效率型商业模式设计与技术引进战略对技术追赶绩效的共同促进作用会更明显。

在新颖型商业模式设计与自主研发战略对技术追赶绩效的共同作用。为企业开创新市场和获取新的合作伙伴或通过新的方式和交易机制与原有的交易伙伴发生联系是新颖型商业模式设计的主要特征(Zott and Amit,2007)。新颖型商业模式设计通过开创新市场和获取新的合作伙伴,有助于企业从更多新的来源获取新的信息,而通过新的方式和交易机制与原有的交易伙伴发生联系有助于企业从原有的来源获取新的信息。二者能够在高技术创新累积性的环境下,发挥后发企业信息溢出的优势,为后发企业提供持续的新的市场需求和技术信息,使后发企业保持持续的创新。而商业模式创新还能够带来超额利润,即企业租(entrepreneurial rents)(Rumelt,1987)。高技术创新累积性持续增长收益的要求也能通过新颖型商业模式设计带来企业租的方式更好地实现。同时,自主研发战略有助于企业对现有知识和技术的掌握能力得到增强(Katila and Ahuja，2002)，拥有更强的自主权，在技术发展的过程中不受外界的制约(傅家骥，1998)。在技术创新累积性高的环境下，自主研发战略不仅使后发企业对现有技术的掌握更加准确和全面，而且拥有了更充分的技术储备，可以进行更好的技术创新。因此，与在技术创新累积性低的环境下相比，在技术创新累积性高的环境下，新颖型商业模式设计与自主研发战略对技术追赶绩效的共同促进作用会更明显。

新颖型商业模式设计与技术引进战略对技术追赶绩效的共同作用。同理，新颖型商业模式设计和技术引进战略分别在技术创新累积性高与技术创新累积性低的时候发挥更大的作用。因此，技术创新累积性在新颖型商业模式设计与技术引进战略对技术追赶绩效共同促进过程中的调节效应还不明确。

综合以上分析，本书提出以下相关假设。

假设 10：技术创新累积性在效率型商业模式设计与技术引进战略对技术追赶绩效的增强型交互作用中起负向调节效应。当技术创新累积性低时，效率型商业模式设计与技术引进战略对促进技术追赶绩效提升的增强型交互作用更大。

假设 11：技术创新累积性在新颖型商业模式设计与自主研发战略对技术追赶绩效的增强型交互作用中起正向调节效应。当技术创新累积性高时，新颖型商业模式设计与自主研发战略对促进技术追赶绩效提升的增强型交互作用更大。

假设 12a：技术创新累积性在新颖型商业模式设计与技术引进战略对技术追赶绩效的增强型交互作用中起正向调节效应。当技术创新累积性高时，新颖型商业模式设计与技术引进战略对促进技术追赶绩效提升的增强型交互作用更大。

假设 12b：技术创新累积性在新颖型商业模式设计与技术引进战略对技术追赶绩效的增强型交互作用中起负向调节效应。当技术创新累积性低时，新颖型商业模式设计与技术引进战略对促进技术追赶绩效提升的增强型交互作用更大。

三、变量测度

本部分将通过实证研究对上述调节效应假设进行验证分析和更深层次的讨论。与第八章中的实证研究一样，本部分的数据收集也是通过企业问卷调查的方式进行，分析方法采用在通过信度和效度检验的基础上进行层次回归分析。问卷设计、数据收集方法和分析方法与第八章中所述相同,故不再赘述。在层次回归模型中,解释变量为商业模式设计和技术创新战略,被解释变量为技术追赶绩效,控制变量为企业规模、企业年龄、所有制和产业类型,有关以上变量及其测度方法在第八章中已经论述,此处也不再重复。技术创新独占性和技术创新累积性是本章研究模型中新引入的 2 个调节变量,预期将对商业模式匹配与技术创新战略和技术追赶绩效之间的关系产生影响,以下将对这 2 个变量的测度进行详细说明。

(一)技术创新独占性

以往研究对于技术创新独占性的测量,往往采用间接度量的方法(Geroski,1990;Malerba and Orsenigo,1996),分为主观打分法和客观数据测量法。

Breschi et al.(2000)运用主观打分法,技术创新独占性变量是通过测量(李克特 5 级量表)专利和商业秘密防止企业创新被竞争者模仿的有效程度获得的,其中,企业的创新包括产品创新和流程创新。Park and Lee(2006)运用客观数据测量法,根据一个产业在特定时间范围内自引的专利占总专利引用的比例进行技术创新独占性变量的测量。引用的专利如果比较集中在同一家申请单位(自引比例高),意味着知识的转移主要存在于发明者所在的组织的内部,组织与组织之间的知识转移比较困难,行业技术创新独占性较高。Paci and Usai(1998)认为,技术创新独占性说明了企业从创新中获得回报的可能性。技术创新独占性指示着企业防止自身的创新成果被他人模仿并减小因模仿从创新活动中攫取利益的可能性(Breschi et al.,2000)。

基于中国后发企业和现代服务业的特点,综合已有的度量方法,结合专家意见,我们提出最适合本书情境的测量题项,最终形成技术创新独占性测度量表(见表 9.2)。测度量表包含 4 个题项,采用李克特 7 级量表进行测量,1—7 分别表示对该题项所表述内容的认同程度(从非常不同意到非常同意),4 表示中立态度。行业内企业利用专利和商业秘密对企业技术创新保护的效果越好,说明行业技术创新独占性越高;行业内企业越难通过模仿进行创新,说明创新溢出效应越小,行业技术创新独占性越高;行业内企业通过技术创新获得的回报越高,说明企业自身的创新成果越难被模仿,行业技术创新独占性越高。

表 9.2　技术创新独占性测度量表

测度	题项
技术创新独占性	行业内的企业使用专利、商业秘密等方式来保护企业的技术创新； 在行业内，使用专利、商业秘密等方式就能很好地保护企业的技术创新； 在行业内，企业的创新很难被模仿； 在行业内，企业能够通过技术创新获得较高的回报

来源：Paci and Usai(1998)；Breschi et al.(2000)；Park and Lee(2006)；张云龙(2006)；别华荣(2010)。

(二)技术创新累积性

以往研究中关于技术创新累积性的测量方法同样分为主观打分法和客观数据测量法。Breschi et al.(2000)认为，技术创新累积性变量可通过技术进步的频率对产品创新的重要性程度以及商业模仿的不经济性进行测量(李克特 5 级量表)。Park and Lee(2006)用行业内创新的持续性表达技术创新累积性，通过测量在每个行业中持续创新者的专利数占总专利数的比例进行表证。持续创新者是指在 1980—1995 年能够有持续专利注册(每年至少注册 1 项专利)的企业。别华荣(2010)从两个方面对技术创新累积性进行了测量，除了对企业创新的频繁程度对于模仿者的影响程度以及模仿者的利润进行测量外，还进行了企业技术创新对现有技术的依赖程度的测量。

基于中国后发企业和现代服务业的特点，综合已有的度量方法，结合专家意见，我们提出最适合本书情境的测量题项，最终形成技术创新累积性测度量表(见表 9.3)。测度量表包含 4 个题项，采用李克特 7 级量表进行测量，1—7 分别表示对该题项所表述内容的认同程度(从非常不同意到非常同意)，4 表示中立态度。行业内企业的创新越频繁，企业所积累的技术基础越多，竞争者就越难模仿，因此企业就能够获得更多利润，而模仿者的利润就越低，则行业技术创新累积性就越高；行业内企业技术创新对现有技术依赖越大，所需的技术储备越多，也说明行业的技术创新累积性越高。

表 9.3 技术创新累积性测度量表

测度	题项
技术创新累积性	在行业内,频繁的创新才能保证竞争者难以模仿; 在行业内,由于技术变革较快,模仿者只能获得有限的利润; 在行业内,没有充分的技术储备无法进行技术创新; 在行业内,企业的技术创新要依赖于现有的技术

来源:Breschi et al.(2000);Park and Lee(2006);别华荣(2010)。

四、数据分析

在小样本预测的基础上,本部分将进一步对调整后问卷所收集来的大样本数据进行信度和效度检验,在效度和信度检验都通过的前提下,再采用多元回归的方法来探究技术创新独占性和技术创新累积性的调节效应。

(一)小样本预测

本部分因子分析中需要处理的最多变量为 2,变量的最多题项为 9。如前文所述的对探索性因子分析所需的最低样本容量要求,小样本预测的 63 份问卷可以较好满足探索性因子分析要求。2 个解释变量和被解释变量的测量量表的信度和效度已经在第八章实证研究中进行了检验,接下来主要对 2 个调节变量的量表进行信度和效度检验,以获得更有效、精准的测度量表。

1. 技术创新独占性

按照分析方法中阐述的步骤,首先对技术创新独占性进行 KMO 系数和 Bartlett 球体检验,其中,KMO 为 0.798,大于 0.70,且 Bartlett 统计值显著异于 0,检验结果符合要求,可以对 63 个样本所构建的 4 个题项进行探索性因子分析,结果如表 9.4 所示。根据特征根大于 1、最大因子载荷大于 0.5 的要求,提取出 1 个因子,累积解释变差为 72.933%。

观察各题项的因子载荷,发现所有因子载荷中最小为 0.745,符合大于 0.5 的要求,且所有题项均归为 1 个因子,可见技术创新独占性测度量表具有很好的效度。

表 9.4　技术创新独占性的探索性因子分析结果（N＝63）

题项（简写）	描述性统计分析		因子载荷
	均值	标准差	技术追赶绩效
使用专利等保护创新	4.8413	1.57814	0.881
专利等能很好保护创新	4.6984	1.58251	0.923
创新难被模仿	4.2540	1.43649	0.745
创新获得高回报	4.7937	1.41602	0.857

注：KMO 为 0.798，Bartlett 统计值显著异于 0（$p<0.001$），因子累积解释变差为 72.933%。

接着，对技术创新独占性做信度检验，结果如表 9.5 所示。所有的"题项—总体"相关系数均大于 0.35，各变量的 Cronbach's α 大于 0.70，除"创新难被模仿"题项外，其他删除某个题项后的 Cronbach's α 均比变量的总 Cronbach's α 小，说明"创新难被模仿"题项与其他技术创新独占性测度题项的一致性稍有差异。

表 9.5　技术创新独占性变量的信度检验结果 1（N＝63）

变量名称	题项（简写）	"题项—总体"相关系数	删除该题项后 Cronbach's α	Cronbach's α
技术创新独占性	使用专利等保护创新	0.769	0.825	0.875
	专利等能很好保护创新	0.844	0.793	
	创新难被模仿	0.591	0.892	
	创新获得高回报	0.735	0.840	

根据信度检验标准，可以考虑删去"创新难被模仿"题项。删除该题项后，再进行信度检验，结果如表 9.6 所示，所有的"题项—总体"相关系数均大于 0.35，各变量的 Cronbach's α 大于 0.70，且删除某个题项后的 Cronbach's α 比变量的总 Cronbach's α 小，各指标均通过了信度检验。经过信度分析，技术创新独占性题项由原 4 个题项经删减后剩下 3 个题项。

表 9.6　技术创新独占性变量的信度检验结果 2（N＝63）

变量名称	题项（简写）	"题项—总体"相关系数	删除该题项后 Cronbach's α	Cronbach's α
技术创新独占性	使用专利等保护创新	0.801	0.834	0.892
	专利等能很好保护创新	0.827	0.810	
	创新获得高回报	0.742	0.885	

2. 技术创新累积性

按照分析方法中阐述的步骤,首先对技术创新累积性进行 KMO 系数和 Bartlett 球体检验,其中,KMO 为 0.835,大于 0.70,且 Bartlett 统计值显著异于 0,检验结果符合要求,可以对 63 个样本所构建的 4 个题项进行探索性因子分析,结果如表 9.7 所示。根据特征根大于 1、最大因子载荷大于 0.5 的要求,提取出 1 个因子,累积解释变差为 78.487%。

观察各题项的因子载荷,发现所有因子载荷最小为 0.837,符合大于 0.5 的要求,且所有题项均归为 1 个因子,可见技术创新累积性量表具有很好的效度。

表 9.7　技术创新累积性的探索性因子分析结果($N=63$)

题项(简写)	描述性统计分析		因子载荷
	均值	标准差	技术追赶绩效
频繁创新难以模仿	5.0635	1.47968	0.902
模仿者利润有限	4.7937	1.32176	0.895
无技术储备无法创新	5.0159	1.36183	0.909
依赖现有技术	4.8730	1.27624	0.837

注:KMO 为 0.835,Bartlett 统计值显著异于 0($p<0.001$),因子累积解释变差为 78.487%。

接着,对技术创新累积性做信度检验,结果如表 9.8 所示。所有的"题项—总体"相关系数均大于 0.35,各变量的 Cronbach's α 大于 0.70,且删除某个题项后的 Cronbach's α 均比变量的总 Cronbach's α 小。可见,技术创新累积性的各题项之间具有较好的内部一致性。

表 9.8　技术创新累积性变量的信度检验结果($N=63$)

变量名称	题项(简写)	"题项—总体"相关系数	删除该题项后 Cronbach's α	Cronbach's α
技术创新累积性	频繁创新难以模仿	0.818	0.873	0.908
	模仿者利润有限	0.808	0.876	
	无技术储备无法创新	0.829	0.868	
	依赖现有技术	0.721	0.905	

(二)变量的信度和效度

在小样本预测的基础上,我们将进一步对调整后问卷所收集来的大样本数据进行信度和效度检验,使用 AMOS 软件进行验证性因子分析,以确保所测量变量的因子结构与先前的构念相符,确保实证结果可靠。同样,2个解释变量和被解释变量的信度和效度已经在第八章的实证研究中进行了检验,接下来主要对 2 个调节变量的量表进行信度和效度检验。

首先对技术创新独占性和技术创新累积性 2 个变量的信度进行检验,结果如表 9.9 所示。各指标均满足上文所述的信度指标要求,通过信度检验,说明变量测度的一致性良好。

表 9.9 技术创新独占性和技术创新累积性变量的信度检验结果($N=263$)

变量名称	题项(简写)	"题项—总体"相关系数	删除该题项后 Cronbach's α	Cronbach's α
技术创新独占性	使用专利等保护创新	0.825	0.854	0.906
	专利等能很好保护创新	0.825	0.854	
	创新获得高回报	0.788	0.885	
技术创新累积性	频繁创新难以模仿	0.874	0.929	0.946
	模仿者利润有限	0.872	0.929	
	无技术储备无法创新	0.885	0.925	
	依赖现有技术	0.852	0.935	

接下来,对技术创新独占性和技术创新累积性 2 个变量进行验证性因子分析。测量模型及拟合结果分别如图 9.1 和表 9.10 所示。

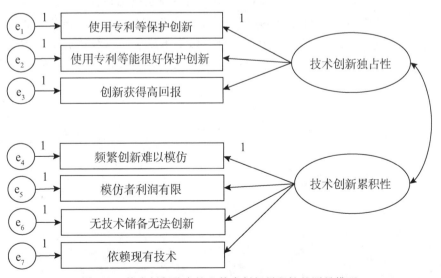

图 9.1 技术创新独占性和技术创新累积性的测量模型

表 9.10　技术创新独占性和技术创新累积性测量模型拟合结果($N=263$)

路径	标准路径系数	标准误差	临界比值	p
使用专利等保护创新←技术创新独占性	0.891			***
专利等能很好保护创新←技术创新独占性	0.890	0.051	18.805	***
创新获得高回报←技术创新独占性	0.838	0.050	17.440	***
频繁创新难以模仿←技术创新累积性	0.905			***
模仿者利润有限←技术创新累积性	0.906	0.046	23.204	***
无技术储备无法创新←技术创新累积性	0.919	0.045	24.011	***
依赖现有技术←技术创新累积性	0.881	0.047	21.683	***

注：$\chi^2=11.873$；df$=13$；$\chi^2/$df$=0.913$；CFI$=1.000$；TLI$=1.001$；RMSEA$=0.000$。*** 表示 $p<0.001$。

技术创新独占性和技术创新累积性测量模型的拟合结果表明，χ^2 为 11.873(df$=13$)，$\chi^2/$df 为 0.913，小于 5；CFI 与 TLI 都大于 0.9；RMSEA 为 0.000，小于 0.05；各路径系数均在 $p<0.001$ 的水平上通过了显著性检验。因此，该模型拟合效果良好，因子结构通过了验证，即本书对技术创新独占性和技术创新累积性的测度是有效的。

(三)描述性统计分析和相关分析

在进行多元回归分析之前，本书先对各变量进行描述性统计分析和相关分析，结果如表 9.11 所示，控制变量中的企业规模是将企业员工人数的自然对数值作为变量值。接下来将进一步采用层次回归分析方法对调节变量技术创新独占性和技术创新累积性的影响机制做更为精确的验证。

表 9.11　描述性统计分析和相关系数矩阵 2 (N=263)

变量	控制变量						自变量				调节变量		因变量	描述性统计	
	企业年龄	企业规模	所有制01	所有制02	所有制03	产业类型	效率型	新颖型	自主研发	技术引进	独占性	累积性	技术追赶	均值	标准差
1														15.50	15.19
2	0.340**													2.62	0.99
3	0.473**	0.298**												0.27	0.45
4	-0.305**	-0.305**	-0.605**											0.50	0.51
5	-0.072	0.111	-0.191**	-0.318**										0.09	0.29
6	0.018	0.129*	0.165**	-0.103	-0.030									0.51	0.50
7	0.013	0.017	-0.034	-0.032	-0.016	0.145*	1							5.13	0.99
8	0.055	0.070	-0.044	0.048	0.020	0.095	0.688**	1						5.04	0.99
9	0.147*	0.203**	-0.055	0.023	-0.048	0.112	0.416**	0.561**	1					4.74	1.25
10	-0.022	0.077	-0.087	0.060	0.008	-0.026	0.345**	0.431**	0.506**	1				4.47	1.25
11	0.011	-0.043	0.024	-0.068	0.038	-0.047	-0.004	-0.132*	-0.036	0.019	1			4.60	1.12
12	0.045	0.015	0.050	-0.045	-0.131*	0.051	0.029	0.071	0.022	-0.099	0.078	1		4.65	1.18
13	-0.017	0.062	-0.170**	0.085	0.024	0.012	0.474**	0.557**	0.503**	0.575**	-0.046	0.012	1	4.67	1.10

注：** 表示 $p < 0.01$（双尾检验），* 表示 $p < 0.05$（双尾检验）。

(四)层次回归分析

1. 多重共线性、异方差和序列相关检验

遵循第八章中所阐述的对多元回归模型进行多重共线性、异方差以及序列相关三大问题检验的方法,经检验,本部分各回归模型的 VIF 均为 0—3,且所有回归模型的散点图均为无序状。因此,可以判定本部分解释变量之间不存在多重共线性问题,各模型均不存在异方差问题,不需要进行序列相关问题的检验。

2. 回归分析结果

在通过验证的商业模式设计与技术创新战略的匹配对技术追赶绩效影响机制模型的基础上,本部分将进一步考察技术创新独占性与技术创新累积性在此机制中所起的调节效应。同样也是将各变量标准化处理后相乘得到交互项,进入回归模型。本部分主要对调节效应进行集中讨论。由第八章实证研究结果可知,效率型商业模式设计与自主研发战略对技术追赶绩效的交互作用并不显著。因此,本部分将考虑技术创新独占性和技术创新累积性对另外 3 种匹配的调节效应。层次回归分析结果如表 9.12 所示。

表 9.12 技术创新独占性和技术创新累积性调节效应的层次回归分析结果($N=263$)

项目		模型 1	模型 2	模型 3	模型 4	模型 5
常数项		4.463^{***}	$0.813^{\dagger}$	0.614	$0.720^{\dagger}$	0.408
控制变量	企业年龄	0.004	0.001	0.001	$2.900E-5$	-0.002
	企业规模	$0.126^{\dagger}$	0.030	0.031	0.025	0.033
	所有制 01	-0.659^{**}	-0.374^{*}	-0.366^{*}	$-0.318^{\dagger}$	$-0.314^{\dagger}$
	所有制 02	-0.074	-0.075	-0.063	-0.155	-0.102
	所有制 03	-0.170	-0.065	-0.045	-0.028	-0.009
	产业类型	0.077	-0.040	-0.041	-0.046	-0.078
自变量	效率型		0.149^{*}	0.148^{*}	0.088	0.158^{*}
	新颖型		0.265^{**}	0.264^{**}	0.353^{***}	0.356^{***}
	自主研发		0.108^{*}	0.108^{*}	0.162^{**}	0.109^{*}
	技术引进		0.310^{***}	0.313^{***}	0.276^{***}	0.241^{***}
调节变量	技术创新独占性		-0.014		-0.060	
	技术创新累积性			0.026		0.004

续表

项目		模型 1	模型 2	模型 3	模型 4	模型 5
常数项		4.463***	0.813†	0.614	0.720†	0.408
交互项	效率型×技术引进				0.147*	0.103
	新颖型×自主研发				0.065	0.079
	新颖型×技术引进				0.091	0.144†
	效率型×独占性				0.102†	
	新颖型×独占性				0.057	
	自主研发×独占性				−0.109†	
	技术引进×独占性				−0.136*	
	效率型×技术引进×独占性				0.113†	
	新颖型×自主研发×独占性				−0.060	
	新颖型×技术引进×独占性				0.162*	
	效率型×累积性					−0.051
	新颖型×累积性					−0.011
	自主研发×累积性					−0.016
	技术引进×累积性					−0.014
	效率型×技术引进×累积性					−0.140*
	新颖型×自主研发×累积性					0.121*
	新颖型×技术引进×累积性					0.065
模型统计量	R^2(调整 R^2)	0.047 (0.025)	0.484 (0.461)	0.484 (0.462)	0.603 (0.568)	0.588 (0.552)
	ΔR^2	0.047	0.436	0.437	0.119	0.103
	F	2.124†	21.386***	21.433***	17.407***	16.363***
	ΔF	2.214	42.439	42.538	7.210	6.045

注:被解释变量为技术追赶绩效,回归系数为非标准化路径系数。*** 表示 $p < 0.001$(双尾检验),** 表示 $p < 0.01$(双尾检验),* 表示 $p < 0.05$(双尾检验),† 表示 $p < 0.1$(双尾检验)。

模型 1 主要用于观察控制变量对技术追赶绩效的解释作用。模型 2 和模型 3 分别用来分析效率型商业模式设计、新颖型商业模式设计、自主研发战略、技术引进战略以及技术创新独占性、技术创新累积性对技术追赶绩效的主效应。模型 4 在模型 2 中所含解释变量的基础上添加了表征技术创新独占性调节效应的 7 个二维交互项(效率型×技术引进、新颖型×自主研发、新颖型×技术引进、效率型×独占性、新颖型×独占性、自主研发×独占性、技术引进×独占性)和 3 个三维交互项(效率型×技术引进×独占性、新颖型×自主研发×独占性、新颖型×技术引进×独占性)。模型 5 在模型 3 中所含解释变量的基础上添加了表征技术创新累积性调节效应的 7 个二维交互项(效率型×技术引进、新颖型×自主研发、新颖型×技术引进、效率型×累积性、新颖型×累积性、自主研发×累积性、技术引进×累积性)和 3 个三维交互项(效率型×技术引进×累积性、新颖型×自主研发×累积性、新颖型×技术引进×累积性)。

表 9.12 中模型 1、模型 2、模型 3、模型 4、模型 5 的 F 显著,在模型 4 中,R^2 相对于模型 2 有较大幅度增加,表明回归模型总体效果理想,技术创新独占性对商业模式设计与技术创新战略的匹配和技术追赶绩效的关系有着显著的调节效应。具体说来:技术创新独占性和效率型商业模式设计与技术引进战略的匹配的交互项回归系数为正(0.113),且显著异于 0($p<0.1$),这意味着技术创新独占性在效率型商业模式设计与技术引进战略的匹配和技术追赶绩效的关系中起正向调节效应,假设 7 得到了支持;技术创新独占性和新颖型商业模式设计与技术引进战略的匹配的交互项回归系数为正(0.162),且显著异于 0($p<0.05$),这意味着技术创新独占性在新颖型商业模式设计与技术引进战略的匹配和技术追赶绩效的关系中起正向调节效应,假设 9 得到了支持;然而,技术创新独占性和新颖型商业模式设计与自主研发战略匹配的交互项回归系数为负(-0.060),且没有显著异于 0,因此,假设 8 没有得到支持。

在模型 5 中,R^2 相对于模型 3 有较大幅度增加,表明回归模型总体效果理想,技术创新累积性对商业模式设计与技术创新战略的匹配和技术追赶绩效的关系有显著的调节效应。具体说来:技术创新累积性和效率型商业模式设计与技术引进战略匹配的交互项回归系数为负(-0.140),且显著异于 0($p<0.05$),这意味着技术创新累积性在效率型商业模式设计与技术引进战略的匹配和技术追赶绩效的关系中起负向调节效应,假设 10 得到了支持;技术创新累积性和新颖型商业模式设计与自主研发战略匹配的交互项回归系数为正(0.121),且显著异于 0($p<0.05$),这意味着技术创新累积性在新颖型商业模式设计与自主研发战略的匹配和技术追赶绩效的关系中起正向调节效应,假设 11 得到了支持;然而,技术创新累积性

和新颖型商业模式设计与技术引进战略匹配的交互项回归系数为正
(0.065)，且没有显著异于0，因此，假设12a和假设12b都没有得到支持。

五、结果与讨论

根据研究假设的验证结果，技术创新独占性和技术创新累积性对商业
模式设计与技术创新战略匹配和技术追赶绩效关系的最终调节效应模型
如图9.2所示。

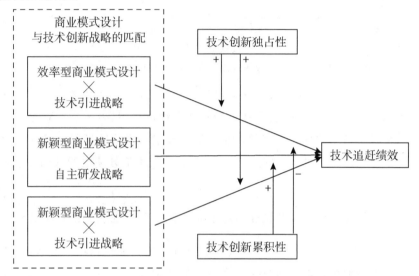

图9.2　技术创新独占性与技术创新累积性调节效应的模型检验结果

由图9.2可以看出，技术创新独占性对效率型商业模式设计与技术引
进战略的匹配和技术追赶绩效的关系、新颖型商业模式设计与技术引进战
略的匹配和技术追赶绩效的关系具有显著的调节效应；技术创新累积性对
效率型商业模式设计与技术引进战略的匹配和技术追赶绩效的关系、新颖
型商业模式设计与自主研发战略的匹配和技术追赶绩效的关系具有显著
的调节效应。下文将对实证研究结果做进一步讨论。

（一）效率型商业模式设计与技术引进战略匹配：独占性的调节效应

由上述分析结果可知，本章假设7通过了验证（回归系数为0.113，
$p<0.1$），意味着技术创新独占性越高，效率型商业模式设计与技术引进战
略对促进技术追赶绩效提升的增强型交互作用越显著，如图9.3所示。

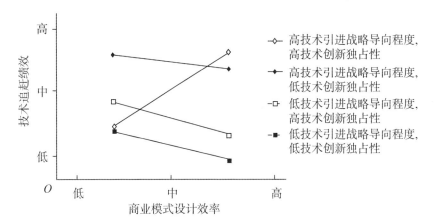

图9.3 效率型商业模式设计与技术引进战略的匹配:独占性的调节效应

与 Park and Lee(2006)、Breschi et al.(2000)等一致,本章发现相比于技术创新独占性低的环境,高技术创新独占性环境下,效率型商业模式设计所带来的信息共享和更好的信息流通与技术引进战略所带来的企业之间的合作和技术信息流通的加强,对后发企业技术追赶绩效的共同促进效用增强。

(二)新颖型商业模式设计与自主研发战略匹配:独占性的调节效应

由上述分析结果可知,本章假设8没有通过验证,即技术创新独占性对新颖型商业模式设计与自主研发战略的匹配和技术追赶绩效关系的调节效应没有通过验证。可能的原因在于我国的后发企业本身就处于技术和市场的劣势(Hobday,1995),当技术创新独占性高的时候,后发企业进行自主创新所面临的技术信息壁垒就高。虽然技术创新独占性有利于企业技术创新成果的保护,但实施自主创新战略并不是最佳选择。因此,技术创新独占性的变化对新颖型商业模式设计与自主研发战略的匹配和技术追赶绩效关系的调控影响可能无法很好地体现出来。与此同时,由于研究结果可能受到本书行业选择的局限性或样本数量限制的影响,假设8的内容可作为今后进一步探讨的方向。

(三)新颖型商业模式设计与技术引进战略匹配:独占性的调节效应

由上述分析结果可知,本章假设9通过了验证(回归系数为0.162,$p<0.05$),意味着技术创新独占性越高,新颖型商业模式设计与技术引进战略对促进技术追赶绩效提升的增强型交互作用越显著,如图9.4所示。

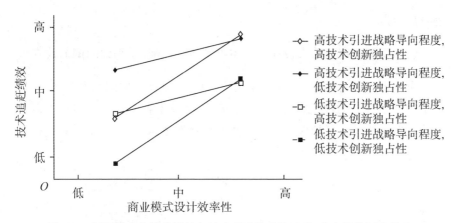

图 9.4　新颖型商业模式设计与技术引进战略的匹配:独占性的调节效应

与 Park and Lee(2006)、Breschi et al.(2000)等一致,本章发现相比于技术创新独占性低的环境,高技术创新独占性环境下,新颖型商业模式设计所带来的新的信息获取与技术引进战略所带来的企业之间的合作和技术信息流通的加强,对后发企业技术追赶绩效的共同促进效用增强。

(四)效率型商业模式设计与技术引进战略匹配:累积性的调节效应

由上述分析结果可知,本章假设 10 通过了验证(回归系数为 -0.140,$p<0.05$),意味着技术创新累积性越低,效率型商业模式设计与技术引进战略对促进技术追赶绩效提升的增强型交互作用越显著,如图 9.5 所示。

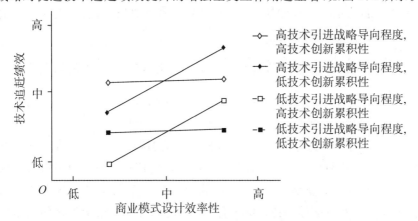

图 9.5　效率型商业模式设计与技术引进战略的匹配:累积性的调节效应

与 Park and Lee(2006)、Breschi et al.(2000)、Winter(1984)、宋耘和曾进泽(2007)一致,本章发现相比于技术创新累积性高的环境,低技术创新累积性环境下,效率型商业模式设计所带来的信息共享和信息流通与技术引进战略所带来的技术多方向发展,对后发企业技术追赶绩效的共同促进效用增强。

(五)新颖型商业模式设计与自主研发战略匹配:累积性的调节效应

由上述分析结果可知,本章假设 11 通过了验证(回归系数为 0.121, $p < 0.05$),意味着技术创新累积性越高,新颖型商业模式设计与自主研发战略对促进技术追赶绩效提升的增强型交互作用越显著,如图 9.6 所示。

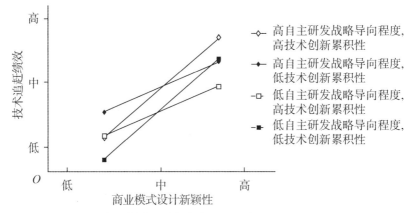

图 9.6 新颖型商业模式设计与自主研发战略的匹配:累积性的调节效应

与 Park and Lee(2006)、Breschi et al.(2000)、Winter(1984)、宋耘和曾进泽(2007)等一致,本章发现相比于技术创新累积性低的环境,高技术创新累积性环境下,新颖型商业模式设计所带来的新的信息获取与自主研发战略所带来的自主权和知识、技术掌握能力的增强,对后发企业技术追赶绩效的共同促进效用增强。

(六)新颖型商业模式设计与技术引进战略匹配:累积性的调节效应

由上述分析结果可知,本书假设 12a 和假设 12b 都没有通过验证,即技术创新累积性对新颖型商业模式设计与技术引进战略的匹配和技术追赶绩效关系的调节效应没有通过验证。可能的原因在于当技术创新累积性高的时候,新颖型商业模式设计所带来的新的信息获取能够更好发挥后发企业信息溢出的优势,为后发企业提供持续的新的市场需求和技术信息,使后发企业也能够保持持续的创新,而技术引进战略所带来的技术多方向发展在技术创新累积性低的时候能够更好发挥效应。新颖型商业模式设计和技术引进战略分别在技术创新累积性高和技术创新累积性低的时候发挥更大的作用。因此技术创新累积性的变化对新颖型商业模式设计与技术引进战略的匹配和技术追赶绩效关系的调控影响可能无法很好地体现出来。与此同时,由于研究结果可能受到本书行业选择的局限性或样本数量限制的影响,假设 12a 和假设 12b 的内容可作为今后进一步探讨的方向。

六、本章小结

本章在第八章验证通过的商业模式设计与技术创新战略的匹配对技术追赶绩效影响机制模型的基础上,引入技术创新独占性和技术创新累积性来进一步探索这 2 个变量对此机制的调节效应。本章首先基于已有文献研究提出了相关假设,并运用效度、信度检验和层次回归分析等统计方法对所收集问卷的数据进行分析验证,深入探讨了技术创新独占性、技术创新累积性在效率型商业模式设计与技术引进战略的匹配、新颖型商业模式设计与自主研发战略的匹配和新颖型商业模式设计与技术引进战略的匹配和技术追赶绩效关系中的调节效应,实证研究结果汇总如表 9.13所示。

表 9.13　技术创新独占性与技术创新累积性调节效应的研究假设验证情况

假设序号	假设描述	验证情况
假设 7	技术创新独占性在效率型商业模式设计与技术引进战略对技术追赶绩效的增强型交互作用中起正向调节效应。当技术创新独占性高时,效率型商业模式设计与技术引进战略对促进技术追赶绩效提升的增强型交互作用更大	通过
假设 8	技术创新独占性在新颖型商业模式设计与自主研发战略对技术追赶绩效的增强型交互作用中起正向调节效应。当技术创新独占性高时,新颖型商业模式设计与自主研发战略对促进技术追赶绩效提升的增强型交互作用更大	未通过
假设 9	技术创新独占性在新颖型商业模式设计与技术引进战略对技术追赶绩效的增强型交互作用中起正向调节效应。当技术创新独占性高时,新颖型商业模式设计与技术引进战略对促进技术追赶绩效提升的增强型交互作用更大	通过
假设 10	技术创新累积性在效率型商业模式设计与技术引进战略对技术追赶绩效的增强型交互作用中起负向调节效应。当技术创新累积性低时,效率型商业模式设计与技术引进战略对促进技术追赶绩效提升的增强型交互作用更大	通过

续表

假设序号	假设描述	验证情况
假设 11	技术创新累积性在新颖型商业模式设计与自主研发战略对技术追赶绩效的增强型交互作用中起正向调节效应。当技术创新累积性高时,新颖型商业模式设计与自主研发战略对促进技术追赶绩效提升的增强型交互作用更大	通过
假设 12a	技术创新累积性在新颖型商业模式设计与技术引进战略对技术追赶绩效的增强型交互作用中起正向调节效应。当技术创新累积性高时,新颖型商业模式设计与技术引进战略对促进技术追赶绩效提升的增强型交互作用更大	未通过
假设 12b	技术创新累积性在新颖型商业模式设计与技术引进战略对技术追赶绩效的增强型交互作用中起负向调节效应。当技术创新累积性低时,新颖型商业模式设计与技术引进战略对促进技术追赶绩效提升的增强型交互作用更大	未通过

第十章　双轮创新驱动后发追赶:共演模式

中国后发企业的技术追赶面临着极其复杂且相互冲突的技术环境,特殊的多样化技术体制对后发企业技术追赶的研究提出了挑战。企业在不同的发展阶段所面临的环境会发生变化,商业模式设计和技术创新战略也会经历动态调整的过程,以提升技术追赶绩效。因此,有必要对技术追赶过程中的商业模式设计与技术创新战略的共同演化做进一步深入探讨。

本章采用共演模型对中国的大型互联网公司阿里巴巴进行纵向案例研究,力图展现在极其复杂且相互冲突的技术环境中,企业商业模式设计、技术创新战略和技术追赶的共演过程。共演框架将组织情境与技术环境以一种复合的视角联系起来,对后发企业技术追赶研究有重要的理论意义:一方面揭示了后发企业如何在组织情境与技术环境的共同作用下实现技术追赶;另一方面揭示了在技术追赶的过程中,企业如何对组织情境和技术环境进行管理,以及组织情境与技术环境之间的相互作用。

一、研究设计与方法

(一)方法选择

本章采用纵向单案例研究方法,通过共演模型来揭示技术追赶过程中的商业模式设计与技术创新战略共同的动态演化过程。首先,案例研究适合用来回答"怎么样"和"为什么"的问题(Yin,2009),与本书的研究问题相契合;其次,单案例研究通过选择有代表性的案例进行分析,不仅能够更好地检验理论预设中提出的命题,而且可能捕捉到管理中涌现出来的新现象和新问题(Chakravarthy and Doz,1992;Pettigrew,1990;Yin,2009);最后,纵向研究作为单案例研究的一种类型,能够对同一案例进行两个或多个不同时间点上的研究,并揭示所要分析的现象或问题是如何随着时间的变化而变化的(Yin,2009)。

共演模型有助于整合不同的视角,在现实复杂的环境下研究一个互动者与同层级或不同层级多个互动者之间的互为因果关系(Baum and

Korn,1999;Kauffman,1993;McKelvey,1997)。共同演化理论最早出现在生物学领域,于20世纪80年代后半期开始被引入社会学和经济学领域的研究。它是指持续变化发生在两个或多个相互依赖、单一的物种上,它们的演化轨迹相互交织并相互适应(Van Den Bosch et al.,1999;Volberda and Lewin,2003)。共同演化同时强调"共同"和"演化":"共同"强调的是一种相互的反馈机制,并不一定是时间上的同时;"演化"是指两个或多个变量之间相互影响并促使双方适应性特征的变化(Norgaard,1985)。在这些变量间,存在着双向或多向的因果关系(Murmann,2003)。

一个组织在和其组成部分共同演化的过程中,也可能与其变化的组织环境具有共演关系(Kauffman,1993)。共同演化可以发生在同一个层次内部的变量之间,也可以发生在多个层次之间(Lewin and Volberda,1999),而较低层次的共演总是嵌套于较高层次的共演环境之中(Baum and Singh,1994),例如企业内部的资源、动态能力和运营能力的共演(Lewin and Volberda,1999),企业组织情境(包括资源、知识、能力、企业文化、权威等)和外部环境(包括经济、政治和社会等因素)两个层级的共演(Pettigrew,1985)。

(二)案例选择

本章选择的案例是中国互联网领军企业阿里巴巴集团(简称阿里巴巴)。阿里巴巴成立于1999年,是由马云一手创办的互联网平台。阿里巴巴以B2B的经营模式起家,定位于强化网上交易的便利性,最初通过免费制吸引了广大用户,在建立起品牌声誉后进行其他经营模式的探索。如今,阿里巴巴已成为一家集B2B、B2C和C2C三种电子商务模式于一体,并拥有电子支付技术、购物搜索技术、云技术等代表性技术的成功实现技术追赶的互联网企业(见图10.1)。

在案例的选择过程中主要考虑了以下因素。

1.代表性

产业代表性。一方面,阿里巴巴所处的互联网行业是在互联网技术产生以后出现的新兴行业。中国的后发企业长期的技术和市场劣势造成了自身在行业起步阶段的落后,但新行业的独特性及其更广阔的本土市场使其追赶要比传统行业更快(Alcorta et al.,2009),许多后发企业在这一过程中表现良好。另一方面,更多新的商业模式在这一行业出现,且技术创新也更加活跃,为本书提供了丰富的数据基础。

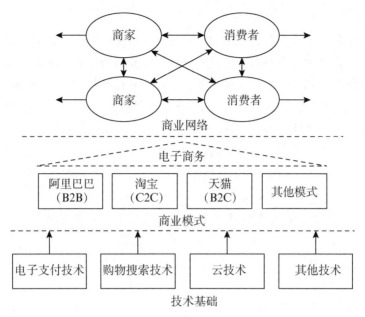

图 10.1　阿里巴巴集团商业模式(简图)

来源:吴晓波等(2013)。

企业代表性。阿里巴巴是国内互联网行业的领军企业,其 10 多年来(截至 2013 年)的发展历程是一个比较完整的后发企业技术追赶过程。凭借商业模式和技术创新的推动分别经历了相较于先发企业技术落后、技术追赶和技术赶超的 3 个阶段。截至 2013 年,阿里巴巴已成为全球第二和中国第一的电子商务集团。

2.数据可得性

首先,阿里巴巴的发展历程相对稳定,没有经历特别大的变革或失败,且在这期间中国经济的发展也呈现平稳快速的发展态势,因此可以保证度量企业商业模式设计、技术创新战略、技术追赶绩效以及技术环境等变量数据的可获得性;其次,研究人员与阿里巴巴同在杭州,且双方有长期互动和联系,有利于进行长期的跟踪调研;最后,阿里巴巴相对于其他企业有更多的公开资料、行业资料等,便于进行案例资料的三角验证。

(三)变量测度

在变量测度上,我们通过对大量文献的阅读和整理,将有可能与数据匹配的度量方法整理列出,同时在数据的整理过程中通过保持相对松散的概念类型,让最后的概念从数据中涌现出来(Laamanen and Wallin,2009)。在不断比较的基础上,我们确定了现有度量方法中与数据最匹配的一种。

商业模式设计主题有效率、新颖、锁定和互补(Amit and Zott,2001),本书关注以效率为中心的商业模式设计和以新颖为中心的商业模式设计。效率型商业模式设计能够实现交易效率的提升(而不是产出效率的提高),减少企业与合作伙伴间的交易成本;新颖型商业模式设计是指采用新的方式和不同的合作伙伴进行交易,包括与新的合作者进行联系、与合作者采用新的交易方式或新的交易机制(Zott and Amit,2007,2008;陈琦,2010)。按照创新来源的不同,技术创新战略可分为自主研发战略和技术引进战略(Lee and Om,1994;Veugelers and Cassiman,1999;郭俊华和万君康,1998)。实施自主研发战略的企业,其技术主要来自企业内部和团队内部,企业通过自身的力量完成技术创新过程;实施技术引进战略的企业,其技术主要来自外部引进,包括企业的利益相关者、其他研究机构和免费相关信息等(Friar and Horwitch,1985;Lee and Lim,2001;Veugelers and Cassiman,1999)。技术追赶不仅包括技术水平的提高,还包括技术能力的提高,可通过劳动生产率、技术水平、新产品产值占销售总额的比重、新产品的开发速度、创新产品的成功率进行衡量(Arundel and Kabla,1998;Brouwer and Kleinknecht,1999;Hagedoorn and Cloodt,2003;彭新敏,2009;许冠南,2008)。技术环境主要指企业所处行业的技术体制,通过技术体制的技术创新独占性和技术创新累积性来衡量(Breschi et al.,2000;Park and Lee,2006)。

(四)数据收集

本章通过多样化的研究信息和资料来源渠道,对研究数据进行三角验证(Miles and Huberman,1994),不仅能够获得对研究现象多视角的描述,而且避免了共同方法偏差,提高了案例的建构效度(彭新敏,2009)。同时,我们建立了案例研究资料库以进行资料的记录和整理。

1. 深度访谈

从 2010 年 1 月起,我们对案例企业的相关人员进行了 30 余次的面对面的以及通过电话等形式的非面对面的访谈。

访谈形式。包括正式的半结构化访谈,未事先约见的短暂访谈,通过电话以及电子邮件、QQ 等即时聊天工具的访谈。

访谈人员。包括企业员工、客户、竞争者、行业专家。其中,企业员工包括技术部门负责人、市场部门负责人和普通技术人员,客户包括企业客户和个人客户,竞争者包括综合信息业务、综合物流业务、个人零售业务、支付业务的竞争企业,行业专家包括互联网行业专家和行业技术专家。

访谈过程。正式的半结构化访谈平均持续时间约为 2 小时,在访谈人允许的情况下进行了录音,并在访谈结束后的 24 小时内进行整理,存入案例资料库;未事先约见的短暂访谈和通过电话等形式的非面对面访谈平均持续时间为 0.5 小时,并将访谈过程中的记录进行整理,同样存入案例资料库。

2. 企业内部资料

在对企业进行实地访谈的过程中,我们还会向企业索要内部相关资料,例如总结材料、领导讲话等。

3. 二手公开材料

一是通过中国期刊全文数据库、重要报纸全文数据库、行业报告等检索与阿里巴巴有关的文献;二是在百度、谷歌搜索引擎内输入"阿里巴巴""淘宝""阿里""马云"等关键字获取相关有用信息;三是阅读与案例企业或创始人的有关图书,进行资料的进一步整理。

4. 实地观察与体验

在实地访谈过程中,我们还对案例企业内部进行参观,同时登录各子公司的平台网站,参与具体业务的操作过程,深入体验和了解。

(五)数据分析

1. 时期划分

Lewin and Volberda(1999)提出,共演研究必须有足够长的考察期,要对共演系统的历史环境进行详细审视。因此,我们选择阿里巴巴成立至 2013 年这一完整时期作为本案例的考察期。本书沿用吴晓波等(2013)关于阿里巴巴二次商业模式与技术创新共演过程阶段划分,按照阿里巴巴电子商务模式的演变(B2B、C2C、B2C)将企业发展分为 3 个阶段(见表 10.1)。其中,用于划分阶段的关键事件和标准如下:1999 年,阿里巴巴成立并进军 B2B 领域。2003 年,阿里巴巴已初具规模并开始涉足 C2C 行业,展开对全球范围内行业领先企业的追赶。2008 年,阿里巴巴开始进入 B2C 行业并进行全面扩张,初步实现了对行业内全球领先企业的追赶。基于此,我们将 1999—2003 年视为起步阶段,将 2003—2008 年视为追赶阶段,将 2008—2013 年视为赶超阶段。与此同时,中国互联网也经历了从初步成形到步入正轨再到蓬勃发展的阶段。

表 10.1　阿里巴巴技术追赶动态过程

项目	起步阶段	追赶阶段	赶超阶段
时间范围	1999—2003 年	2003—2008 年	2008—2013 年
研究对象	阿里巴巴网站	阿里巴巴网站、淘宝、支付宝、中国雅虎、阿里妈妈、阿里软件	13 家子公司
代表的电子商务模式	B2B	C2C	B2C
研究目的	构建基于中国互联网初步成形阶段的共演模型	构建基于中国互联网步入正轨发展阶段的共演模型	构建基于中国互联网蓬勃发展阶段的共演模型

2. 数据编码

　　本章通过内容分析法（content analysis）对所获取的案例资料进行整理和分析（Corbin and Strauss,1998）。内容分析法是一种能够对传播内容进行客观、系统和定量描述的研究方法（Krippendorff,2004），其实质是对传播内容所含信息量及其变化的分析。首先,将与研究问题相关的材料摘出,按照技术追赶动态过程的 3 个阶段对案例库内的资料进行一级编码,形成一级条目库;其次,将每个阶段与研究主题中构念（商业模式设计、技术创新战略、技术追赶和环境因素等）相关的内容挑选出来,形成各阶段的二级条目库;最后,将二级条目库的内容汇总到 4 个构念的条目库中,按照每个构念的测度变量转换为相应的关键词,再与事先预设的关键词（见表10.2）进行对比,确定二级编码结果。

　　本书邀请了 2 名学术界专家组成研究小组共同进行编码,当 2 名学术界专家和作者（3 人）同时编码一致时,则肯定该编码结果;否则,由研究小组全体成员共同讨论确定。

3. 阶段内和跨阶段分析

　　首先,在编码和案例分析的过程中,在每个阶段的具体情境中进行分析,找到当期企业技术追赶过程中 4 个构念之间的联系,并进行个案的撰写。其次,将 3 个阶段的个案进行联系和比较,考察不同环境条件下各阶段商业模式、技术创新战略和技术追赶现象的差异与联系,从而找到它们之间的演化和共演特征。

表 10.2　相关构念测度的关键词

构念	测度变量	关键词
技术环境	技术体制	创新被模仿、技术创新成果保护、技术外部性、信息流通、技术依赖、技术储备、持续创新
商业模式设计	效率性	降低成本、减少出错率、交易透明、信息共享、快速交易、交易可扩展
	新颖性	新增合作者、结合方式新颖、接触不同的产品和合作者
技术创新战略	自主研发	自主研发能力强、研发费用占销售额比例高、研发人员比例高
	技术引进	合作开发、购买技术、技术许可、技术授权、技术顾问、创新投入
技术追赶	技术追赶绩效	劳动生产率、技术水平、新产品产值占销售总额比重、新产品开发速度、创新产品成功率

二、案例分析与共演关系

本章遵从定性研究"描述故事线"的思路,根据阿里巴巴从成立至 2013 年间 3 个不同阶段进行深度纵向案例研究,并总结出后发企业技术追赶的多层级共演模型。每个阶段的分析不仅针对商业模式设计、技术创新战略、技术追赶和技术环境进行详细的描述,而且注重突显各共演要素之间的因果关联。

(一)起步阶段

1. 技术环境

互联网的发展始于 1969 年,中国直到 1989 年才开始建设互联网,比发达国家整整晚了 20 年时间。而且,由于互联网最开始是由政府投资建设的,所以最初除了直接服务于研究部门和学校的商业应用之外,其他的商业行为是不被允许的。1999 年,阿里巴巴在杭州成立,是国内第一批利用互联网开展商业活动的企业。当时的中国互联网才初步成形,互联网的发展带来了许多商机,就算没有任何相关技术的积累也能够进入互联网行业并取得初步发展,但是当时的环境不利于企业技术创新成果的保护。1999 年,从美国归来的 2 名留学生创立了易趣;2000 年,三大门户网站(搜狐、新浪、网易)在美国纳斯达克挂牌上市。除此之外,极少有其他的互联网企业,更不用说利用互联网开展电子商务了。但在全球范围内,C2C 和 B2C 的电子商务模式在当时已经得到了发达国家中如 eBay 和 Amazon 这样的领先互联网企业的成功实践。中国虽然在 1996 年就成立了中国国际电子商务中心，但政府对互联网的关注和商业推广应用的支持还是集中在研究部门、学校或国有企业等，而对阿里巴巴等民营互联网企业的发展关注较少。总之，从当时的环境来看，阿里巴巴处于技术创新独占性和技术创新累积性较低的技术环境中。

2. 商业模式设计

阿里巴巴起步阶段的商业模式设计是以效率型为主导。阿里巴巴于 1999 年以 B2B 电子商务的形式在国内创建，其核心的商业模式设计是"作为第三方平台为进行贸易的国内外小企业提供贸易信息，而自身不直接参与任何具体商品的买卖，并以收取会员费和增值服务费作为利润来源"。阿里巴巴网站的旺铺是为网商量身打造的企业建站型产品，用来展示公司和产品信息，提供全方位的电子商务解决方案。在帮助客户开启网上生意方面，阿里巴巴进行持续的商业模式改进：为了更好地促进中国卖家进行出口贸易，于 2000 年推出了"中国供应商"服务；为了使客户间的交易更加透明，于 2001 年推出了"诚信通"服务；为了使交易变得更加方便快捷，推出了"关键词"服务。这种 B2B 的形式不仅帮助中小企业更快速、准确地找到合作伙伴，而且大大节省了它们的时间成本和资金成本。

效率型商业模式设计还表现在企业商业模式设计的初衷。实际上，当时马云在创建阿里巴巴时并不知道什么是 B2B，他只是希望"通过互联网建立商务网站，帮助中国企业出口，也帮助国外企业进入中国"。

3. 技术创新战略

阿里巴巴起步阶段的技术创新战略是以技术引进为主导。中国的互联网起步比发达国家要晚很多，业内专家在接受采访时说道，"当时的互联网对于普通民众还是十分新鲜的一项事物，就算是大学内的相关专业也只是刚刚设立，本土人才和相关技术严重缺乏"。因此，阿里巴巴只能从国外引进先进的互联网相关技术，包括服务器、数据库、操作系统等大型硬件设备和关键软件技术，从而保证 B2B 模式的电子商务在国内顺利运行。创立之初，阿里巴巴在国内电商领域几无竞争对手，它在相对落后的情境下生存并发展，同时也说明了国内整体技术水平的落后也是阿里巴巴不得不选择技术引进的重要原因之一。

4. 技术追赶绩效

阿里巴巴在引进国外先进技术成功进行 B2B 模式运行的同时，通过对引进技术的充分应用，在很短的时间内积累了一定的技术基础，于

2000、2001、2002 年分别推出了"中国供应商""诚信通""关键词"等新服务,受到了客户的广泛好评。但是,新产品的数量及其开发的速度与领先的外资企业还相差很大,这些新产品并不能算是严格意义上的新产品,而只能是一种原有产品功能的增加。在该阶段,阿里巴巴投入了较多的费用用于成熟技术和设备的购买,资本投入大,劳动生产率和技术水平都还比较低,属于国内一般水平。

5. 共演关系

在起步阶段,一方面,由于当时技术环境和自身技术能力的限制,阿里巴巴选择以效率型商业模式设计为主导,在国内首创了 B2B 模式。当时,中国正处于改革开放初期,出现了许多的中小企业。同时,由于国内互联网技术的落后,在 C2C 和 B2C 模式在发达国家中得到成功实践的情况下,阿里巴巴选择鲜有尝试的 B2B 模式,不仅顺应了中国经济发展潮流,而且回避了自身技术能力的劣势,避免了与先发企业的直面竞争。另一方面,阿里巴巴以技术引进为主导的技术创新战略不仅是基于当时的外界环境和自身技术能力做出的选择,而且还与其商业模式设计相匹配。马云和他的团队有过开发外经贸部官方站点、网上中国商品交易市场的经验,这为他们快速进入电子商务领域,实现有效的技术引进战略奠定了良好基础。但当时,中国互联网刚刚起步,整体技术水平落后,企业不需要相关的技术基础就能进行创新,而且企业间的技术信息壁垒很低,只能通过购买进行技术引进来实现技术创新,因此,一开始就进行自主研发还是行不通的。在商业模式设计和技术创新战略的共同作用下,阿里巴巴实现了初步的技术追赶:技术引进在客观上使阿里巴巴的技术在极短的时间内具备了一定基础,而效率型商业模式设计使阿里巴巴在应用技术的过程中通过解构与重构实现了技术能力的提升(陈晓玲,2013)。与此同时,技术能力的积累使得阿里巴巴能够不断进行商业模式设计的改进,催生了更多有利于交易效率提高的新产品。

(二)追赶阶段

1. 技术环境

2003 年 6 月,eBay 收购易趣,开始进军中国市场;此后,TOM 互联网集团、盛大网络、腾讯公司、空中网、前程无忧网、金融界、e 龙、华友世纪和第九城市等大型网络公司纷纷在海外上市。这标志着中国互联网已步入正轨,更多企业进入电子商务领域并发展了相关技术,丰富了行业内的技术资源。那些完全不具备任何技术基础的企业很难再实现成功的创新,行业内企业也相继开始采取相应的措施来保护创新成果。而与此同时,行业内外的企业纷纷模仿抄袭,加入传统 B2B 市场,并拓展国内的 B2C 和 C2C 市场,打破了国内电子商务市场上阿里巴巴一枝独秀的局面。电子商务市场的繁荣和网上购物人群数量的大幅增加引起了政府对电子商务的重视,并针对网络安全提出了一系列法规制度。特别是阿里巴巴所在的杭州,为电子商务和互联网行业发展提供了巨大的政策与资金支持,时任杭州市市长蔡奇在公开场合表达了对马云提出"把杭州打造成'中国电子商务之都'"的大力支持。总之,从当时的环境来看,阿里巴巴处于技术创新独占性和技术创新累积性一般的技术环境中。

2. 商业模式设计

在追赶阶段,阿里巴巴的商业模式设计从以效率型为主导向以新颖型为主导转变。新颖型商业模式设计导向的证据包括:

第一,发展新的合作伙伴并通过新的方式实现交易。阿里巴巴于 2003 年从 B2B 模式进一步向 C2C 模式演进与扩展,成立了淘宝网。与当时的 C2C 龙头 eBay 的运营和盈利模式大不相同,淘宝网是针对个人与个人之间的新商品交易,对交易双方均实行免费,而通过网络广告费、数据服务费实现赢利。同时,阿里巴巴还引入"广告是商品"的概念,通过把广告作为商品呈现在交易市场里,让买家(广告主)和卖家(网站主)都能轻松找到对方。

第二,通过新的方式实现产品、服务和信息的结合。2004 年,成立独立支付平台——支付宝,为用户提供付款、提现、收款、转账、担保交易、生活缴费、理财产品等基本服务。不仅解决了中国诚信危机环境中的网络交易问题,而且还延伸出更多的金融服务和电子钱包功能,为普通民众的日常生活提供了便利。值得一提的是,支付宝还开启了全新的电子商务盈利模式,大数额的资金长期存放在支付宝账户上使支付宝兼具了金融机构的功能;2005 年,与雅虎美国建立战略合作伙伴关系,接管雅虎中国,实现了多元化经营;2007 年,成立阿里软件和阿里妈妈,分别开展基于互联网平台的商务软件管理和网络广告业务。

第三,效率型商业模式设计也体现在淘宝的 C2C 模式上。淘宝网并没有对用户注册进行收费或是抽取交易佣金,而是极大程度地为客户提供便利。不仅对交易双方均免费,而且还通过网络教程、免费客服为客户提供向导式的电子商务交易服务。阿里巴巴曾三次对淘宝网追加投资,截至 2008 年 7 月,累计投资已达 34.5 亿元。但从总体上看,阿里巴巴的商业模式设计正在逐渐从以效率型为主导向以新颖型为主导转变。

3. 技术创新战略

阿里巴巴追赶阶段的技术创新战略从技术引进向自主研发转变。在前一阶段技术引进的基础上，阿里巴巴积累了一定的技术能力，开始了一系列自主研发。例如，针对淘宝网成立之初由沟通与信任导致的交易不顺畅等问题，阿里巴巴推出了支付宝和阿里旺旺。通过第三方担保交易模式和嵌入网页的即时通信工具，迅速建立了第三方信任机制，促进了交易并开辟全新的盈利模式。虽然当时国内外已有一些先进的支付工具存在，但却没有一个能够很好地解决中国特色背景下的电子商务交易问题，这也是阿里巴巴不得不选择自主研发的原因。同时，阿里巴巴还于 2007 年成立了集团研究院，专注于技术的研发和前沿技术的探索。

同时，技术引进战略也体现在淘宝网和支付宝的建设过程中。国外的 C2C 模式和支付工具已发展相对成熟，阿里巴巴在筹建这两大新业务时都或多或少地引进了国外相关的基础技术，并在此基础上进行关键和核心技术的突破。技术引进战略还体现在 2005 年对雅虎中国的收购中，其主要战略目标是搜索技术。从整体上看，阿里巴巴的技术创新战略是从以技术引进为主导向以自主研发为主导转变。

4. 技术追赶绩效

在这个过程中，阿里巴巴创立了淘宝网，后者经过短短的 5 年时间就发展成为拥有 8000 万用户、每天成交量超过 3 亿元的亚洲最大的 C2C 购物平台，劳动生产率大大提高，达到国内领先水平；阿里巴巴还依势建立了支付宝，在掌握了电子支付中的分布式架构技术平台、缓存技术（Cache）等一系列关键技术后，迅速缩小了与国外先进支付工具的技术差距，技术水平达到国内领先；同时，基于阿里旺旺的开发也实现了通信协议、独创显 IP 技术等通信技术的从无到有。支付宝从构想到推出仅花了不到 1 年的时间，淘宝网仅花了 2 年时间就实现了规模的迅速扩大与市场地位的迅速提升。到了 2008 年底，淘宝网市场份额更是飙升为 86%，而当年 C2C 的龙头 eBay 只有不到 7%。

5. 共演关系

由于阿里巴巴前一阶段 B2B 效率型商业模式设计的成功实施以及技术能力的积累和溢出，更多的中小企业认识到了电子商务的商机和前景，一些大型网络公司开始进军电子商务行业并在市场上形成寡头竞争。多家大型互联网企业的并存使行业内技术资源变得丰富，但同时相关企业也开始注意保护自己的创新成果，技术创新独占性和技术创新累积性相较前一阶段都提高了。这标志着中国互联网已步入正轨,电子商务行业的兴起引起了政府的关注,政府给予了一系列资金和政策上的支持。由于阿里巴巴的技术能力有了一定程度的积累,其商业模式设计的能力也有质的提升,能够尝试更多不同的模式。而在新的技术环境作用下,技术资源的相对丰富和更多企业进军电商市场形成的寡头竞争也促使商业模式设计的转变,从以效率型为主导向以新颖型为主导转变。具体而言,虽然淘宝网的运营模式以效率型为主导,不仅没有收取任何注册费,而且减免交易双方的全部费用,但是阿里巴巴对淘宝网进行不断的改进,向以新颖型为主导转变:通过新的方式实现产品、服务和信息的结合,推出了第三方担保交易模式的支付宝和嵌入网页的即时通信工具阿里旺旺。与此同时,阿里巴巴的技术创新战略也由以技术引进为主导向以自主研发为主导转变,这不仅是技术能力积累的结果以及在引进消化吸收的基础上进行的二次创新和原始创新,而且是对技术环境和商业模式设计变化做出的反馈。在商业模式设计和技术创新的共同作用下,阿里巴巴实现了初步的技术追赶:技术引进向自主研发的转变使阿里巴巴独立地掌握了一些整体技术。与此同时,技术能力的积累使得阿里巴巴的商业模式设计从以效率型为主导向以新颖型为主导转变。

(三)赶超阶段

1. 技术环境

中国互联网虽然起步晚,但发展快,经过了一段时间快速的信息基础设施建设,网络规模、技术资源和服务手段都具有了较高水平,技术来源渠道更多,技术创新独占性和技术创新累积性都更高了。随着互联网普及率的提高,电子商务发展的内生动力和创新能力也日益增强。与前一阶段不同,虽然行业内几家大型企业仍然存在,但有越来越多的中小企业甚至是个人都参与到电子商务中,电子商务正在进入密集创新和快速扩张的新阶段。与此相适应的是,从2009年开始,全国各级政府纷纷出台政策扶持电子商务行业的发展。更具体、更务实、主体身份更明确的相关法规政策不仅有利于政府对电子商务的规范化引导和推进,更有利于电子商务市场的长远发展。总之,这一阶段阿里巴巴处于技术创新独占性和技术创新累积性较高的技术环境中。

2. 商业模式设计

较之追赶阶段的以效率型为主导向以新颖型为主导的转变,在赶超阶段,阿里巴巴的商业模式设计转向了以新颖型为主导。主要体现在以下几个方面：

第一，新产品引入频繁。例如：2008 年 4 月，阿里巴巴在淘宝网内部成立 B2C 模式的淘宝商城(后更名为天猫)，有效解决了假货问题；2008 年 4 月，推出企业级电子商务基础平台旺铺，帮助中小企业迈出网上生意第一步；2010 年 9 月，成立聚划算，为互联网消费者提供团购服务；2010 年 10 月，基于已有的成熟搜索技术推出一淘网，为一部分实力弱、品牌小的 B2C 站点提供以更低的成本出现在消费者面前的更大的机会。在这些产品中，阿里巴巴以新的方式实现了产品、信息和服务的结合。

第二，与多行业企业合作。2009 年 2 月，阿里巴巴与返还行业的老大返还网合作，在为淘宝网客户提供增值服务的同时，返还网也因此走向了一条更加光明的坦途；2009 年 9 月，与中国万网结盟，为客户提供更加专业优质的服务；2010 年 12 月，收购已经破产的汇通快递，成功进入物流行业；2012 年 4 月，入股中国最大的社交平台之一新浪微博，实现双方的互利和共同发展。在与这些企业的合作过程中，阿里巴巴吸引了更多的合作伙伴，并与它们通过新的方式进行交易。

第三，商业生态系统建设。在国内电子商务全行业交叉竞争的背景下，阿里巴巴提出建设开放、协同、繁荣的电子商务生态系统，并向电子商务商业生态系统的基础设施提供商转变。建立电子商务商业生态系统是一种全新的模式，不仅会有更多企业参与其中，而且能够以新的方式实现产品、信息、服务的结合(孙连才和王宗军，2011)。

3. 技术创新战略

较之追赶阶段的以技术引进为主导向以自主研发为主导的转变，在赶超阶段，阿里巴巴的技术创新战略转向了以自主研发为主导。在这个阶段，阿里巴巴集团内部已经积累了相当的技术基础，具备了较强的技术能力和相对完善的技术创新体系。阿里巴巴成立数据库技术团队，为集团中的子公司如淘宝网、天猫、一淘网等提供技术服务，致力于做互联网公司最顶尖的数据库技术团队。同时，还成立了专门的无线事业部并开展云计算研究，成为国内唯一一家真正开展云计算研究的企业。自主研发战略还体现在系列技术论坛的举行：阿里巴巴不定期邀请具有代表性的互联网企业一起讨论分享互联网行业数据库技术架构的发展变化历程和经验。

4. 技术追赶

经过了前 2 个阶段的积累，阿里巴巴成功实现了对外资领先企业的技术赶超。在这一过程中，阿里巴巴已经掌握了传统电子商务领域领先的支付技术和通信技术，还对分布式存储技术、大规模数据处理与分析、搜索引擎技术、移动操作系统、开源分享等一大批前沿技术进行了研究与应用,劳动生产率和技术水平都达到国际先进水平。相比之前的 2 个阶段,阿里巴巴推出新产品的数量、速度以及成功率都大大提高了。仅 2010 年下半年,就成功推出了聚划算和一淘网,不仅快速积聚了大量用户,而且提高了企业的整体收益。同时,阿里巴巴还作为技术输出方,为其他互联网企业提供技术支持,为战略合作者提供技术保障。

5. 共演关系

阿里巴巴前一阶段商业模式设计的转变以及技术能力的突破性进步让众多的中小型企业也认识到了电子商务的商机和前景,纷纷加入电子商务的浪潮中,市场上形成了垄断竞争状态。先期进入的如阿里巴巴、腾讯、网易等几家大型互联网企业仍然长盛不衰,后期崛起的如娜拉美妆采销、拉手网等也呈现出强劲的发展势头。而随着电子商务进入密集创新和快速扩张阶段,行业内的技术创新独占性和技术创新累积性又更高了。这标志着中国互联网已步入蓬勃发展阶段,政府给予了电子商务行业更多的支持。为了适应更复杂、更动态的环境,阿里巴巴利用上一阶段突飞猛进的技术能力,实现了商业模式设计从效率型主导向新颖型主导的转变,形成了从 B2B 到 C2C 再到 B2C 的系列模式,并推出了更多全新的能够将产品、服务和信息结合的产品与模式,例如旺铺、聚划算、一淘网等,并涉及了更多相关行业,例如物流业、返还业、社交平台等。与此同时,在新的环境、商业模式设计以及更强技术能力的作用下,阿里巴巴站在了网商技术的前沿,国外的技术发展不仅不适用于中国的特殊情境,而且跟不上阿里巴巴快速发展的步伐,因此,在更好的技术创新保护环境和创新对技术储备要求更高的情况下,阿里巴巴大多数的技术创新是通过自主研发来实现的。此外,阿里巴巴还与中国 70 余所一流大学合作,为教授和学生提供电子商务培训课程。在商业模式和技术创新的共同作用下,阿里巴巴实现了成功的技术赶超:自主研发战略的实施使更多前沿的技术被发明并使用;新颖型商业模式设计更充分地发挥技术能力的潜力,促进新产品的开发速度加快、成功率提高和推广。更重要的是,技术能力的进一步积累使阿里巴巴有可能进行更多的商业模式创新。

三、共演路径与共演机制的讨论

根据以上 3 个阶段的详细分析,接下来将对共演路径和共演机制做进一步的讨论。

(一)演化路径与共演路径

1.技术环境的演化路径

在这 10 多年间,中国经济实现了飞跃发展,互联网经历了从初步成形到步入正轨再到蓬勃发展的阶段,各级政府对互联网和电子商务企业的支持力度越来越大,相关法规和制度也更具体、更务实、主体身份更明确。行业内企业也从最初阿里巴巴的一枝独秀到几家大型企业的市场分割再到众多中小企业的百花齐放。行业技术创新独占性和技术创新累积性越来越高,对企业技术创新的保护更好,企业的技术创新能够获得更多收益,企业可利用的技术资源更加充分,创新对技术储备的要求更高。

2.商业模式设计的演化路径

作为互联网行业商业模式设计的标杆企业,阿里巴巴进行了许多的商业模式创新,经历了从以效率型商业模式设计为主导向以新颖型商业模式设计为主导的转变。具体说来:在起步阶段,阿里巴巴开启的 B2B 商业模式设计是以效率型为主导的;在追赶阶段,淘宝网的推出相对于当时占据大量市场份额的 eBay,也体现了效率型商业模式设计的特点。但支付宝、阿里软件、雅虎中国等的推出,都体现了由以效率型为主导向以新颖型为主导的转变;在赶超阶段,阿里巴巴不仅以更新颖的方式与更多的企业或个人进行合作,开展多元化经营,而且商业生态系统的提出更体现了该阶段以新颖型商业模式设计为主导的特点。

3.技术创新战略的演化路径

始终坚持技术创新是阿里巴巴获得成功的重要原因之一。企业成立之初,为了能够在技术落后的情况下实施 B2B 模式,阿里巴巴从国外引进了先进技术;从技术引进为主导到自主研发为主导的转变,不仅是阿里巴巴战略上的重要转型,而且与行业特点和企业龙头地位一致。

4.技术追赶的演化路径

阿里巴巴在技术追赶的过程中,实现了技术水平和技术能力的全方位提升,劳动生产率和技术水平都从国内一般成长为国际先进,不仅新产品开发速度越来越快,新产品数量越来越多,而且成功率和产值占销售总额的比例也越来越高。阿里巴巴从一家后发企业成长为全球领先的互联网企业。

5.共演路径

在起步阶段,阿里巴巴在所处行业技术创新独占性和技术创新累积性较低的情境下,选择以效率型商业模式设计为主导,采用以技术引进为主导的技术创新战略,积累了一定的技术基础,并进行持续的商业模式设计改进。在追赶阶段,基于起步阶段的商业模式设计和技术基础,阿里巴巴所处的技术环境转变为技术创新独占性和技术创新累积性一般的环境。同时,由于上一阶段技术能力的积累,阿里巴巴能够尝试提供其他类型的业务并进行自主研发,商业模式设计由以效率型为主导向以新颖型为主导转变,技术创新战略也由以技术引进为主导向以自主研发为主导转变,并实现了初步的技术追赶。在赶超阶段,由于追赶阶段商业模式设计转变和初步技术追赶的实现,阿里巴巴能够将所处的技术环境往更适于自身发展的方向引导,技术创新独占性和技术创新累积性越来越高。在这样的技术环境与实现初步技术追赶的背景下,阿里巴巴选择了以新颖型商业模式设计为主导和以自主研发战略为主导,实现了对行业领先企业的赶超,成为全球领先的互联网企业。

(二)外界环境与组织情境的共演机制

在中国特色的后发背景下,技术环境与后发企业的商业模式设计、技术创新战略和技术追赶的共演过程中,既存在外界环境自外向内的影响,也存在企业组织情境自内向外的作用。具体体现在以下几个方面:①企业会根据技术环境进行商业模式设计和技术创新战略的选择,并对技术追赶产生影响。战略是企业长期发展方向的指引,往往比商业模式设计更加稳定,因此当外界的技术环境发生变化时,企业的商业模式设计会首先做出反馈,然后是战略。②企业的商业模式设计以及技术能力和技术水平的积累、提升会作用于外部环境。③企业的商业模式设计和技术创新战略二者相互影响,都会作用于技术追赶,而技术能力与技术水平的积累、提升会对商业模式设计进行及时的反馈,使得商业模式设计能够保持有效性,提高效率型或新颖型的程度。同时,一段较长时间积累的技术能力和技术水平,或是技术追赶方面质的突破,也会使企业的商业模式设计和技术创新战略做出相应的调整。这不仅与 Chesbrough and Rosenbloom(2002)提出的商业模式与技术之间的关系相一致,而且更进一步厘清了其中的机制。

四、本章小结

本章以阿里巴巴 1999—2013 年的纵向案例进行研究,通过展示 3 个阶段的环境、商业模式设计、技术创新战略以及技术追赶的特征,结合各个变量的演化路径进行了总结(如表 10.3 所示),并得出共同演化路径(如图

10.2所示):在起步阶段,阿里巴巴在技术梯度很大、市场完全垄断和缺乏关注的制度环境下,选择效率型的商业模式设计,采用技术引进的战略,积累了一定的技术基础,并进行持续的商业模式设计改进。在追赶阶段,基于起步阶段的商业模式设计和技术基础,阿里巴巴所处的环境转变为技术梯度一般、市场寡头竞争和关注并支持的制度环境。同时由于上一阶段技术能力的积累,阿里巴巴能够尝试提供其他类型的业务并进行自主的研发,商业模式设计由效率型向新颖型转变,技术创新战略也由技术引进向自主研发转变,并初步实现了技术追赶。在赶超阶段,由于追赶阶段商业模式设计转变和初步技术追赶的实现,阿里巴巴所处的环境特点转变为技术梯度越来越小、市场呈现垄断竞争的态势,制度环境也非常支持。在这样的环境与初步实现追赶的背景下,阿里巴巴选择了以新颖型为主导的商业模式设计和以自主研发为主导的技术创新战略,实现了对外资领先企业的赶超,成为全球领先的互联网企业。

表 10.3 阿里巴巴 3 个阶段的环境因素、商业模式设计、技术创新战略和技术追赶绩效

	测度变量	起步阶段	追赶阶段	赶超阶段
	技术环境	独占性较低	独占性一般	独占性较高
	技术体制	累积性较低	累积性一般	累积性较高
	商业模式设计	效率型	效率型→新颖型	新颖型
	技术创新战略	技术引进	技术引进→自主研发	自主研发
技术追赶绩效	劳动生产率	一般	较高	高
	技术水平	低	较高	高
	新产品产值占销售总额比重	较少	较多	多
	新产品开发速度	一般	较快	快
	创新产品成功率	较高	高	很高

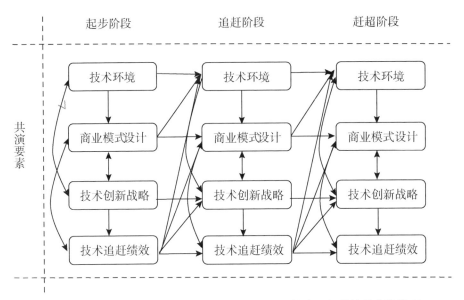

图 10.2 技术环境、商业模式设计、技术创新战略和技术追赶绩效的共演模型

同时,我们还归纳出共同演化机制:第一,商业模式设计与技术创新战略的动态匹配及其共同演化是后发企业实现技术追赶的重要模式。企业的商业模式设计和技术创新战略二者相互影响,都会作用于技术追赶,而在技术追赶的动态过程中,二者动态匹配的共同作用能够更好发挥后发优势、克服后发劣势,从而更快实现技术追赶。第二,商业模式设计与技术创新战略的共演过程会和所处环境形成良好互动,从而更好实现技术追赶。一方面,环境因素对商业模式设计和技术创新战略产生直接的影响,并通过二者的共同作用间接对技术追赶产生影响。战略是企业长期发展方向的指引,因此往往比商业模式设计更加稳定。当外界的技术环境发生变化时,企业的商业模式设计会首先做出反馈,然后是战略。另一方面,那些行业龙头企业或是对行业发展有重大影响的企业,其商业模式设计以及技术能力和技术水平的积累、提升会对外界环境产生影响。由于这类企业规模一般都很大,所占的市场份额比例很高,不仅它们的商业模式设计可能会成为行业内阶段性的标志,而且其技术能力和技术水平很大程度上决定了行业的整体情况,技术能力和技术水平的发展快慢、质量与方向也决定着行业的走向。第三,技术追赶的成效会影响企业组织架构的设计和战略的选择。一段较长时间积累的技术能力和技术水平,或是质的突破的技术追赶,会对企业的商业模式设计和技术创新战略产生影响,不仅使商业模式设计能够保持持续的创新,提高效率或新颖的程度,而且能够更好支撑企业技术创新战略的实施。

第十一章　双轮创新驱动中国后发企业技术追赶

本书在创新驱动下对后发企业的技术追赶展开研究,首先在对创新驱动的理论基础、实践导向和主要内容进行充分阐明的基础上,对商业模式设计及其与技术创新战略的匹配对技术追赶绩效的影响机制、不同技术体制下这种影响机制的差异,以及在后发企业技术追赶过程中,商业模式设计、技术创新战略与技术环境的共演过程进行了较为深入和系统的研究。本章将在总结本书多个紧密相关的研究的基础上,对研究的主要结论、理论贡献与实践启示,以及研究存在的不足和未来研究方向进行探讨。

一、构建双轮创新驱动中国后发企业技术追赶的理论体系

本书围绕"在创新驱动下,后发企业如何通过商业模式和技术创新进行追赶"这一基本命题,结合定性分析与定量研究,综合运用了理论推导、案例研究、大样本问卷调查和统计分析等研究方法,以及 SPSS 和 AMOS 等数理统计工具,通过多个子研究逐层深入展开论述,并形成以下主要研究结论。

1. 创新驱动发展的理论体系

创新发展战略是在吸收马克思主义科技创新理论的基础上形成和发展起来的。创新驱动发展的实践导向在中国发展实践中主要体现在内在驱力和外在动力两方面。创新驱动发展战略有其严谨完整的逻辑体系,包括价值定位、战略目标、战略资源、创新体系、战术部署、实现路径、制度保障。

2. 创新驱动下后发企业进行商业模式创新和技术创新,有其独特的技术追赶特征和实践逻辑

在创新驱动下,后发企业面临特殊的后发情境,能够通过商业模式创新和技术创新进行优劣势的转化。后发企业创新的实践逻辑包括从模仿到创新、从被动创新到主动创新、从二次创新到原始创新、从单一创新到协

同创新,后发追赶呈现多阶段并存、多领域并行、多种类创新、跨越式发展的特点。

3. 效率型商业模式设计和新颖型商业模式设计对后发企业技术追赶绩效有显著的正向影响

根据研究对象的特点,本书遵循 Zott and Amit(2007)和 Miller(1996)的建议,采用商业模式设计的效率主题和新颖主题,分别讨论其对后发企业技术追赶的影响机制。对 6 家浙江省现代服务业企业的探索性研究和对 326 家中国现代服务业企业的调研问卷研究,不仅证实了将这两类主题引用的有效性,而且有力地支撑了效率型和新颖型两类商业模式设计都对后发企业技术追赶绩效有促进作用的结论。

4. 商业模式设计与技术创新战略的匹配共同作用于后发企业的技术追赶

根据创新的来源,本书将技术创新战略分为自主研发战略和技术引进战略,与两类商业模式设计主题形成 4 种匹配关系,不同的匹配关系对后发企业技术追赶的影响存在着差异性:效率型商业模式设计与技术引进战略呈现良好的匹配,对促进技术追赶绩效的提升具有增强型交互作用;新颖型商业模式设计与自主研发战略呈现良好的匹配,对促进技术追赶绩效的提升具有增强型交互作用;新颖型商业模式设计与技术引进战略呈现良好的匹配,对促进技术追赶绩效的提升具有增强型交互作用。其中,新颖型商业模式设计与自主研发战略匹配所产生的增强型交互作用要大于与技术引进战略的匹配。效率型模式设计与自主研发战略的匹配没有得到验证。

5. 技术创新独占性和技术创新累积性在商业模式设计与技术创新战略的匹配对技术追赶绩效的影响中发挥着重要的调节效应

在不同的技术体制下,商业模式设计与技术创新战略的不同匹配对技术追赶的共同作用存在着差异:技术创新独占性对效率型商业模式设计与技术引进战略的匹配、新颖型商业模式设计与技术引进战略的匹配起正向调节效应;技术创新累积性对效率型商业模式设计与技术引进战略的匹配起负向调节效应,对新颖型商业模式设计与自主研发战略的匹配起正向调节效应。

6. 后发企业的技术追赶是一个商业模式设计、技术创新战略与技术环境共演的过程

通过对阿里巴巴的纵向单案例研究,对技术追赶过程中商业模式设计、技术创新战略和技术环境之间关系的认识得到了加深拓宽:企业会根

据技术环境进行商业模式设计和技术创新战略的选择，并对技术追赶产生影响。企业的商业模式设计以及技术能力和技术水平的积累、提升也会作用于技术环境；企业的商业模式设计和技术创新战略都会作用于技术追赶，而技术能力与技术水平的积累会对商业模式设计进行及时的反馈，使得商业模式设计能够保持有效性，提高效率型或新颖型的程度。同时，经过一段较长时间积累的技术能力和技术水平，或是技术追赶方面质的突破，也会使企业的商业模式设计和技术创新战略做出相应的调整。

（一）对相关研究领域的理论贡献

本书通过对商业模式设计、技术创新战略与技术追赶的关系研究，不仅构建起了商业模式与技术追赶、商业模式与技术创新战略之间联系的桥梁，而且对相关理论研究进行了拓展和深化。

1. 对后发企业技术追赶研究的贡献

首先，以往技术追赶研究主要关注韩国、日本等新兴工业化国家的追赶过程（Hobday，1995；Kim，1980；Lee and Lim，2001；Mathews，2002），而对中国的后发情境关注较少。中国经济的长足发展发生在改革开放之后，而真正有技术追赶产生是在全球化的背景下。中国企业的技术追赶是在特殊的中国情境下开展的，与西方发达国家和新兴工业化国家有着本质的区别。中国广阔的本土市场为技术追赶提供了缓冲优势，技术追赶不仅体现在国际市场上，还体现在本土市场上。

其次，技术追赶最初是在第二次工业革命之后被提出来的（王方瑞，2008），当时的产业（industry）只有工业，因此追赶的技术也集中在工业技术上（Hobday，1995；Kim，1980；Lee and Lim，2001；Mathews，2002）。而随着时代的发展，第二、三产业在国民经济收入中占据越来越重要的地位，信息技术已经成为 21 世纪技术竞争的主要内容。信息技术带来的价值链向价值网络的转变使技术创新和技术追赶内涵得到了极大的丰富与发展。

最后，本书对那些没有完全符合 Gerschenkron（1962）提出的相对后进假说的迹象的追赶过程和轨迹进行了解释，并突破了现有文献对后发企业同质性的假定（Li and Xia，2008；Wei and Jiang，2009）。尽管以往关于技术追赶的研究主要强调技术学习和技术创新在促进企业与产业追赶中的重要角色（Lee and Lim，2001；Mathews，2002；Park and Lee，2006），但事实上，从商业模式设计与技术创新战略的复合视角能更好地解释在中国特色的后发背景下，一些后发企业为什么能够快速实现赶超。这不仅弥补了传统从单一的技术创新视角考察后发企业技术追赶问题的不足，而且是新的时代背景下后发企业技术追赶理论的新发现。探索性案例研究和大样本实证研究的结果都表明,商业模式设计是后发企业实现技术追赶的重要途径,不同的商业模式设计与技术创新战略的匹配对技术追赶绩效的影响存在差异性。

2. 对商业模式研究的贡献

首先,基于商业模式的视角解释后发企业技术追赶成功的现象,进一步验证了商业模式构念的有效性,丰富和拓展了商业模式理论。本书通过对商业模式构念进行深入剖析,包括厘清其理论基础和发展脉络,不仅验证了商业模式价值创造和价值获取的逻辑(Amit and Zott,2001;Zott and Amit,2007),而且发现了在后发企业技术追赶过程中商业模式设计能够发挥后发优势和克服后发劣势,从而有助于实现技术追赶。这一结论在进一步的实证研究中也得到了证实。通过商业模式设计解释后发企业为什么能够实现技术追赶,从某种程度上进一步验证了商业模式这一构念的有效性。

其次,进一步验证了商业模式与战略是完全不同的构念,并搭建了商业模式与技术创新战略的桥梁。本书在权变理论提出的企业战略与结构之间的联系(Galbraith,1977;Miles et al.,1978;Mintzberg,1979)及其对企业绩效的影响的基础上,将商业模式看成一种架构(龚丽敏等,2011),研究它与企业技术创新战略、技术追赶绩效之间的动态匹配和因果关系。研究结果表明,商业模式设计与技术创新战略之间存在匹配关系,并共同作用于后发企业的技术追赶。其中,效率型商业模式设计只与技术引进战略存在良好匹配关系,而新颖型商业设计与两种技术创新战略都存在良好匹配关系,但与自主研发战略的匹配比与技术引进战略的匹配要好。同时,我们还将企业战略更具体化,不仅仅关注企业的通用战略,而且关注与企业发展和技术追赶密切相关的技术创新战略,并将技术创新的关键因素技术来源作为类型分类的标准开展研究,进一步丰富了权变理论。

3. 对技术体制研究的贡献

尽管技术体制对技术追赶的影响已经得到了学术界普遍的认同,但以往的研究主要是在产业层面,将技术体制用于分析和解释不同行业为何会出现不同的创新行为(Breschi et al.,2000),即技术体制会影响产业的技术创新行业,从而影响追赶绩效(Lee and Lim,2001)。本书的研究是在企业层面,把技术体制作为企业的一种技术情境,将 Park and Lee(2006)、Breschi et al.(2000)、Malerba(1996)等关于技术创新独占性和技术创新累积性的概念与理论引入商业模式对技术追赶的影响研究中,剖析了技术创新独占性和技术创新累积性对商业模式设计与技术创新战略的匹配对技术追赶绩效影响机制的调节效应,识别了在不同的技术创新独占性和技术创新累积性环境下,不同的商业模式设计与技术创新战略的匹配对技术追赶绩效影响的差异,从而为后发企业根据所处行业技术体制的特点有效地选择商业模式设计和技术创新战略并实现技术追赶提供决策的依据。

4. 对共演研究的贡献

本书响应 Lewin and Volberda(1999)和 Baum and Singh(1994)的提议,即共同演化可以发生在同一个层次内部的变量之间,也可以发生在多个层次之间,而较低层次的共演总是嵌套于较高层次的共演环境之中,以中国大型互联网企业阿里巴巴为考察对象展开纵向单案例研究,通过对起步、追赶、赶超 3 个阶段的分析,提出了一个中国特色的后发情境下,后发企业技术追赶过程中商业模式设计、技术创新战略与技术环境的共演模型。中国的后发情境兼具典型性和代表性,为共演研究提供了更加合适的环境(Suhomlinova,2006),关注后发情境下的共演研究已经十分迫切,本书只进行了初步的尝试。

(二)为后发企业的追赶提供参考

尽管基于商业模式及其与技术创新协同视角的后发企业技术追赶研究还刚刚起步,但是在后发企业的技术追赶中,商业模式对其竞争优势的获取一直发挥着重要的作用。本书以我国技术追赶最为领先的现代服务业为研究对象,以商业模式和技术创新为切入点,探析后发情境下商业模式对技术追赶的影响、商业模式与技术创新的协同作用以及不同技术体制下这些作用的差异,具有一定的现实意义。

1. 认识并重视商业模式对后发企业技术追赶的作用

本书研究结果表明,商业模式设计能够促进后发企业技术追赶绩效的提升,因此对于后发企业是值得重视的实践。特别是在当前,全球化进程加快和信息技术高速发展,产业的边界变得愈加模糊,价值创造主体从单一产业内的企业个体向跨产业的企业网络转变,价值链也不断瓦解、碎片化、模块化,并重构成以全球制造网络为新产业组织形式的价值网络(Falkenberg and Falkenberg,2009;Westergren and Holmstrom,2012)。商业模式设计一方面能够有效发挥后发优势,另一方面能够克服后发劣势,甚至将劣势转变为优势。对于处于新一轮追赶核心的中国后发企业,通过巨额的研发投入进行技术创新来实现追赶并不现实。而利用商业模式设计发挥后发优势和克服劣势,融入新的全球价值网络中,已经成为我国后发企业实现追赶的重要途径(Wu et al.,2010;吴晓波等,2013)。因此,后发企业在技术追赶的过程中,需要充分重视商业模式设计的重要性,并提高商业模式设计水平。商业模式设计本身并无好坏之分,只要是适合企业自身情况并能够发挥后发优势和克服后发劣势进行价值的创造与捕获的,就是有效益的商业模式设计。

2. 通过合理的设计充分发挥双轮创新驱动对后发企业对技术追赶的作用

虽然本书研究的两类商业模式设计——效率型和新颖型——都有助于后发企业技术追赶绩效的提高,但为了实现更快速的技术追赶,后发企业要利用商业模式和技术创新的协同作用。不同主题的商业模式设计与不同类别的技术创新战略匹配对后发企业的技术追赶绩效的共同作用会有所不同,具体而言,效率型商业模式设计与技术引进战略呈现良好匹配,新颖型商业模式设计与自主研发战略和技术引进战略都呈现良好匹配。不匹配的商业模式设计和技术创新战略共同作用于后发企业时,不仅不会有相互加强作用,甚至会带来负面的影响。此外,本书还发现商业模式设计与技术创新战略对技术追赶的这种共同作用在不同行业的技术体制下也存在差异:当企业所处行业对创新成果保护较好时,效率型商业模式设计与技术引进战略的匹配、新颖型商业模式设计与技术引进战略的匹配对技术追赶绩效的共同作用会更加显著。当企业所处行业对创新的技术基础和储备要求较高时,新颖型商业模式设计与自主研发战略的匹配对技术追赶绩效的共同作用会更加显著;当企业所处行业对创新的技术基础和储备要求较低时,效率型商业模式设计与技术引进战略的匹配对技术追赶绩效的共同作用会更加显著。因此,后发企业要实现快速的追赶不仅要注意商业模式设计与技术创新战略的匹配,发挥二者的协同作用,而且需要根据所处行业的技术环境来实施或调整自身的商业模式设计和技术创新战略,从而最大限度、最快地提升技术追赶绩效。

3. 动态调整企业商业模式设计和技术创新战略以持续提升技术追赶绩效

后发企业的技术追赶处于十分复杂、动态变化的环境中,商业模式设计及其与技术创新战略的匹配对技术追赶绩效的影响并不是一成不变的,它受到企业自身状况(例如技术能力、技术水平等)、所处环境、行业特点等因素的共同影响,是一个随着时间发展而不断变化的过程。因此,企业不仅需要根据所处技术环境的变化进行商业模式设计的调整和技术创新战略的决策,而且商业模式设计和技术创新战略的选择要符合企业的自身状况。只有当商业模式设计、技术创新战略与技术环境和企业自身状况一致时,企业才可能在最大限度上实现技术追赶。同时,为了创造更有利的追赶环境,企业可以有前瞻性地影响环境。企业不管处于有利或不利的外界环境,都不应该一味地去刻板遵从,而要有前瞻性地影响环境或实行迂回绕行策略。

(三)研究局限与未来展望

本书通过文献研究、案例研究、定量实证研究对基于商业模式的我国后发企业技术追赶进行了深入研究。研究的结论对于丰富和拓展商业模式与技术追赶研究具有理论意义,对于后发企业的商业模式设计、技术创新战略选择和技术追赶具有现实意义。但是,这一研究仍然存在着一些局限性。

1. 研究样本的局限

尽管我们已在能力范围内做出了最大努力,通过 4 种方式进行 2 轮问卷的发放,尽量兼顾了不同产业类型、年龄和规模的企业,减少未回复偏差,但是由于实际条件所限,本书实证部分在抽样范围、问卷数据量等方面存在着一定程度上的不足。从抽样范围来看,本书的样本企业中初创企业(企业年龄小于 5 年)偏少,所占比例不足 20%,这在一定程度上可能对研究结果概化的可行性造成影响,难以排除成熟企业和初创企业的差异在此模型中所发挥的固有作用。并且在问卷的数量上,虽然满足了大样本实证分析的要求,但是较难以实现分层次、分类型的更深入研究,后续如果条件许可,可以尝试进行深入的研究。同样,尽管在案例资料的收集过程中,我们应用多来源数据进行了三角验证,并建立案例资料库进行资料的记录和整理,但对于厘清影响机制的证据支撑来说还略显单薄,这在将来的研究中需要进一步完善。

同时,近年来,随着数字经济和人工智能的兴起,中国式后发追赶正处于由初步追赶向快速追赶和部分赶超过渡的阶段,追赶的特征既符合贯穿追赶全过程的规律,也具有各阶段的阶段性特征。因此,针对新的阶段特征探索新的规律值得在将来的研究中继续关注。

2. 变量测度的局限

本书采用李克特 7 级量表对商业模式设计、技术创新战略、技术追赶绩效、技术创新独占性和技术创新累积性等变量进行测度。虽然本书结合已有经典量表、对相关企业的实地访谈以及专家意见进行问卷的设计,并检验效度和信度,以尽可能保证问卷测度的有效性和可靠性,但是这种主观评分的方法仍不可避免地存在测度上的偏差与缺陷。在将来的研究中,如具备数据收集的条件,应该采用更加客观的方法对相关变量进行测度。

这样不仅能进一步提高研究的效度,而且使研究结论更具有可靠性和可重复性。

3.行业选择的局限

本书以现代服务业为研究样本。尽管现代服务业是中国较快实现技术追赶的行业,且这类企业也更可能运用和发挥先进信息通信技术的优势并用于商业模式设计(吴晓波等,2014),但是聚焦某个行业的研究可能会使研究结果缺乏概化性,具有研究的局限性。

4.研究深入的局限

由于已有关于商业模式和技术追赶的研究还比较少,本书虽然关注基于商业模式的后发企业技术追赶,且考虑了企业的技术创新战略和技术环境等诸多因素,然而对于更细致的影响机制分解还有待进一步深入。例如,未考虑效率型商业模式设计与新颖型商业模式设计的交互作用和二者的平衡、不同主题的商业模式设计与技术创新战略匹配的深入研究、其他外部情境因素(例如市场环境和制度环境)的作用等。

商业模式已经越来越受到学术界和实践领域的关注,商业模式设计与技术创新战略匹配视角的后发企业追赶研究正成为战略管理领域中的热点之一。基于对本书所存在的局限和不足的认识,将来的相关研究可以沿着以下几个方向展开:

首先,在技术追赶的过程中,探索效率型商业模式设计与新颖型商业模式设计之间的平衡。两类主题的商业模式设计都对技术追赶绩效有促进作用,效率型商业模式设计和新颖型商业模式设计并不存在正交关系(新颖型的设计也可能带来更低的交易成本),也不是相互排斥的,它们可能同时出现在任何一个商业模式中(Zott and Amit,2008)。但二者之间是否存在交互作用,以及二者在同一企业里如何实现平衡是非常有趣和复杂的问题。组织二元性范式的提出为相关问题的解决提供了思路(刘洋等,2011)。在独特的后发情境下,企业是保持二元性还是实现间断均衡,值得进一步探讨。商业模式设计的主题还存在其他类别,如锁定和互补,未来的研究可以从另外的主题考察商业模式设计对技术追赶绩效的影响。

其次,对新追赶阶段特征的探索。近年来,随着数字经济和人工智能的兴起,中国式后发追赶正在由初步追赶向快速追赶和部分赶超阶段过渡,追赶的特征既符合贯穿追赶全过程的规律,也具有各阶段的阶段性特征。同时,在新的追赶阶段,创新的制度与文化也是与企业商业模式和技术追赶高度相关的。因此,针对新的阶段探索新的规律值得在将来的研究中继续关注。

再次,从融合视角关注双轮创新的共同作用。本书在构建双轮创新驱动中国后发企业技术追赶理论体系的过程中,探索了商业模式创新与技术创新的匹配关系和共演过程,将来的研究可以在此基础上从融合的视角讨论商业模式创新与技术创新的共同作用。本书的最后也将从政府和企业视角给出一些在本书中得到的融合视角的初步探索,为将来的研究奠定基础。同时,还可以关注下一级子概念,即不同类型的商业模式设计与不同类型的技术创新战略是怎么互动的。

最后,对其他行业追赶的研究。制造业是传统后发追赶研究的主阵地,在制造业领域里是否也存在着与本书研究结论相同的情况?在其他领域里是否还有其他的追赶规律?将来的研究既可以聚焦某一行业进行研究,也可以探索后发追赶的整体规律。

总之,将商业模式设计、技术创新战略与技术追赶绩效联系起来是一个崭新而极具理论价值和现实意义的研究方向,值得在今后的研究中进一步深入探讨。

二、双轮创新驱动后发追赶的政策建议

商业模式创新与技术创新是后发企业快速追赶的重要力量,也是中国发展的必由之路。但在新时代背景下,面对更激烈的全球化竞争和全新的数字环境,二者如何更好协调、共同发挥作用面临着新的机遇与挑战。缺乏原始创新、数字化条件的创新成果不易保护、新创企业呈现低技术壁垒、实验室创新与市场需求脱离等都是新时代背景下后发追赶企业双轮创新驱动面临的主要问题。在政府层面完善激发创新活力的机制、加强对创新成果的保护和转化、大力培养创新人才能够有效解决这些问题,并促进商业模式创新和技术创新双轮创新驱动后发企业追赶。

(一)完善激发创新活力的机制

近年来,随着商业模式创新的活跃,有越来越多的商业模式创新不仅成就了成功的企业,而且引起了行业竞争规则的改变。商业模式创新能够在短时间内使企业获得巨大成功,高成长性的企业创新呈现出以商业模式创新为主的表象,这让许多企业陷入了重模仿、轻创新的困境。但实际上,从这些企业的发展模式来看,前沿的技术支撑和通过商业模式创新将技术成果进行转化才是企业成功的关键。因此,建立有效机制激发创新的活力,是有效促进双轮创新驱动后发追赶的关键。通过进一步加强技术创新和商业模式创新的融合,商业模式创新能够更好地将技术创新成果进行转

化,技术创新能够更好地支撑商业模式创新。

1. 建立平台,激发创新活力

商业模式创新与技术创新的融合不仅是企业层面的融合,还代表着信息化和工业化的融合,需要政府和产业的介入。通过搭建促进融合的平台,可为科研机构、高校、企业等与双轮创新相关的主体提供有效沟通渠道,对接高科技与市场需求,连接实验室技术与实践应用,将商业模式创新和技术创新所必需的资本内容、技术支撑、人力资源等主要介质整合起来,充分发挥科技创新成果在商业模式创新中的作用,促进商业模式创新与技术创新的融合。同时,在平台的互动和利用上,增加各类商业模式创新和技术创新的展示有利于更好地进行商业模式创新和技术创新。

2. 加大扶持力度,激发创新活力

从资金、制度、硬件条件提供等方面为创新提供更好的支撑条件:加大对创新成果的奖励力度,特别是原创性的创新和突破性的创新;通过政策倾斜、课题申报、奖项评比,鼓励传统企业通过商业模式创新与技术创新的融合实现转型升级,转型为新业态企业;有选择地鼓励企业坚持传统领域和新领域的结合。

3. 宣传创新典型,激发创新活力

不仅要鼓励探索商业模式创新与技术创新的融合,更需要将已有经验进行推广。对已有的比较成功的融合案例通过专项申报进行更好的规律和模式总结,建立双轮创新融合的案例库,促进融合机制和经验的推广应用。商业模式创新与技术创新融合的专项申报应是实践研究与理论研究兼具。

(二)加强对创新成果的保护和转化

在全球化和数字化时代,创新的扩散更快,对创新成果的保护也越来越难。技术创新的独占性和累积性从一定程度上能够有效促进商业模式创新与技术创新的匹配对技术追赶的作用,而且对于创新成果的保护越好,企业越愿意进行创新。因此,对于创新成果的保护能有效促进双轮创新驱动后发追赶。创新保护包括对技术创新和商业模式创新的保护。对于技术创新的保护,目前各领域已形成共识,但在具体的保护机制和措施上还有待完善。制定与完善技术创新保护的相关政策法规,不仅要关注对于专利技术、科学技术的保护,还要关注对企业应用类技术创新的保护,扩大技术创新保护的范围。同时,要加强对商业模式创新的保护。企业进行商业模式创新只能通过对客户的锁定和快速占领市场来获得创新的效益，在市场中会出现原创商业模式创新的利益受到侵害而打击商业模式创新积极性的情形。建立商业模式创新保护机制的核心在于建立起商业模式创新的认定体系和评价体系。

对创新成果进行转化不仅是有效鼓励创新的一个手段，而且是使创新实现成效的有效途径。创新成果的转化不仅包括技术创新，还包括商业模式创新。商业模式是技术创新成果转化的必要条件，技术也是商业模式创新成果转化的必要条件。因此，在创新成果的转化过程中，将技术创新和商业模式创新进行融合是重要而有效的方法。对于技术创新来说，前沿的技术多诞生于科研机构和高校，应用的技术则多出现在企业中。而商业模式创新的最大目的是实现客户的价值，多出现在与客户联系紧密的企业中。政府通过搭建桥梁加强科研机构、高校与一线企业的联系，一方面将实验室成果向企业传递，加强技术创新成果的应用和实践；另一方面将企业根据市场需求形成的新商业模式所需要的技术支撑进行反馈，反向促进实验室技术的研发。在企业层面，也要鼓励企业加强对现有技术创新的应用和结合市场需求进行技术的研发，使市场的需求反馈形成新的商业模式和新的技术支撑。

（三）大力培养创新人才

人才是创新的第一资源。从近年来华为、中兴被美国制裁以及芯片人才之争中，可以深刻感受到人才对于创新的重要性。因此，培养我们国家自己的创新人才，将创新融入创业教育十分重要。第一，从源头促创新，要大力加强对于技术创新人才的培育，特别是国家紧缺人才，争取在技术上不被其他国家卡脖子。对于技术创新人才的培育要注意以专为主，全面发展。技术创新人才不仅要十分注重对本专业领域前沿技术的钻研，还要关注社会民生，能够将技术与社会进步、国家发展、人民生活结合起来。这是从国家人才战略层面促进技术创新与商业模式创新进行融合。第二，从根本抓创新，要将创新融入创业教育中，培养出更多有创新精神的企业家，从而催生更多将创新作为企业使命的企业。进行基于创新的创业教育时，要注意创业价值观的引导，从价值观层面进行创新的教育。要将创新精神的培育贯穿于学校教育的始终，也要将创新精神的培育融入社会的文化氛围，注重创新教育在人才培养的每个阶段和每项内容中的实施。这是从教育规划层面促进技术创新与商业模式创新进行融合。第三，完善人才政策，促进人才向企业创新部门聚集。在企业内，要加强企业内训，通过内训将创新贯穿企业经营的始终。对创新相关人员,要加强创新专业知识和技能的培训;对其他人员,要加强创新思维的训练和创新精神的培养。

三、双轮创新驱动后发追赶的融合路径

通过对商业模式创新和技术创新双轮创新驱动后发追赶的理论分析与实证检验,本书总结归纳出 5 种促进双轮创新驱动的融合路径,可以为后发企业通过双轮创新融合进行追赶提供具体指导和参考借鉴。

(一)基于资源共享的融合路径

商业模式创新和技术创新是两种完全不同类型的创新,都需要独特的资源。在企业内部,不同创新以一种良性互动的方式存在更有利于企业的发展。当其中一种创新的发展需要其他创新的资源进行支撑时,将商业模式创新与技术创新进行有效融合,不仅可以避免抢夺资源而带来的负面影响,而且两种创新之间的黏性较大,更有利于融合发展。帮助中国提升智能制造的水平,赋能中国制造业是小米的梦想。小米一直坚持将技术放在首位,商业模式的核心是竭尽所能把产品做好。小米的生态链业务,通过将小米手机产品成功的模式与各大行业新锐的供应链团队结合,来帮助中国提升智能制造水平,提升制造的效率。截至 2020 年底,小米生态链公司已经达到 300 多家,带动了 100 多个行业的变革,背后有 1000 多款生态链产品,形成了小米独特的供应链生态。在供应链生态的支持下,小米的技术创新和商业模式创新实现了有效的融合,持续的技术创新为小米品牌稳坐高端市场提供了最有力的支撑,持续的投入让小米不断取得创新成果。

(二)基于能力互补的融合路径

企业进行商业模式创新和技术创新所需的能力不同,而且在不同的发展阶段,两种创新的水平和能力也存在着差异。通过能力互补,不仅能将处于劣势的能力发展起来,跳过试验和试错的阶段,而且有助于不同创新及其所需能力的更好发展。基于能力互补的双轮创新融合能够更好实现两种创新共同发展。例如,阿里巴巴在成立之初,其互联网技术还远远落后于发达国家相关企业。阿里巴巴通过商业模式创新将处于劣势的技术创新带动并发展起来,之后在大数据等信息技术上实现快速追赶甚至超越,并通过技术支撑了更多的像支付宝、淘宝信用贷款、淘宝数据魔方、天猫聚石塔平台等商业模式创新。阿里巴巴基于能力互补进行商业模式创新与技术创新的融合,最终实现了成功的后发追赶。

（三）基于市场需求的融合路径

没有在位者惰性是后发企业的优势，后发企业可能快速感知到客户变化、认知变化并获取市场需求。当市场上出现未被满足的需求或是主动挖掘市场的潜在需求时，将商业模式创新与技术创新融合能够更快速精准地找到真实需求，通过对需求的满足从而快速占领市场。例如，网易的多板块业务就是基于这一融合实现了快速成长。网易严选从"好的生活，没那么贵"到"活出自己喜欢的样子"，充分抓住了人们对美好生活的需求，深入世界各地，与全球最优质的供应商进行合作。从挖掘消费需求出发，按需定制，全程参与、把控工艺生产环节，为消费者提供好价格、好商品和好服务的优质体验。而能够实现这一商业模式的就是网易一直以来的信息化平台优势。另外，网易云课堂抓住了信息化时代对于学习便利性的市场需求，与多家教育、培训机构建立合作关系，为学习者提供海量、优质的课程，用户可以根据自身的学习程度，自主安排学习进度。这些依靠的是网易信息技术的支撑。

（四）基于政策导向的融合路径

中国后发企业处于特殊的中国转型经济体制之中，企业是在党的领导下向前发展。在不同时期、不同地区的政策导向下，企业的发展战略也会不同，企业根据不同的政策导向进行商业模式创新与技术创新融合有利于企业的快速发展。2020年11月，《新能源汽车产业发展规划（2021—2035年）》这份新能源汽车产业发展的顶层设计文件的公布，成为继续推动吉利汽车高速发展的助推器。吉利深耕混动技术多年，通过不断的大量投入和基础研究，成为目前混动路线布局最全的中国车企品牌。特别是基于深度米勒1.5T发动机及7DCTH变速箱打造的领克01HEV的推出，打破了日本企业在该领域的技术垄断。不管是从商用车到新商用汽车的进化，还是从燃油汽车到新能源汽车的进化，吉利都进行了商业模式的变革和创新，不仅促进了新技术的研发，而且也将新技术背景下的汽车更好地推广给客户。吉利汽车基于对未来汽车发展方向和政策导向的预判，将商业模式创新和技术创新进行融合，因此，在文件公布之后，吉利成为引领新能源汽车发展的先驱者。

（五）基于价值获取的融合路径

商业模式创新是以价值获取为主旨的，技术创新兼具技术进步和技术应用的使命。技术创新需要通过商业模式进行商业化,才能实现技术的应用价值。因此,将商业模式创新和技术创新共同的价值诉求结合起来的两类创新的融合,是最有效益的融合。传化就是基于价值获取将商业模式创新与技术创新进行融合的典范。从最开始起家的化工行业到农业行业再到物流行业,传化都是以客户价值为导向实现了企业的发展。在对化工行业的环保标准和要求都还不太高的 20 世纪 90 年代,传化就主动放弃了能带来好收益但污染较大的化工项目,主动进行了环保治理技术的研究。虽然从当时看是放弃了一个"香饽饽",但这为之后传化化工的转型升级和走在行业前列奠定了重要的技术基础。而有了前沿的环保治理技术支撑,传化通过商业模式创新实现了走在化工行业前列。而当所有企业都不愿意进入农业行业,认为这是一个稳赔不赚的买卖的时候,传化出于情怀接下了这个"烫手的山芋",但没想到在商业模式推广和现代化农业技术的配合下,也将其发展成了赢利点。另外,传化推出的公路港物流以"物流资源集聚效应"为价值追求,在进行全新商业模式设计的同时也自主研发了支撑平台的相关技术,使传化物流迅速成长为传化集团的重要板块之一。

参考文献

[1]Adler P S,Shenbar A,1990. Adapting your technological base:The organizational challenge. Sloan Management Review(1):25-37.

[2]Afuah A,2003. Innovation Management:Strategies,Implementation and Profits. Oxford:Oxford University Press.

[3]Afuah A,2004. Business Models:A Strategic Management Approach. New York:McGraw-Hill.

[4]Afuah A,Tucci C L,2001. Internet Business Models and Strategies:Text and Cases. New York:McGraw-Hill.

[5]Ahuja G,2000. Collaboration networks,structural holes,and innovation:A longitudinal study. Administrative Science Quarterly(3):425-455.

[6]Aiken L S,West S G,1991. Multiple Regression:Testing and Interpreting Interactions. Thousand Oaks:Sage Publications.

[7]Alcorta L,Tomlinson M,Liang A T,2009. Knowledge generation and innovation in manufacturing firms in China. Industry and Innovation (4-5):435-461.

[8]Aldrich H,1999. Organizations Evolving. Thousand Oaks:Sage Publications.

[9]Allen T,1986. Managing the Flow of Technology. Cambridge:MIT Press.

[10]Almeida P,Kogut B,1997. The exploration of technological diversity and geographic localization in innovation:Start-up firms in the semiconductor industry. Small Business Economics(1):21-31.

[11]Alt R,Zimmermann H D,2001. Introduction to special section-business models. Electronic Markets: The International Journal (1):1019-6781.

[12]Amburgey T L,Dacin T,1994. As the left foot follows the right? The dynamics of strategic and structural change. Academy of Management Journal(6):1427-1452.

[13]Amit R,Zott C,2001. Value creation in e-business. Strategic Management

Journal(6-7):493-520.

[14]Amit R,Zott C,2013. Business model innovation:Creating value in times of change. http://www. iese. edu/research/pdfs/DI-0870-E. pdf.

[15]Anchordoguy M,2000. Japan's software industry:A failure of institutions?. Research Policy(3):391-408.

[16]Anderson J C,Gerbing D W,1988. Structural equation modeling in practice: A review and recommended two-step approach. Psychological Bulletin(3):411.

[17]Anderson P,Tushman M L,1990. Technological discontinuities and dominant designs: A cyclical model of technological change. Administrative Science Quarterly(4):604-633.

[18]Ansoff H I,Stewart J M,1967. Strategies for a technology-based business. Harvard Business Review(6):71-83.

[19]Applegate L M,Collura M,2000. Emerging E-business Models: Lessons from the Field. Boston:Harvard Business School Press.

[20]Arora A,Gambardella A,1990. Complementarity and external linkages: The strategies of the large firms in biotechnology. Journal of Industrial Economics(4):361-379.

[21]Arrow K,1962. Economic welfare and the allocation of resources for invention. The Rate and Direction of Inventive Activity:Economic and Social Factors(2):609-626.

[22]Arundel A,Kabla I,1998. What percentage of innovations are patented? Empirical estimates for European firms. Research Policy (2): 127-141.

[23]Audretsch D B,1995. Innovation,growth and survival. International Journal of Industrial Organization(4):441-457.

[24]Awate S,Larsen M M,Mudambi R,2012. EMNE catch-up strategies in the wind turbine industry:Is there a trade-off between output and innovation capabilities?. Global Strategy Journal(3):205-223.

[25]Baden-Fuller C, Haefliger S, 2010. Business models and technological innovation. Long Range Planning(6):419-426.

[26]Baden-Fuller C, Morgan M S, 2010. Business models as models. Long Range Planning(2-3):156-171.

［27］Bagozzi R P, Yi Y, Phillips L W, 1991. Assessing construct validity in organizational research. Administrative Science Quarterly(3):421-458.

［28］Bain J, 1956. Barriers to New Competition. Cambridge: Harvard University Press.

［29］Baldwin J R, Johnson J, 1999. Are Small Firms Important? Their Role and Impact. New York: Springer.

［30］Barney J, 1991. Firm resources and sustained competitive advantage. Journal of Management(1):99-120.

［31］Baum J A, Korn H J, 1999. Dynamics of dyadic competitive interaction. Strategic Management Journal(3):251-278.

［32］Baum J A, Singh J V, 1994. Evolutionary Dynamics of Organizations. Oxford: Oxford University Press.

［33］Bell M, Pavitt K, 1993. Technological accumulation and industrial growth: Contrasts between developed and developing countries. Industrial and Corporate Change(1):157-210.

［34］Bellman R, Clark C E, Malcolm D G, et al, 1957. On the construction of a multi-stage, multi-person business game. Operations Research (4):469-503.

［35］Betz F, 2002. Strategic business models. Engineering Management Journal(1):21.

［36］Björkdahl J, 2009. Technology cross-fertilization and the business model: The case of integrating ICTs in mechanical engineering products. Research Policy(9):1468-1477.

［37］Bonanno G, Haworth B, 1998. Intensity of competition and the choice between product and process innovation. International Journal of Industrial Organization(4):495-510.

［38］Boons F, Lüdeke-Freund F, 2012. Business models for sustainable innovation: State-of-the-art and steps towards a research agenda. Journal of Cleaner Production(4):9-10.

［39］Bower G H, 1970. Imagery as a relational organizer in associative learning. Journal of Verbal Learning and Verbal Behavior (5): 529-533.

［40］Breschi S, Malerba F, Orsenigo L, 2000. Technological regimes and schumpeterian patterns of innovation. The Economic Journal(463):

388-410.

[41]Brinckmann J,Salomo S,Gemuenden H G,2011. Financial management competence of founding teams and growth of new technology-based firms. Entrepreneurship Theory and Practice(2):217-243.

[42]Brouwer E,Kleinknecht A,1999. Innovative output,and a firm's propensity to patent:An exploration of CIS micro data. Research Policy(6):615-624.

[43]Bruton G D,White M A,2011. Management of Technology and Innovation. Mason:Sonth-Western Cengage Learning.

[44]Burgelman R A,Maidique M A,Wheelwright S C,1996. Strategic Management of Technology and Innovation. New York:McGraw-Hill.

[45]Cai J,Tylecote A,2008. Corporate governance and technological dynamism of Chinese firms in mobile telecommunications:A quantitative study. Research Policy(10):1790-1811.

[46]Calia R C,Guerrini F M,Moura G L,2007. Innovation networks:From technological development to business model reconfiguration. Technovation(8):426-432.

[47]Carmines E G,Zeller R A,1979. Reliability and Validity Assessment. Newbury Park:Sage Publications.

[48]Casadesus-Masanell R,Ricart J E,2010. From strategy to business models and onto tactics. Long Range Planning(2-3):195-215.

[49]Chakravarthy B S,Doz Y,1992. Strategy process research:Focusing on corporate self-renewal. Strategic Management Journal(S1):5-14.

[50]Chandler A D,1990. Strategy and Structure:Chapters in the History of the Industrial Enterprise. Boston:MIT press.

[51]Chesbrough H,2007. Business model innovation:It's not just about technology anymore. Strategy & Leadership(6):12-17.

[52]Chesbrough H,2010. Business model innovation:Opportunities and barriers. Long Range Planning(2-3):354-363.

[53]Chesbrough H,Rosenbloom R S,2002. The role of the business model in capturing value from innovation:Evidence from Xerox Corporation's technology spin-off companies. Industrial and Corporate Change(3):529-555.

[54]Chesbrough H, Schwartz K, 2007. Innovating business models with co-development partnerships. Research-technology Management(1): 55-59.

[55]Cho D-S, Kim D-J, Rhee D K, 1998. Latecomer strategies: Evidence from the semiconductor industry in Japan and Korea. Organization Science(4):489-505.

[56]Cho H-D, Lee J-K, 2003. The developmental path of networking capability of catch-up players in Korea's semiconductor industry. R&D Management(4):411-423.

[57]Christensen C M, 2001. The past and future of competitive advantage. Sloan Management Review(2):105-109.

[58]Churchill Jr G A, 1979. A paradigm for developing better measures of marketing constructs. Journal of Marketing Research(1):64-73.

[59]Clarysse B, Wright M, Van de Velde E, 2011. Entrepreneurial origin, technological knowledge, and the growth of spin-off companies. Journal of Management Studies(6):1420-1442.

[60]Clemons E K, Row M C, 1992. Information technology and industrial cooperation: The changing economics of coordination and ownership. Journal of Management Information Systems(2):9-28.

[61]Coase R, 1937. The nature of the firm. Economica(4):386-405.

[62]Cockburn I M, Henderson R M, 1998. Absorptive capacity, coauthoring behavior, and the organization of research in drug discovery. The Journal of Industrial Economics(2):157-182.

[63]Cohen J, Cohen P, West S G, et al., 2003. Applied Multiple Regression/ Correlation Analysis for the Behavioral Sciences(3rd ed.). Mahwah: Lawrence Erlbaum Associates.

[64]Cohen W M, Levinthal D A, 1989. Innovation and learning: The two faces of R&D. The Economic Journal(397):569-596.

[65]Corbin J, Strauss A, 1998. Basics of Qualitative Research. Los Angeles: Sage Publications.

[66]Coye M J, Haselkorn A, DeMello S, 2009. Remote patient management: Technology-enabled innovation and evolving business models for chronic disease care. Health Affairs(1):126-135.

[67]Cronbach L J, 1951. Coefficient alpha and the internal structure of

tests. Psychometrika(16):297-334.

[68]Dahlman C J,Ross-Larson B,Westphal L E,1987. Managing technological development：Lessons from the newly industrializing countries. World Development(6):759-775.

[69]Danila N,1989. Strategic evaluation and selection of R&D projects. R&D Management(1):47-62.

[70]Doganova L,Eyquem-Renault M,2009. What do business models do? Innovation devices in technology entrepreneurship. Research Policy(10):1559-1570.

[71]Donath J S,2013. Identity and deception in the virtual community. http://smg. media. mit. edu/people/Judith/Identity/IdentityDeception. html.

[72]Dosi G,1982. Technological paradigms and technological trajectories：A suggested interpretation of the determinants and directions of technical change. Research Policy(3):147-162.

[73]Dosi G,Marsili O,Orsenigo L,et al. 1995. Learning,market selection and the evolution of industrial structures. Small Business Economics (6):411-436.

[74]Drazin R,Van de Ven A H,1985. Alternative forms of fit in contingency theory. Administrative Science Quarterly(4):514-539.

[75]Dubosson-Torbay M,Osterwalder A,Pigneur Y,2002. E-business model design，classification，and measurements. Thunderbird International Business Review(1):5-23.

[76]Dunn S C,Seaker R F,Waller M A,1994. Latent variables in business logistics research：Scale development and validation. Journal of Business Logistics(2):145-145.

[77]Dutrénit G,2004. Building technological capabilities in latecomer firms：A review essay. Science Technology & Society(2):209-241.

[78]Eisenhardt K M,1989. Building theories from case study research. Academy of Management Review(4):532-550.

[79]Eisenhardt K M,Graebner M E,2007. Theory building from cases：Opportunities and challenges. Academy of Management Journal (1):25-32.

[80]Eisenhardt K M,Schoonhoven C B,1996. Resource-based view of

strategic alliance formation: Strategic and social effects in entrepreneurial firms. Organization Science(2):136-150.

[81]Elliott S,2007. Electronic Commerce:B2C Strategies and Models. New York:John Wiley & Sons.

[82]Ernst D,Kim L,2002. Global production networks,knowledge diffusion, and local capability formation. Research Policy(8):1417-1429.

[83]Ernst H,1999. The Dynamic of Innovation. Berlin Heidelberg:Springer.

[84]Estrin S,Hanousek J,Kocenda E,et al. ,2009. The effects of privatization and ownership in transition economies. Journal of Economic Literature(3): 699-728.

[85]Falkenberg A W,Falkenberg J,2009. Ethics in international value chain networks:The case of Telenor in Bangladesh. Journal of Business Ethics(3):355-369.

[86]Fauchart E,Keilbach M,2009. Testing a model of exploration and exploitation as innovation strategies. Small Business Economics(3): 257-272.

[87]Fowler F J,1988. Survey Research Methods. Newbury Park:Sage Publications.

[88]Freeman C,Soete L,1997. The Economics of Industrial Innovation (2 nd ed.). Oxford:Routledge.

[89]Friar J,Horwitch M,1985. The emergence of technology strategy:A new dimension of strategic management. Technology in Society(2): 143-178.

[90]Galbraith J R,1977. Organization design:An information processing view. Interface(3):28-36.

[91]Gambardella A,1992. Competitive advantages from in-house scientific research:The US pharmaceutical industry in the 1980s. Research Policy(5):391-407.

[92]Gambardella A,McGahan A M,2010. Business-model innovation:General purpose technologies and their implications for industry structure. Long Range Planning(2-3):262-271.

[93]Geoffrion A M,Krishnan R,2003a. E-business and management science: Mutual impacts. Management Science(10):1275-1286.

[94]Geoffrion A M,Krishnan R,2003b. E-business and management science:

Mutual impacts(Part 2 of 2). Management Science(11):1445-1456.

[95] Geroski P A,1990. Innovation, technological opportunity, and market structure. Oxford Economic Papers(3):586-602.

[96] Gerschenkron A,1962. Economic Backwardness in Historical Perspective. Cambridge:Harvard University Press.

[97] Gersick C J,1994. Pacing strategic change:The case of a new venture. Academy of Management Journal(1):9-45.

[98] Ghaziani A,Ventresca M J,2005. Keywords and cultural change: Frame analysis of business model public talk, 1975-2000. Sociological Forum(4):523-559.

[99] Gilbert J T,1994. Choosing an innovation strategy:Theory and practice. Business Horizons(6):16-22.

[100] Gordijn J,Akkermans H,Van Vliet J,2001. Designing and evaluating e-business models. IEEE Intelligent Systems(4):11-17.

[101] Gort M,Klepper S,1982. Time paths in the diffusion of product innovations. Economic Journal(367):630-653.

[102] Granstrand O,Bohlin E,Oskarsson C,et al.,1992. External technology acquisition in large multi-technology corporations. R&D Management(2): 111-134.

[103] Greve H R,2007. Exploration and exploitation in product innovation. Industrial and Corporate Change(5):945-975.

[104] Griffin K,Knight J B,1990. Human Development and the International Development Strategy for the 1990s. Basingstoke:MacMillan Press.

[105] Guan J C, Yam R C M, Tang E P Y, et al,2009. Innovation strategy and performance during economic transition:Evidences in Beijing, China. Research Policy(11):802-812.

[106] Guo B,Gao J,Chen X,2013. Technology strategy, technological context and technological catch-up in emerging economies:Industry-level findings from Chinese manufacturing. Technology Analysis & Strategic Management(2):219-234.

[107] Hagedoorn J,1990. Organizational modes of inter-firm co-operation and technology transfer. Technovation(1):17-30.

[108] Hagedoorn J,Cloodt M,2003. Measuring innovative performance: Is there an advantage in using multiple indicators?. Research Policy

(8):1365-1379.

[109]Hamel G,2001. Leading the revolution:An interview with Gary Hamel. Strategy & Leadership(1):4-10.

[110]Hamel G,Prahalad C K,1992. Strategy as stretch and leverage. Harvard Business Review(2):75-84.

[111]Hammer M,2004. Deep change. Harvard Business Review(4):84-93.

[112]Harkness J A,Van de Vijver F J,Mohler P P,et al. ,2003. Cross-cultural Survey Methods. New York:Wiley-Interscience Hoboken.

[113] Hart S L,Christensen C M, 2002. The great leap. Sloan Management Review(1):51-56.

[114]Hawkins R,2002. The phantom of the marketplace:Searching for new e-commerce business models. Communications & Strategies (2):297-329.

[115]Hinkin T R,1995. A review of scale development practices in the study of organizations. Journal of Management(5):967-988.

[116]Hobday M,1995. East Asian latecomer firms:Learning the technology of electronics. World Development(7):1171-1193.

[117]Hobday M,Rush H,Bessant J,2004. Approaching the innovation frontier in Korea:The transition phase to leadership. Research Policy(10):1433-1457.

[118]Horowitz A W,Lai E L-C 1996. Patent length and the rate of innovation. International Economic Review(4):785-801.

[119]Hruby F M,1999. TechnoLeverage:Using the Power of Technology to Outperform the Competition. New York:American Managernent Association.

[120] Hu A G,Jaffe A B,2003. Patent citations and international knowledge flow:The cases of Korea and Taiwan. International Journal of Industrial Organization(6):849-880.

[121]Jaffe A M,1993. Geographic localization of knowledge spillovers as evidenced by patent citations. Quarterly Journal of Economics(3):577-598.

[122]Jaworski B J,Kohli A K,1993. Market orientation:Antecedents and consequences. The Journal of Marketing(3):53-70.

[123]Johnson M W,Christensen C M,Kagermann H,2008. Reinventing your business model. Harvard Business Review(12):57-68.

[124]Joo J,2002. A business model and its development strategies for electronic tourism markets. Information Systems Management(3): 58-69.

[125]Juma C,Clark N,2002. Technological catch-up:Opportunities and challenges for developing countries. SUPRA Occasional Paper for Research Centre for the Social Sciences. Edinburgh:University of Edinburgh.

[126]Jung M,Lee K,2010. Sectoral systems of innovation and productivity catch-up:Determinants of the productivity gap between Korean and Japanese firms. Industrial and Corporate Change(4):1037-1069.

[127]Katila R,Ahuja G,2002. Something old,something new:A longitudinal study of search behavior and new product introduction. Academy of Management Journal(6):1183-1194.

[128]Kauffman S,1993. The Origins of Order:Self Organization and Selection in Evolution. New York:Oxford University Press.

[129]Kelley M R,Brooks H,1991. Diffusion of Technologies and Social Behavior. Berlin Heidelberg:Springer.

[130]Kerin R A,Varadarajan P R,Peterson R A,1992 First-mover advantage:A synthesis,conceptual framework,and research propositions. Journal of Marketing(4):33-52.

[131]Kim C W, Lee K, 2003. Innovation,technological regimes and organizational selection in industry evolution:A "history friendly model" of the DRAM industry. Industrial and Corporate Change (6):1195-1221.

[132]Kim D-J,Kogut B,1996. Technological platforms and diversification. Organization Science(3):283-301.

[133]Kim L,1980. Stages of development of industrial technology in a developing country:A model. Research Policy(3):254-277.

[134]Kim L,1997. Imitation to Innovation:The Dynamics of Korea's Technological Learning. Boston:Harvard Business School Press.

[135]Kim W,Shi Y,Gregory M,2004. Transition from imitation to innovation:Lessons from a Korean multinational corporation.

International Journal of Business(4):329-346.

[136]Kim Y, Lee B, 2002. Patterns of technological learning among the strategic groups in the Korean electronic parts industry. Research Policy(4):543-567.

[137]Klein M H, 2008. Poverty Alleviation through Sustainable Strategic Business Models: Essays on Poverty Alleviation as a Business Strategy. Rotterdam: Erasmus University Press.

[138]Klepper S, 1996. Entry, exit, growth, and innovation over the product life cycle. The American Economic Review(3):562-583.

[139]Kogut B, 1991. Country capabilities and the permeability of borders. Strategic Management Journal(S1):33-47.

[140]Kogut B, Zander U, 1992. Knowledge of the firm, combinative capabilities, and the replication of technology. Organization Science (3):383-397.

[141]Krippendorff K, 2004. Reliability in content analysis. Human Communication Research(3):411-433.

[142]Laamanen T, Wallin J, 2009. Cognitive dynamics of capability development paths. Journal of Management Studies(6):950-981.

[143]Lall S, 1992. Technological capabilities and industrialization. World Development(2):165-186.

[144]Lambe C J, Spekman R E, 1997. Alliances, external technology acquisition, and discontinuous technological change. Journal of Product Innovation Management(2):102-116.

[145]Langlois R N, 1992. Transaction-cost economics in real time. Industrial and Corporate Change(1):99-127.

[146]Laurie D L, Doz Y L, Sheer C P, 2006. Creating new growth platforms. Harvard Business Review(5):80-90.

[147]Laursen K, Meliciani V, 2002. The relative importance of international vis-à-vis national technological spillovers for market share dynamics. Industrial and Corporate Change(4):875-894.

[148]Lee C C, Yang J, 2000. Knowledge value chain. Journal of Management Development(9):783-794.

[149]Lee J, Bae Z T, Choi D K, 1988. Technology development processes: A model for a developing country with a global perspective. R&D

Management(3):235-250.

[150] Lee K, Lim C, 2001. Technological regimes, catching-up and leapfrogging:Findings from the Korean industries. Research Policy (3):459-483.

[151]Lee M,Om K,1994. A conceptual framework of technological innovation management. Technovation(1):7-16.

[152]Lewin A Y,Volberda H W,1999. Prolegomena on coevolution:A framework for research on strategy and new organizational forms. Organization Science(5):519-534.

[153]Li J,Kozhikode R K,2008. Knowledge management and innovation strategy:The challenge for latecomers in emerging economies. Asia Pacific Journal of Management(25):429-450.

[154]Li S,Xia J,2008. The roles and performance of state firms and non-state firms in China's economic transition. World Development(1): 39-54.

[155]Lieberman M B,Montgomery D B,1988. First-mover advantages. Strategic Management Journal(S1):41-58.

[156]Lieberman M B,Montgomery D B,1998. First-mover (dis)advantages: Retrospective and link with the resource-based view. Strategic Management Journal(12):1111-1125.

[157]Linder J C,Cantrell S,2001. Five business-model myths that hold companies back. Strategy & Leadership(6):13-18.

[158] Lucking-Reiley D,Spulber D F,2001. Business-to-business electronic commerce. Journal of Economic Perspectives(1):55-68.

[159] Lumpkin G,Dess G G,2004. E-business strategies and Internet business models:How the Internet adds value. Organizational Dynamics(2):161-173.

[160] Lundvall B-Å,1993. National Systems of Innovation:Towards a Theory of Innovation and Interactive Learning. London:Pinter Publishers.

[161]Mäkinen S,Seppänen M,2007. Assessing business model concepts with taxonomical research criteria: A preliminary study. Management Research News(10):735-748.

[162]Ma R,Wu X,Zheng S,2006. The evolution of technological capabilities

at Chery automobiles: A dynamic resource-based analysis. Lille: International Conference on Management Science and Engineering IEEE.

[163]Magretta J,2002. Why business models matter. Harvard Business Review(5):86-92.

[164]Malerba F,2002. Sectoral systems of innovation and production. Research Policy(2):247-264.

[165]Malerba F,Nelson R,2011. Learning and catching up in different sectoral systems: Evidence from six industries. Industrial and Corporate Change(6):1645-1675.

[166]Malerba F,Orsenigo L,1990. Evolving Technology and Market Structure. Ann Arbor:University of Michigan Press.

[167]Malerba F,Orsenigo L,1993. Technological regimes and firm behavior. Industrial and Corporate Change(1):45-71.

[168]Malerba F,Orsenigo L,1995. Schumpeterian patterns of innovation. Cambridge Journal of Economics(1):47-65.

[169]Malerba F,Orsenigo L,1996. Schumpeterian patterns of innovation are technology-specific. Research Policy(3):451-478.

[170]Mansfield E,1961. Technical change and the rate of imitation. Econometrica: Journal of The Econometric Society(4):741-766.

[171]Mantovani A,2006. Complementarity between product and process innovation in a monopoly setting. Economics of Innovation and New Technology(3):219-234.

[172]March J G,1991. Exploration and exploitation in organizational learning. Organization Science(1):71-87.

[173]Markides C C,1999. A dynamic view of strategy. Sloan Management Review(3):55-63.

[174]Marsili O,2002. Technological regimes and sources of entrepreneurship. Small Business Economics(3):217-231.

[175]Marsili O,Verspagen B,2001. Technological regimes and innovation: Looking for regularities in Dutch manufacturing. Identifing Technological Innovation(4):158-176.

[176]Mathews J A,2002. Competitive advantages of the latecomer firm: A resource-based account of industrial catch-up strategies. Asia

Pacific Journal of Management(4):467-488.

[177]Mathews J A,2006. Dragon multinationals：New players in 21st century globalization. Asia Pacific Journal of Management (1)：5-27.

[178]Mathews J A,Cho D S,1999. Combinative capabilities and organizational learning in latecomer firms：The case of the Korean semiconductor industry. Journal of World Business(2):139-156.

[179] Mayo M C, Brown G S, 1999. Building a competitive business model. Ivey Business Journal(3):18-23.

[180] McArthur A W, Nystrom P C,1991. Environmental dynamism, complexity,and munificence as moderators of strategy-performance relationships. Journal of Business Research(4):349-361.

[181]McKelvey B,1997. Perspective-quasi-natural organization science. Organization Science(4):352-380.

[182]Mendelson H,2000. Organizational architecture and success in the information technology industry. Management Science (4)：513-529.

[183]Meyer D,Tsui A S,Hinings C R,1993. Configurational approaches to organizational analysis. Academy of Management Journal (6)：1175-1195.

[184]Miles M B,Huberman A M,1994. Qualitative Data Analysis：An Expanded Sourcebook. London：Sage Publications.

[185] Miles R E, Snow C C, Meyer A D, et al, 1978. Organizational strategy,structure,and process. Academy of Management Review (3):546-562.

[186] Milgrom P, Roberts J,1995. Complementarities and fit strategy, structure,and organizational change in manufacturing. Journal of Accounting and Economics(2):179-208.

[187]Milgrom P R,Roberts J,1992. Economics,Organization and Management. Englewood Cliffs：Prentice-Hall.

[188]Miller A,Gartner W B,Wilson R,1989. Entry order,market share, and competitive advantage：A study of their relationships in new corporate ventures. Journal of Business Venturing(3):197-209.

[189]Miller D,1988. Relating Porter's business strategies to environment and

structure: Analysis and performance implications. Academy of Management Journal(2):280-308.

[190]Miller D,1996. Configurations revisited. Strategic Management Journal (7):505-512.

[191]Mintzberg H,1979. The Structuring of Organizations:A Synthesis of the Research. Englewood Cliffs:Prentice-Hall.

[192] Mintzberg H, 1990. The design school: Reconsidering the basic premises of strategic management. Strategic Management Journal (3):171-195.

[193] Morgan R E, Berthon P, 2008. Market orientation, generative learning, innovation strategy and business performance inter-relationships in bioscience firms. Journal of Management Studies (8):1329-1353.

[194]Morris M,Schindehutte M,Allen J,2005. The entrepreneur's business model:Toward a unified perspective. Journal of Business Research (6):726-735.

[195]Mu Q,Lee K,2005. Knowledge diffusion,market segmentation and technological catch-up:The case of the telecommunication industry in China. Research Policy(6):759-783.

[196]Murmann J P,2003. Knowledge and Competitive Advantage:The Coevolution of Firms,Technology,and National Institutions. New York:Cambridge University Press.

[197]Nadler D,Tushman M,1997. Competing by Design:The Power of Organizational Architecture. New York:Oxford University Press.

[198]Narayanan V K,2001. Managing Technology and Innovation for Competitive Advantage. Englewood Cliffs:Prentice Hall.

[199]Nelson R R,1991. Why do firms differ,and how does it matter?. Strategic Management Journal(S2):61-74.

[200] Nelson R R, Winter S G, 1977. In search of useful theory of innovation. Research Policy(1):36-76.

[201]Nelson R R,Winter S G,1982. The Schumpeterian tradeoff revisited. American Economic Review(1):114-132.

[202] Neuman W L, 1997. Social Research Methods: Qualitative and Quantitative Approaches(3rd ed.). Boston:Allyn and Bacon.

[203]Norgaard R B, 1985. Environmental economics: An evolutionary critique and a plea for pluralism. Journal of Environmental Economics and Management(4):382-394.

[204]Nunnally J, 1978. Psychometric Theory (2nd ed.). New York: McGraw-Hill.

[205]Oakey R, 2003. Technical entrepreneurship in high technology small firms: Some observations on the implications for management. Technovation(8):679-688.

[206]Ojala A, Tyrväinen P, 2006. Business models and market entry mode choice of small software firms. Journal of International Entrepreneurship(2):69-81.

[207]Osterwalder A, Pigneur Y. , 2011. Business Model Generation: A Handbook for Visionaries, Game Changers and Challengers. Hoboken: John Wiley & Sons.

[208]Paci R, Usai S, 1998. Innovative efforts, technological opportunity and changes in market structure in Italian manufacturing. Economics of Innovation and New Technology(4):345-369.

[209]Park K-H, Lee K, 2006. Linking the technological regime to the technological catch-up. Industrial and Corporate Change(4):715-753.

[210]Pasternak B, Viscio A, 1998. The Centerless Corporation. New York: Simon and Shuster.

[211]Pavitt K, 1984. Sectoral patterns of technical change: Towards a taxonomy and a theory. Research Policy(6):343-373.

[212]Peng M W, Luo Y, 2000. Managerial ties and firm performance in a transition economy: The nature of a micro-macro link. Academy of Management Journal(3):486-501.

[213]Peng M W, Tan J, Tong T W, 2004. Ownership types and strategic groups in an emerging economy. Journal of Management Studies (7):1105-1129.

[214]Perez C, Soete L, 1988. Technical Change and Economic Theory. New York: Frances Pinter.

[215]Perrini F, Rossi G, Rovetta B, 2008. Does ownership structure affect performance? Evidence from the Italian market. Corporate Governance: An International Review(4):312-325.

[216]Petrovic O,Kittl C,Teksten R,2001. Developing business models for ebusiness. http://papers. ssrn. com/sol3/papers. cfm? abstract _id=1658505.

[217]Pettigrew A M,1985. The Awakening Giant:Continuity and Change in Imperial Chemical Industries. Oxford:Blackwell.

[218]Pettigrew A M,1990. Longitudinal field research on change:Theory and practice. Organization Science(3):267-292.

[219]Van de Poel I,2003. The transformation of technological regimes. Research Policy(1):49-68.

[220]Porter M E,1980. Competitive Strategy:Techniques for Analyzing Industries and Competitors:With a New Introduction. New York: Free Press.

[221]Porter E,1985. Competitive Advantage:Creating and Sustaining Superior Performance. New York:Free Press.

[222]Porter M E,Millar V E,1985. How information gives you competitive advantage. Harvard Business Review(4):149-160.

[223]Prajogo D I,McDermott C M,2005. The relationship between total quality management practices and organizational culture. International Journal of Operations & Production Management (11):1101-1122.

[224]Radnor M,1991. Technology acquisition strategies and processes:A reconsideration of the make versus buy decision. International Journal of Technology Management(4/5):113-135.

[225]Rapp A,Rapp T,Schillewaert N,2008. An empirical analysis of e-service implementation:Antecedents and the resulting value creation. Journal of Services Marketing(1):24-36.

[226]Rappa A L,2002. Modernity & Consumption:Theory,Politics and the Public in Singapore and Malaysia. Singapore:World Scientific.

[227]Rappa M,2000. Business model on the web [EB/OL]. http:// digitalenterprise. org/models/models/models. html.

[228]Rayport J F,Jaworski B J,2002. Introduction to E-commerce. Maidenhead:McGraw-Hill.

[229]Ricart J E,Enright M J,Ghemawat P,et al. ,2004. New frontiers in international strategy. Journal of International Business Studies

(3):175-200.

[230] Richard P J, Devinney T M, Yip G S, et al., 2009. Measuring organizational performance: Towards methodological best practice. Journal of Management(3):718-804.

[231] Rip A, Kemp R, 1998. Resources and Technology. Columbus: Battelle Press.

[232] Robinson W T, Fornell C, Sullivan M, 1992. Are market pioneers intrinsically stronger than later entrants?. Strategic Management Journal(8): 609-624.

[233] Rumelt R, 1987. Theory, Strategy, and Entrepreneurship. Cambridge: Ballinger Publishing Company.

[234] Schmalensee R, 1982. Product differentiation advantages of pioneering brands. The American Economic Review(3):349-365.

[235] Schnaars S P, 2002. Managing Imitation Strategies. New York: Free Press.

[236] Schumpeter E, 1934. The Theory of Economic Development. Cambridge: Harvard University Press.

[237] Seddon P B, Lewis G P, Freeman P, et al., 2004. The case for viewing business models as abstractions of strategy. Communications of the Association for Information Systems (1): 427-442.

[238] Shafer S M, Smith H J, Linder J C, 2005. The power of business models. Business Horizons(3):199-207.

[239] Shimizu K, Hitt M A, Vaidyanath D, et al., 2004. Theoretical foundations of cross-border mergers and acquisitions: A review of current research and recommendations for the future. Journal of International Management(3): 307-353.

[240] Siggelkow N, 2001. Change in the presence of fit: The rise, the fall, and the renaissance of Liz Claiborne. Academy of Management Journal(4):838-857.

[241] Siggelkow N, Levinthal D A, 2003. Temporarily divide to conquer: Centralized, decentralized, and reintegrated organizational approaches to exploration and adaptation. Organization Science(6): 650-669.

[242]Sirmon D G,Hitt M A,Ireland R D,2007. Managing firm resources in dynamic environments to create value:Looking inside the black box. Academy of Management Review(1): 273-292.

[243] Stake R E, 2013. Multiple Case Study Analysis. New York: Guilford Press.

[244]Steiger J H,1990. Structural model evaluation and modification:An interval estimation approach. Multivariate Behavioral Research(2): 173-180.

[245]Stewart D W,Zhao Q,2000. Internet marketing,business models, and public policy. Journal of Public Policy & Marketing (2): 287-296.

[246]Stolpe M,2002. Determinants of knowledge diffusion as evidenced in patent data: The case of liquid crystal display technology. Research Policy(7):1181-1198.

[247] Suhomlinova O,2006. Toward a model of organizational co-evolution intransition economies. Journal of Management Studies(7):1537-1558.

[248]Swann P,Gill J,2002. Corporate Vision and Rapid Technological Change: The Evolution of Market Structure. London:Routledge.

[249] Teece D J,1986. Profiting from technological innovation:Implications for integration,collaboration,licensing and public policy. Research Policy(6):285-305.

[250] Teece D J, 2010. Business models,business strategy and innovation. Long Range Planning(2-3):172-194.

[251] Tian Z, Hafsi T, Wu W, 2009. Institutional determinism and political strategies:An empirical investigation. Business & Society(3):284-325.

[252]Timmers P,1998. Business models for electronic markets. Electronic Markets(2):3-8.

[253]Tsai W,2001. Knowledge transfer in intraorganizational networks: Effects of network position and absorptive capacity on business unit innovation and performance. Academy of Management Journal(5): 996-1004.

[254]Tushman M,Nadler D,1986. Organizing for innovation. California Management Review(3):74-92.

[255]Van Den Bosch F A J,Volberda H W,De Boer M,1999. Coevolution of firm absorptive capacity and knowledge environment：Organizational forms and combinative capabilities. Organization Science（5）：551-568.

[256]Venkatraman N,1989. The concept of fit in strategy research：Toward verbal and statistical correspondence. Academy of Management Review（3）：423-444.

[257]Veugelers R,1997. Internal R&D expenditures and external technology sourcing. Research Policy(3)：303-315.

[259]Veugelers R,Cassiman B,1999. Make and buy in innovation strategies：Evidence from Belgian manufacturing firms. Research Policy(1)：63-80.

[259]Volberda H W,Lewin A Y,2003. Co-evolutionary dynamics within and between firms：From evolution to co-evolution. Journal of Management Studies(8)：2111-2136.

[260] Wei J, Jiang S, 2009. Ownership and visibility：A pattern of industrial technology catching-up in transition economies. International Journal of Technology and Globalisation(4)：327-340.

[261]Wei Z,Yang D,Sun B,et al. ,2014. The fit between technological innovation and business model design for firm growth：Evidence from China. R&D Management(3)：288-305.

[262]Weill P,Vitale M,2002. What IT infrastructure capabilities are needed to implement e-business models?. Mis Quarterly(1)：17-34.

[263] Weiss P,2003. Adoption of product and process innovations in differentiated markets：The impact of competition. Review of Industrial Organization(3-4)：301-314.

[264]Wernerfelt B,Montgomery C A,1988. Tobin's q and the importance of focus in firm performance. American Economic Review（1）：246-250.

[265]Westergren U H,Holmstrom J,2012. Exploring preconditions for open innovation：Value networks in industrial firms. Information and Organization(4)：209-226.

[266] Williamson O,1975. Markets and Hierarchies：Analysis and Antitrust Implications. New York：Free Press.

[267]Winter S G,1984. Schumpeterian competition in alternative technological

regimes. Journal of Economic Behavior & Organization (3): 287-320.

[268] Wirtz B W, Schilke O, Ullrich S, 2010. Strategic development of business models implications of the Web 2.0 for creating value on the Internet. Long Range Planning(2-3):272-290.

[269] Wu J, Guo B, Shi Y, 2013. Customer knowledge management and IT-enabled business model innovation: A conceptual framework and a case study from China. European Management Journal (4): 359-372.

[270] Wu X, Ma R, Shi Y, 2010. How do latecomer firms capture value from disruptive technologies? A secondary business-model innovation perspective. IEEE Transactions on Engineering Management(1):51-62.

[271] Wu X B, Yao M M, Chen S C, 2012a. An analytical framework of business model based on the value network. Hangzhou: 2012 International Symposium on Management of Technology.

[272] Wu X B, Yao M M, Wu Z H, et al, 2012b. The inspiration of business model innovation based on the comparative analysis between Chinese and overseas GEM. Hangzhou:2012 International Symposium on Management of Technology.

[273] Yan A, Gray B, 1994. Bargaining power, management control, and performance in United States-China joint ventures: A comparative case study. Academy of Management Journal(6):1478-1517.

[274] Yao M M, Wu D, Wu X B, et al, 2012. Business model innovation of modern service company: A value network perspective. Hangzhou:2012 International Symposium on Management of Technology.

[275] Yin R K, 2009. Case Study Research: Design and Methods. Los Angeles: Sage Publications.

[276] Yin X, Zajac E J, 2004. The strategy/governance structure fit relationship: Theory and evidence in franchising arrangements. Strategic Management Journal(4):365-383.

[277] Yip G S, 2004. Using strategy to change your business model. Business Strategy Review(2):17-24.

[278] Zahra S A, Schulte W D, 1994. International entrepreneurship:

Beyond myth and folklore. International Journal of Commerce and Management(1/2)：85-95.

[279] Zhu K，Kraemer K，Xu S，2003. Electronic business adoption by European firms：A cross-country assessment of the facilitators and inhibitors. European Journal of Information Systems(4)：251-268.

[280] Zikmund W G，1998. Business Research Methods(5th ed.). Fort Worth：The Dryden Press.

[281] Zott C，2003. Dynamic capabilities and the emergence of intraindustry differential firm performance：Insights from a simulation study. Strategic Management Journal(2)：97-125.

[282] Zott C，Amit R，2007. Business model design and the performance of entrepreneurial firms. Organization Science(2)：181-199.

[283] Zott C，Amit R，2008. The fit between product market strategy and business model：Implications for firm performance. Strategic Management Journal(1)：1-26.

[284] Zott C，Amit R，Massa L，2011. The business model：Recent developments and future research. Journal of Management(4)：1019-1042.

[285] 别华荣，2010. 基于技术体制的企业技术战略与创新绩效关系研究. 杭州：浙江大学.

[286] 曹体杰，2004. 基于资源观的企业技术创新战略选择——以信息电子行业为例. 杭州：浙江大学.

[287] 陈爱贞，刘志彪，吴福象，2008. 下游动态技术引进对装备制造业升级的市场约束——基于我国纺织缝制装备制造业的实证研究. 管理世界(2)：72-81.

[288] 陈德智，王浣尘，肖宁川，2004. 基于旋进方法论的技术跨越模式研究. 科技管理研究(1)：123-124,130.

[289] 陈广仁，蒋小龙，2017. 中小企业商业模式创新驱动发展战略研究. 商业经济研究(16)：100-103.

[290] 陈利君，陈雪松，2010. 印度 IT 产业发展现状及其原因——基于国家竞争优势理论的分析. 东南亚南亚研究(4)：51-55.

[291] 陈琦，2010. 企业电子商务商业模式设计：IT 资源前因与绩效结果. 杭州：浙江大学.

[292] 陈晓玲，2013. 中国制造业追赶情境特殊性对产业追赶绩效的影响机制研究. 杭州：浙江大学.

[293]陈晓萍,徐淑英,樊景立,2008. 组织与管理研究的实证方法. 北京:北京大学出版社.

[294]邓小平,1994. 邓小平文选(第2卷). 北京:人民出版社.

[295]邓小平,1993. 邓小平文选(第3卷). 北京:人民出版社.

[296]傅家骥,1998. 技术创新学. 北京:清华大学出版社.

[297]高钰,2013. 中国制造业跨国企业母子公司双向知识转移机制研究. 杭州:浙江大学.

[298]龚丽敏,江诗松,2012. 产业集群龙头企业的成长演化:商业模式视角. 科研管理(7):137-145.

[299]龚丽敏,江诗松,魏江,2011. 试论商业模式构念的本质、研究方法及未来研究方向. 外国经济与管理(3):1-8.

[300]郭斌,1996. 后发优势与后发劣势的转换:对发展中国家追赶问题的重新认识. 自然辩证法通讯(6):31-39.

[301]郭俊华,万君康,1998. 我国医药产业技术创新战略选择. 科技进步与对策(5):46-47.

[302]韩兆安,吴海珍,赵景峰,2022. 数字经济驱动创新发展——知识流动的中介作用. 科学学研究(11):2055-2064,2101.

[303]胡海鹏,袁永,黎雅婷,2019. 创新驱动发展能力内涵及评价研究述评. 科技管理研究(16):11-17.

[304]胡锦涛,2007. 高举中国特色社会主义伟大旗帜,为夺取全面建设小康社会新胜利而奋斗. 人民日报,10-25(1).

[305]胡锦涛,2012. 坚定不移沿着中国特色社会主义道路前进 为全面建成小康社会而奋斗——在中国共产党第十八次全国代表大会上的讲话. 求是(22):3-25.

[306]江诗松,龚丽敏,魏江,2011. 转型经济背景下后发企业的能力追赶:一个共演模型——以吉利集团为例. 管理世界(4):122-137.

[307]姜雁斌,2012. 交易成本视角下的包容性发展促进机制及其对社会满意度的影响. 杭州:浙江大学.

[308]李怀祖,2004. 管理研究方法论. 西安:西安交通大学出版社.

[309]李黎明,谢子春,梁毅劼,2019. 创新驱动发展评价指标体系研究. 科技管理研究(5):59-69.

[310]李万忍,1997. 邓小平科技思想研究. 北京:人民出版社.

[311]李燕,2011. 现代服务业系统研究. 天津:天津大学.

[312]李正卫,2005. 基于技术能力之上的技术追赶战略动态模式. 自然辩

证法研究(1):58-62.

[313]李志强,赵卫军,2012. 企业技术创新与商业模式创新的协同研究. 中国软科学(10):117-124.

[314]梁正,2017. 从科技政策到科技与创新政策——创新驱动发展战略下的政策范式转型与思考. 科学学研究(2):170-176.

[315]刘洋,魏江,应瑛,2011. 组织二元性:管理研究的一种新范式. 浙江大学学报(人文社会科学版)(6):132-142.

[316]刘洋,应瑛,2012. 架构理论研究脉络梳理与未来展望. 外国经济与管理(6):74-81.

[317]刘洋,应瑛,范志刚,2014.商业模式与技术能力共演机制研究——以聚光科技为案例.自然辨证法通讯(5):65-72,127.

[318]柳卸林,高雨辰,丁雪辰,2017. 寻找创新驱动发展的新理论思维——基于新熊彼特增长理论的思考. 管理世界(12):8-19.

[319]路风,2006. 自主创新需要勇气. 华东科技(3):10.

[320]路风,慕玲,2003. 本土创新、能力发展和竞争优势. 管理世界(12):57-82.

[321]罗倩,李东,蔡玫,2012. 商业模式对高新技术企业业绩的影响——对Zott模型的改进研究. 科研管理(7):40-47.

[322]吕鸿江,刘洪,2011. 基于匹配视角的商业模式与战略关系分析. 东南大学学报(哲学社会科学版)(2):46-52.

[323]吕一博,2007. 模块化背景下后发国家产业技术追赶研究. 大连:大连理工大学.

[324]马庆国,2002. 管理统计. 北京:科学出版社.

[325]马卫华,刘善敏,叶衡,等,2021. 创新驱动发展战略实施效果评估——来自高新技术企业的证据. 科技管理研究(17):1-11.

[326]波特,2002. 国家竞争优势. 北京:华夏出版社.

[327]毛泽东,1986. 毛泽东著作选读. 北京:人民出版社.

[328]毛泽东,1999. 毛泽东文集(第八卷). 北京:人民出版社.

[329]彭新敏,2009. 企业网络对技术创新绩效的作用机制研究:利用性-探索性学习的中介效应. 杭州:浙江大学.

[330]彭新敏,吴晓波,吴东,2011. 基于二次创新动态过程的企业网络与组织学习平衡模式演化——海天1971—2010年纵向案例研究. 管理世界(4):138-149.

[331]石韵臻,胡豪,王一涛,2012. 自主研发还是外部获取?——中国生

物制药商业模式的技术考量. 管理案例研究与评论(3):205-212.

[332]宋泓,柴瑜,张泰,2004. 市场开放、企业学习及适应能力和产业成长模式转型——中国汽车产业案例研究. 管理世界(8):61-74.

[333]宋加艳,2011. 全球化条件下中国企业技术追赶路径研究. 大连:大连理工大学.

[334]宋耘,曾进泽,2007. 技术体制对企业自主创新程度影响的实证研究. 学术研究(6):56-62.

[335]孙连才,王宗军,2011. 基于动态能力理论的商业生态系统下企业商业模式指标评价体系. 管理世界(5):184-185.

[336]王方瑞,2008. 我国企业自主创新路径研究. 杭州:浙江大学.

[337]王海燕,郑秀梅,2017. 创新驱动发展的理论基础、内涵与评价. 中国软科学(1):41-49.

[338]王伟光,2002. "三个代表"重要思想研究. 北京:人民出版社.

[339]王艳,2016. 混合所有制并购与创新驱动发展——广东省地方国企"瀚蓝环境"2001—2015年纵向案例研究. 管理世界(8):150-163.

[340]王玉民,刘海波,靳宗振,等,2016. 创新驱动发展战略的实施策略研究. 中国软科学(4):1-12.

[341]王振,史占中,2005. IC产业的商业模式创新与技术赶超. 情报科学(4):605-609.

[342]韦影,2005. 企业社会资本对技术创新绩效的影响. 杭州:浙江大学.

[343]魏江,李拓宇,赵雨菡,2015. 创新驱动发展的总体格局、现实困境与政策走向. 中国软科学(5):21-30.

[344]魏江,刘洋,应瑛,2012. 商业模式内涵与研究框架建构. 科研管理,(5):107-114.

[345]文亮,2011. 商业模式与创业绩效及其影响因素关系研究. 长沙:中南大学.

[346]吴东,2011. 战略谋划、产业变革与对外直接投资进入模式研究. 杭州:浙江大学.

[347]吴明隆,2003. SPSS统计应用实务. 北京:科学出版社.

[348]吴明隆,2010. 结构方程模型——AMOS的操作与应用. 重庆:重庆大学出版社.

[349]吴先明,高原宾,邵福泽,2018. 当后发企业接近技术创新的前沿:国际化的"跳板作用". 管理评论(6):40-54.

[350]吴晓波,1995a. 二次创新的进化过程. 科研管理(2):27-35.

[351]吴晓波,1995b. 二次创新的周期与企业组织学习模式. 管理世界 (3):168-172.

[352]吴晓波,黄娟,2007. 技术体制对 FDI 溢出效应的影响:基于中国制 造业的计量分析. 科研管理(5):18-24.

[353]吴晓波,马如飞,毛茜敏,2009. 基于二次创新动态过程的组织学习 模式演进——杭氧 1996—2008 纵向案例研究. 管理世界(2): 152-164.

[354]吴晓波,吴东,2018.中国企业技术创新与发展.科学学研究(12): 2141-2143,2147.

[355]吴晓波,许庆瑞,1995. 二次创新竞争模型与后发优势分析. 管理工 程学报(1):7-15.

[356]吴晓波,姚明明,吴朝晖,等,2014. 基于价值网络视角的商业模式分 类研究:以现代服务业为例. 浙江大学学报(人文社会科学版)(2): 64-77.

[357]吴晓波,朱培忠,吴东,等,2013. 后发者如何实现快速追赶?——一 个二次商业模式创新和技术创新的共演模型. 科学学研究(11): 1726-1735.

[358]吴玉满,吴玉柱,2008. 我国技术引进的问题及发展研究. 当代社科 视野(11):33-35.

[359]吴朝晖,吴晓波,姚明明,2013. 现代服务业商业模式创新:价值网络 视角. 北京:科学出版社.

[360]武义青,柳天恩,窦丽琛,2017. 建设雄安创新驱动发展引领区的思 考. 经济与管理(3):1-5.

[361]习近平,2015. 习近平关于协调推进"四个全面"战略布局论述摘编. 北京:中央文献出版社.

[362]习近平,2017. 决胜全面建成小康社会 夺取新时代中国特色社会主 义伟大胜利——在中国共产党第十九次全国代表大会上的报告. 北 京:人民出版社.

[363]项保华,张建东,2005. 案例研究方法和战略管理研究. 自然辩证法 通讯(5):62-66,11.

[364]谢伟,1999. 技术学习过程的新模式. 科研管理(4):1-7.

[365]邢小强,仝允桓,陈晓鹏,2011. 金字塔底层市场的商业模式:一个多 案例研究. 管理世界(10):108-124.

[366]熊彼特,2006. 经济发展理论. 北京:九州出版社.

[367]许冠南,2008. 关系嵌入性对技术创新绩效的影响研究——基于探索型学习的中介机制. 杭州:浙江大学.

[368]杨圣明,2009. 当代世界服务业发展新趋势. 经济学动态(9):38-42.

[369]原磊,2007. 国外商业模式理论研究评介. 外国经济与管理(10):17-25.

[370]张方华,2006. 资源获取与技术创新绩效关系的实证研究. 科学学研究(4):635-640.

[371]张汉林,张军生,刘洪敏,等,2002. 服务业承诺与开放和崛起. 北京:人民日报出版社.

[372]张宏云,2007. 技术能力、创新战略与创新绩效关系之实证研究. 西安:西北工业大学.

[373]张伟,于良春,2019. 创新驱动发展战略下的国有企业改革路径选择研究. 经济研究(10):74-88.

[374]张云龙,2006. 技术体制对行业技术创新活动影响的研究. 杭州:浙江大学.

[375]章文光,Lu J,Dubé L,2016. 融合创新及其对中国创新驱动发展的意义. 管理世界(6):1-9.

[376]赵立龙,2012. 制造企业服务创新战略对竞争优势的影响机制研究. 杭州:浙江大学.

[377]赵卢雷,2021. 创新驱动:后发优势向先发优势跨越的关键. 中国发展(1):13-21.

[378]赵志耘,2014. 创新驱动发展:从需求端走向供给端. 中国软科学(8):1-5.

[379]郑素丽,2008. 组织间资源对企业创新绩效的作用机制研究. 杭州:浙江大学.

[380]中共中央,国务院,2012. 关于深化科技体制改革加快国家创新体系建设的意见. 中华人民共和国国务院公报(28):4-11.

[381]中共中央马克思恩格斯列宁斯大林著作编译局,1963. 马克思恩格斯全集. 第19卷. 北京:人民出版社.

[382]中共中央马克思恩格斯列宁斯大林著作编译局,1971. 马克思恩格斯全集. 第20卷. 北京:人民出版社.

[383]中共中央马克思恩格斯列宁斯大林著作编译局,1979a. 马克思恩格

斯全集.第 46 卷下.北京:人民出版社.

[384]中共中央马克思恩格斯列宁斯大林著作编译局,1979b.马克思恩格斯全集.第 47 卷.北京:人民出版社.

[385]中共中央文献研究室,2016.习近平关于科技创新论述摘编.北京:中央文献出版社.

附录 1 访谈提纲

一、请您简要介绍一下企业概况

　　1.企业成立时间与员工人数。

　　2.主营业务及所处行业概况。

　　3.企业近 3 年的销售额。

　　4.企业的技术水平和技术能力在业内处于什么水平？

　　5.企业的技术发展历史。

二、请您谈谈企业的商业模式设计情况

　　1.商业模式设计整体效果(新颖、速度、效率、成本等)。

　　2.与合作伙伴的信息共享情况。

　　3.在哪些环节或流程降低了企业成本？

　　4.如何帮助利益相关者降低成本？

　　5.如何吸引新的潜在客户？

　　6.在构建新的交易机制方面的情况。

三、请您谈谈企业的技术创新战略情况

　　1.在技术创新方面具体有哪些举措？请举例说明。

　　2.是否有独立的研发部门？员工的知识水平与技能如何？

　　3.对研发活动的重视情况如何？

　　4.是否经常从外部引进技术？这些引进技术在企业中发挥的作用如何？

　　5.技术创新战略与竞争对手有什么不同？

四、请您谈谈近年来企业及其主营业务所处行业的技术创新情况

　　1.该行业领域的技术发展变化速度。

　　2.企业的技术水平和技术能力发展变化速度。

　　3.企业的技术水平和技术能力与行业内领先企业的差距。

附录 2　调查问卷

商业模式与技术创新的匹配对技术追赶的影响机制研究
调查问卷

一、企业及个人基本信息

A1 企业名称		A2 所在地	＿＿＿＿省＿＿＿＿市/县
A3 成立时间		A4 您在贵企业工作年限	
A5 员工人数		A6 近 3 年平均销售总额	＿＿＿＿（单位:万元）
A7 企业性质	□A. 国有及国有控股　□B. 民营　□C. 合资 □D. 其他,请注明＿＿＿＿＿＿＿＿		
A8 主导业务 所属行业	□A. 制造和建筑业　□B. 贸易、批发和零售业 □C. 交通运输、仓储和邮政业　□D. 信息传输、计算机服务和软件业 □E. 金融业　□F. 其他,请注明＿＿＿＿＿＿		
A9 近 3 年来,企业通过提供服务获得的收入占企业总收入的比重	□A. <10%　□B. 10%—30% □C. 31%—50%　□D. >50%		
A10 近 3 年来,信息网络技术在企业中被应用的程度	□A. 非常多　□B. 较多　□C. 一般 □D. 较少　□E. 几乎没有		

注:本部分为数据统计重要依据,烦请填写完整。A5 和 A6 填写大约数据即可。

二、企业商业模式设计

近 3 年来,企业在商业模式设计方面实现了以下效果或具有以下特征。以下题项中,1—7 的分值表示从不同意向同意依次渐进,请在相应的框内打√(1 表示非常不同意,4 表示中立,7 表示非常同意)。

题项	不同意 ↔ 同意						
	1	2	3	4	5	6	7
B1 减少了合作伙伴的成本(如:库存成本、沟通和通信成本、交易流程成本、市场和销售成本等)							
B2 使客户认为与贵企业进行交易活动是简单易行的							
B3 降低了交易过程中的出错率							
B4 使交易具有可扩展性(如:可同时进行大、小规模的交易)							
B5 能够帮助合作伙伴做出更明智的决定							

续表

题项	不同意 ↔ 同意						
	1	2	3	4	5	6	7
B6 使交易更透明(信息、服务和产品的使用及交付更易被查询)							
B7 使合作伙伴可以获得更多的产品信息,减少了交易双方的信息不对称							
B8 获得了更多关于产品、服务以及其他合作伙伴的信息							
B9 加快了交易速度							

　　近 3 年来,企业在商业模式设计方面实现了以下效果或具有以下特征。以下题项中,1—7 的分值表示从不同意向同意依次渐进,请在相应的框内打√(1 表示非常不同意,4 表示中立,7 表示非常同意)。

题项	不同意 ↔ 同意						
	1	2	3	4	5	6	7
B10 以新的方式实现了产品、信息和服务的结合							
B11 带来了新的合作伙伴							
B12 在交易中用新颖的方式激励合作伙伴							
B13 接触到不同的合作者和产品							
B14 用新颖的方式实现双方的交易							
B15 通过这种商业模式获得了较多的新发明							
B16 十分希望成为商业模式的领先者							
B17 在商业模式上不断地进行改进和创新							
B18 商业模式还存在往新颖方向改进的可能性							

三、技术创新战略

近 3 年来,企业技术创新战略实行情况如下。以下题项中,1—7 的分值表示从不同意向同意依次渐进,请在相应的框内打√(1 表示非常不同意,4 表示中立,7 表示非常同意)。

题项	不同意 ↔ 同意						
	1	2	3	4	5	6	7
C1 与同行业竞争对手相比,企业关键技术来自自主研发(包括与其他企业、大学、研究机构等的合作研发)的比重较高							
C2 与同行业竞争对手相比,企业自主研发能力较强							
C3 与同行业竞争对手相比,企业研发费用占销售额的比重较高							
C4 与同行业竞争对手相比,企业研发人员占总员工数的比重较高							
C5 与同行业竞争对手相比,企业更加持续不断地研发新技术、开发新产品							
C6 与同行业竞争对手相比,企业更重视研发活动							

近 3 年来,企业技术创新战略实行情况如下。以下题项中,1—7 的分值表示从不同意向同意依次渐进,请在相应的框内打√(1 表示非常不同意,4 表示中立,7 表示非常同意)。

题项	不同意 ↔ 同意						
	1	2	3	4	5	6	7
C7 与同行业竞争对手相比,企业关键技术来自技术引进(包括通过授权、研发合同、顾问公司、并购和聘用相关技术人员等)的比重较高							
C8 与同行业竞争对手相比,企业技术引进能力较强							
C9 与同行业竞争对手相比,企业技术引进费用占销售额的比重较高							
C10 与同行业竞争对手相比,企业更经常从外部聘请掌握核心技术的科研人员							
C11 与同行业竞争对手相比,企业更经常从外部获得重要技术或技术的信息源							
C12 与同行业竞争对手相比,企业从外部获得的新技术更可能成为企业的核心技术							

四、技术体制

近 3 年来,企业所属行业的技术情况如下。以下题项中,1—7 的分值表示从不同意向同意依次渐进,请在相应的框内打√(1 表示非常不同意,4 表示中立,7 表示非常同意)。

	题项	不同意 ↔ 同意						
		1	2	3	4	5	6	7
技术创新独占性	D1 行业内的企业较多地使用专利、商业秘密等方式来保护企业的技术创新成果							
	D2 在行业内,使用专利、商业秘密等方式就能很好地保护企业的技术创新成果							
	D3 在行业内,企业的创新很难被模仿							
	D4 在行业内,企业能够通过技术创新获得较高的回报							
技术创新累积性	D5 在行业内,频繁的创新才能保证竞争者难以模仿							
	D6 在行业内,由于技术变革较快,模仿者只能获得有限的利润							
	D7 在行业内,没有充分的技术储备无法进行技术创新							
	D8 在行业内,企业的技术创新依赖于现有的技术							

五、技术追赶绩效

企业最近 1 年与同行业国际领先企业的差距与 3 年前的相比情况如下。以下题项中,1—7 的分值表示从不同意向同意依次渐进,请在相应的框内打√(1 表示非常不同意,4 表示中立,7 表示非常同意)。

题项	不同意 ↔ 同意						
	1	2	3	4	5	6	7
E1 劳动生产率(产品价值增加值除以资本投入)差距缩小了							
E2 技术水平差距缩小了							
E3 新产品(或服务)产值占销售总额比重的差距缩小了							
E4 新产品(或服务)开发速度的差距缩小了							
E5 新产品(或服务)成功率的差距缩小了							